Krank an der Gesellschaft

Rudolf Affemann

Krank an der Gesellschaft

Symptome Diagnose Therapie

dva

© 1973 Deutsche Verlags-Anstalt GmbH, Stuttgart
Satz und Druck: Ferdinand Oechelhäuser, Druck- und
Verlags-GmbH, Kempten (Allgäu)
Bindearbeit: Deutsche Verlags-Anstalt GmbH, Stuttgart
Printed in Germany
ISBN 3 421 **01671** 2

Für Nikolai

Vorwort

Dieses Buch enthält Erfahrungen aus einer langjährigen psychotherapeutischen Praxis. In ihm werden vier Erscheinungen beschrieben, die sich seit einiger Zeit unter der Jugend ausbreiten: die zunehmende Jugendkriminalität, die Drogenwelle, die Hinneigung zu Ideologien, die um sich greifende Neurotisierung. Es zeigt sich, daß diese Störungen nur Ausdruck einer Krankheit der Gesellschaft sind. In ihnen verdichten sich Motive, die in weiten Kreisen der Jugend anzutreffen sind. Vier ihrer Hauptursachen werden dargestellt: ein tiefgreifender geistiger Umbruch, die häufig versagende Familie, die den Menschen verformende Konsumgesellschaft und ein verbildendes Bildungswesen. Sie alle wirken zusammen bei der Entfremdung des Menschen unserer Zeit. Aus der Diagnose ergibt sich der Therapievorschlag. Im einzelnen wird dargelegt, wie Menschwerdung in geistiger Hinsicht, in der Familie, im Konsumbereich, im Bildungswesen aussehen müßte, damit an Stelle von Selbstverfehlung Selbstverwirklichung des Menschen treten kann.

Inhalt

THERAPIE

SYMPTOME

Die Jugendkriminalität

Seit längerer Zeit steigt in der Bundesrepublik Deutschland – und nicht nur in der Bundesrepublik – die Zahl der Verbrechen und Vergehen. Wir wollen diesen Vorgang anhand der letzten acht Jahre untersuchen. (Die Statistiken des Bundeskriminalamtes für die Jahre 1971 und 1972, die nach Fertigstellung des Buchmanuskriptes veröffentlicht wurden, bestätigen die im folgenden aufgezeigten Trends.) Im Jahre 1963 wurden in der polizeilichen Kriminalstatistik 1 678 840 Straftaten registriert. 1970 waren es bereits 2 413 586. Die Zahl der Kriminalfälle erhöhte sich also von 1963 bis 1970 um 37,6 Prozent. Die Bevölkerung wuchs in diesem Zeitraum jedoch nur um 6,6 Prozent. Daraus geht hervor, daß die erhöhte Kriminalität nicht annähernd – wie bisweilen behauptet – auf den Bevölkerungszuwachs zurückgeführt werden kann. Innerhalb der zunehmenden Kriminalität der Gesamtbevölkerung ist ein bedrohliches Ansteigen der Jugendkriminalität zu verzeichnen.

Aus einer Reihe von Gründen ist der Anstieg von Jugendkriminalität für Gesellschaft und Staat von Bedeutung. Bei den meisten der jugendlichen Straftäter ist ihr Vergehen ein vorübergehendes Ereignis. Günstige äußere Gelegenheiten, Verbraucherimpulse der Gesellschaft, vor allem aber die labile seelische Verfassung einer verlängerten Pubertät wirkten bei

der Tat zusammen. Wird der junge Mensch seelisch stabiler,
so ist er stärker gefeit gegenüber den Versuchungen, die ihn
zur Straftat verlockten. Er ist jetzt eher in der Lage, sich an
eine Gesellschaft anzupassen, welche auf einer Rechtsordnung
fußt. E. Frey wies jedoch schon 1951 darauf hin (Der früh-
kindliche Rückfallverbrecher, Basel 1951), daß 80 Prozent der
von ihm untersuchten Rückfallverbrecher bereits früh kriminell auffielen. Wir müssen folglich damit rechnen, daß die
zunehmende Zahl jugendlicher Straftäter und die zunehmende
Häufigkeit ihrer Straftaten zu einer zunehmenden Anzahl
von erwachsenen Kriminellen führen werden. Das Ansteigen
der Jugendkriminalität wird ein Ansteigen der Erwachsenen-
kriminalität nach sich ziehen. Dieser Vorgang ist um so wahr-
scheinlicher, als – wie wir sehen werden – die Einflüsse, die
den jungen Menschen bei seiner seelischen Stabilisierung be-
hindern, stärker und diejenigen, die ihn stabilisieren, schwächer werden.

Die Ausbreitung von Kriminalität macht den Menschen unsicher. Die Polizei kann die Sicherheit seiner Person und seines
Eigentums nicht mehr garantieren. Ausdruck der Unsicherheit
ist Angst; Angst um sich selbst und Furcht vor kriminellen
Elementen. Diese Furcht ist höchst gefährlich. Man macht die
Erfahrung, daß die Staatsorgane die eigene Sicherheit nicht
gewährleisten können. Das verändert tiefgreifend das Verhältnis zum Staate. Der Bürger verliert dadurch im Laufe der
Zeit das Vertrauen zu ihm und die Achtung vor ihm. Weil
der Staat nicht in der Lage ist, für die Durchführung seiner
Ordnungen zu sorgen, nimmt man seine Ordnungen auch nicht
mehr ernst. Es bildet sich eine Neigung, nun ähnlich wie die
Rechtsbrecher, welche die Unsicherheit schufen, mit den staat-
lichen Normen großzügig umzugehen, sie zu übertreten, weil
man ja erlebt hat, daß dem Rechtsbrecher nichts passiert, und
sie nur zu respektieren, wenn tatsächlich Strafe droht. Reißt
diese Haltung ein, so reicht die Zahl der Polizisten schnell

nicht mehr aus, um die durch den Zerfall der Gesetze entstandenen Lücken auszufüllen.

Ungesetzliches Verhalten aus Angst äußert sich auch in Selbstschutz. Da sich der Bürger vom Staat nicht genügend geschützt fühlt, beginnt er, sich selbst zu schützen. Wie bei diesem Selbstschutz zu verfahren sei, bestimmt er. Damit geschieht ein Rückfall in eine Zeit, in der jeder sich sein Gesetz gab. Auch dieses Verhalten muß natürlich den Rechtsstaat zerstören. Noch in anderer Weise gefährdet die Angst den Staat. Der Bürger fühlt sich dem Zugriff von Rechtsbrechern ausgesetzt. Er bekommt Angst vor dem Verbrechertum. Je mehr die Kriminalität um sich greift, um so größer wird die Angst. Verhalten aus Angst eskaliert. Aus Angst vor den Tätern, ohne Vertrauen auf die Hilfe durch Mitbürger und Polizei, stellt man sich Straftaten nicht entgegen. Auf der nächsten Stufe der Angst unterläßt man Anzeige, weil man die Rache der Täter fürchtet. Schließlich verweigert man aus Angst seine Unterstützung bei der Ermittlung und Aburteilung von Verbrechen. Endlich erkennt man durch Zahlen von Tribut die Macht des Verbrechertums an. Ein Unrechtsstaat hat damit den Rechtsstaat ausgehöhlt.

Schwächung des Staates durch um sich greifende Kriminalität wird jedoch mit Sicherheit auch dazu führen, daß der Bürger immer nachdrücklicher nach einem Staat verlangt, der Recht und Ordnung wieder herstellt. Was nützen ihm seine demokratischen Freiheiten, wenn das Verbrechertum die elementaren Grundlagen seines Lebens bedroht? Eine faschistoide Bewegung, die dem Bürger in dieser Situation verspräche, das Verbrecherunwesen zu beseitigen, wird es leicht haben, dafür von ihm den Verzicht auf einige demokratische Grundrechte einzuhandeln. Wie vollkommen dieser Schutz des Bürgers wäre, wie perfekt eine solche Diktatur arbeiten würde, läßt sich unschwer vorstellen, wenn man bedenkt, zu welcher Verfeinerung die elektronischen Kommunikations- und Überwachungstechniken heute entwickelt sind.

Eine in dem Ausmaß wie in den letzten Jahren anwachsende Jugendkriminalität birgt auf weite Sicht eine lebensgefährliche Krise von Gesellschaft und Staat in sich. Wir können uns nicht damit beruhigen, bis dahin sei es noch lange hin und niemand wisse, ob es jemals dazu komme. Sicher befindet sich jener Prozeß erst in den Anfängen. Aber ebenso sicher ist, wenn er ein bestimmtes Stadium erreicht hat, kann man die Wirkungen auf Gesellschaft und Staat, die von ihm ausgehen, kaum mehr auffangen und eindämmen. Es kommt dann zu einer Kettenreaktion, die Eigengesetzlichkeit in sich trägt. Deshalb muß auch hier bereits den Anfängen gewehrt werden. Dieser Widerstand muß zwar ausgehen von Gesetzgebung, Rechtsprechung, Strafrechtsvollzug und der Tätigkeit von Polizeiorganen. Wir dürfen uns jedoch durch diese Maßnahmen von außen nicht allzu viel versprechen. Es stellt eine Illusion dar, zu meinen, das Problem der Jugendkriminalität könne allein durch Liberalisierung und einen humanisierten Strafvollzug gelöst werden. Zwar trifft es zu – und davon werden wir bald ausführlich reden –, daß kriminelles Verhalten junger Menschen zum größten Teil auf eine Störung ihrer psychosozialen Entwicklung aufgrund von Milieueinflüssen zurückgeht. Wir müssen uns aber vor dem wirklichkeitsfremden Traum hüten, daß die Gesellschaft auch alle Schäden beheben könne, die sie vorher erzeugt hat. Auch bei der psychosozialen Entwicklung von jugendlichen Straftätern gibt es Marken, hinter denen die Irreparabilität beginnt. Nicht selten sind die Schäden von jungen Menschen schon irreversibel, wenn sie einem Strafvollzug begegnen, der nicht verwalten und vergelten, sondern »wieder« in die Gesellschaft eingliedern will. Ich habe deswegen das Wort »wieder« mit Anführungszeichen versehen, weil viele von ihnen ja noch nie der Gesellschaft integriert waren.

Aber selbst wenn alle jungen Straftäter sozialtherapeutisch angehbar wären, wo sind die Helfer? Zielt die sozialtherapeutische Bemühung auf innere Stabilisierung der Straffälligen

und auf langfristige Integration in die Gesellschaft ab, so stellt
sich für Psychotherapie und Sozialtherapie eine schwere Aufgabe. Guter Wille verbunden mit dilettantischer Ausbildung
der Betreuer genügt nicht. Resozialisation erfordert – wie aus
den späteren Darlegungen hervorgehen wird – fundierte
Kenntnisse des Unbewußten, sowie die Fähigkeit, in Grup-
penarbeit und Einzeltherapie mit ihm umzugehen. Schon der
Engpaß der beschränkten Ausbildungskapazität hierin wird
leider vereiteln, daß der Resozialisierungsoptimismus recht
behält. Aber selbst wenn genügend Sozialtherapeuten und
Psychotherapeuten zur Verfügung stünden, wären diese bei
vielen irreversiblen Schäden jugendlicher Straftäter – die nicht
erst durch unser Strafverfolgungssystem entstanden sind –
machtlos. Wir kommen folglich zu dem Ergebnis: Therapie
der Jugendkriminalität auf breiter Front kann nur in ihrer
Verhinderung bestehen. Vorbeugung ist nicht nur um der Gesellschaft und des Staates willen nötig, sondern in erster Linie
um des jungen Menschen selbst, der straffällig wird und sich
danach oft unentrinnbar in den Netzen der Kriminalität ver-
strickt.
Um Jugendkriminalität verhüten zu können, müssen wir ihre
Entwicklungstendenzen, ihre Erscheinungsformen und vor
allem ihre Ursachen kennen. Das gilt es nunmehr zu untersuchen, auch wenn wir uns hierbei mit einigen – scheinbar
trockenen – Zahlen vertraut machen müssen. Wir werden
dabei vor allem auf drei Tendenzen stoßen, die in der Entwicklung der Jugendkriminalität besonders auffällig sind: Der
Anstieg von Eigentumskriminalität, das Anwachsen von Gewalt und der Hang zur kriminellen Gruppen- und Bandenbildung.
Der Ausdruck »Jugendkriminalität« umfaßt die Kriminalität
von Kindern, Jugendlichen und Heranwachsenden. Es gilt zu
unterscheiden zwischen Kindern unter 14 Jahren, Jugendlichen von 14 bis 17 Jahren und Heranwachsenden von 18 bis
20 Jahren. 1965 betrug der Anteil der Kriminalität von Er-

wachsenen an der Gesamtkriminalität 77,0 Prozent. Die Straf-
unmündigen waren an der Summe aller Straftaten mit 23 Prozent beteiligt. 1970 hatten sich die Anteile erheblich verscho-
ben: Auf Erwachsene entfielen nur noch 67,1 Prozent aller Verbrechen und Vergehen. Kinder, Jugendliche und Heranwachsende stellten dagegen 32,9 Prozent der Gesamtquote. In
sieben Jahren vermehrte sich also ihr Anteil um 10 Prozent.
Fast ein Drittel aller Delikte wurde im Jahre 1970 von Menschen unter 21 Jahren begangen.
Besonders bemerkenswert scheinen dabei zwei Trends zu sein:
Im Jahre 1963 belief sich der Anteil der Heranwachsenden –
also der 18- bis 20jährigen – an der Gesamtkriminalität auf
9,8 Prozent und der Jugendlichen – der 14- bis 17jährigen –
auf 8,4 Prozent. Im Jahre 1970 waren die Jugendlichen mit
13,4 Prozent stärker an den Straftaten beteiligt als die Heranwachsenden mit 12,4 Prozent. Dies deutet darauf hin, daß in
zunehmend jüngerem Alter begonnen wird, Straftaten zu ver-
üben. Zum gleichen Ergebnis führt die Statistik der Kinder-
kriminalität: 1963 entfielen nur 4,8 Prozent aller Straftaten
auf die Gruppe der Kinder, 1970 dagegen 7,1 Prozent. An
dieser Stelle muß bedacht werden, daß Kinder unter sechs
Jahren kaum straffällig werden, so daß die Summe von 7,1
Prozent aller Vergehen und Verbrechen von Kindern zwischen
sechs und 13 Jahren begangen werden.
Für die gesellschaftlichen Veränderungen, mit denen wir uns
befassen wollen, ist ferner die Statistik der weiblichen Kriminalität von Bedeutung. In den Jahren 1963 bis 1970 fiel der
Prozentsatz der Kriminalität bei männlichen Erwachsenen
von 64,0 Prozent auf 54,4 Prozent. Die Quote der Kriminalität von erwachsenen Frauen senkte sich jedoch nur leicht von
13,0 Prozent im Jahre 1963 auf 12,7 Prozent im Jahre 1970.
Innerhalb der Gesamtmenge der Kriminalität gaben folglich
die erwachsenen Männer weit mehr Anteile an die noch nicht
erwachsenen Straftäter ab als die Frauen. Die Rate der Kriminalität bei erwachsenen Frauen hat sich demnach, gemessen

am Verlauf der Kriminalität bei erwachsenen Männern, erhöht. Noch deutlicher zeigt sich dieser Trend der Emanzipation der Frau auf dem Gebiet der Kriminalität bei den Jahrgängen unter 21. Gegenüber 1963 stieg die Kriminalität bis zum Jahre 1970 bei weiblichen Heranwachsenden um 40 Prozent, bei weiblichen Jugendlichen und Kindern um weit mehr als 100 Prozent!

Noch eine weitere Auffälligkeit muß im Hinblick auf die Frage nach den gesellschaftlichen Ursachen der Kriminalität ins Auge gefaßt werden. Im Zeitraum zwischen 1963 und 1967 ermäßigte sich der Anteil der Erwachsenen an der Gesamtkriminalität zwar in jährlichen Schwankungen, aber im gesamten gesehen doch relativ kontinuierlich. In der gleichen Weise wuchs umgekehrt die Kriminalität von Heranwachsenden, Jugendlichen, Kindern. Zwischen 1967 und 1968 schnellte jedoch die Kurve der Jugendkriminalität um 2,5 Prozent hoch. In den Jahren zwischen 1963 und 1967 war sie insgesamt nur um 3,8 Prozent gestiegen. Seit 1968 sind die Zuwachsraten der Jugendkriminalität wesentlich höher als in den Jahren vor 1967. Damit stellen sich die Fragen: Was passierte in der Gesellschaft der Bundesrepublik kurz vor den Jahren 1967 und 1968? Was bereitete den sprunghaften Anstieg der Jugendkriminalität jener Jahre vor?

In welcher Form vollzieht sich die Jugendkriminalität? Innerhalb der einzelnen Straftatengruppen verschieben sich die Schwergewichte von Altersklasse zu Altersklasse. Bei Kindern ist die wichtigste Straftat der einfache Diebstahl. Im Jahre 1970 wurden bei den Jungen 53,9 Prozent und bei den Mädchen 78,9 Prozent von allen kindlichen Straftätern des einfachen Diebstahls überführt. Aus dieser Gruppe stahlen fast die Hälfte der Täter bei den Jungen sowie der größte Teil der Mädchen aus Kaufhäusern und Selbstbedienungsläden. Der Diebstahl aus Kaufhäusern und Selbstbedienungsläden ist also das Delikt des Kindes. Bei Jungen spielt ferner der Diebstahl von Fahrrädern ein gewisse Rolle. Ein erheblicher

Teil der kindlichen Straftäter, fast 20 Prozent, kamen wegen
schweren Diebstahls, also wegen Einbruchs in Geschäftsräume,
Wohnungen, Boden- und Kellerräume zur Anzeige. Bei fast
ein Fünftel aller kindlicher Straftaten wird demnach Gewalt
angewendet, um in den Besitz von Diebesgut zu gelangen.
Beim Kind handelt es sich dabei fast ausschließlich um Gewalt
gegen Sachen. In den folgenden Altersstufen richtet sich die
Gewalt zunehmend auch gegen Personen.

In der Alterklasse der Jugendlichen sinkt die Anzahl der Personen, die sich des einfachen Diebstahls schuldig machten, auf
41,6 Prozent bei den Jungen und 70 Prozent bei den Mädchen
(1970). Bei männlichen Jugendlichen halbiert sich die Quote
der Kaufhaus- und Selbstbedienungsdiebe. Die jugendlichen
Mädchen bevorzugen jedoch fast im gleichen Ausmaß wie in
der Kindheit diese Form des Diebstahls. Jungen zwischen 14
und 17 stehlen dagegen in erheblichem Ausmaß Mopeds,
Motorräder und Kraftwagen. Auch der Diebstahl aus Auto-
maten spielt eine wesentliche Rolle. Vor allem aber nimmt der
schwere Diebstahl jetzt zu und erreicht fast ein Viertel aller
Straftaten.

Stand bei den jüngeren Gruppen der Straftäter der Diebstahl
– teils ohne Gewalt, teils mit Gewalt – im Vordergrund, so
verteilt sich die kriminelle Aktivität der Heranwachsenden
auf ein breiteres Band von Delikten. Relativ gesehen sinkt
der einfache Diebstahl – vor allem beim männlichen Ge-
schlecht – ab. Die Zahlen beim Einbruch verringern sich nur
geringfügig. Kaufhausdiebstahl wird bei jungen Männern
zwischen 18 und 20 zu einem Delikt ohne große Bedeutung.
Dagegen spielt nun die Gewalt gegen Personen eine erhebliche Rolle.

Es ist interessant, sich die Entwicklung der Jugendkriminalität
anhand von Vergleichszahlen vor Augen zu führen. Vor allem
erhöhte sich die Zahl der Eigentumsdelikte. Im Jahre 1965
wurden von Kindern, Jugendlichen und Heranwachsenden
90 117 einfache und 33 578 schwere Diebstähle begangen.

Dem standen 1970 131 543 einfache und 64 618 schwere Diebstähle gegenüber. In fünf Jahren vergrößerte sich damit die Diebstahlskriminalität fast um die Hälfte und die Zahl der Einbrüche fast um das Doppelte. In jenem Zeitraum ist eine enorme Steigerung der Diebstähle aus Kaufhäusern und Selbstbedienungsanlagen zu verzeichnen. Sie erhöhten sich bei Kindern, Jugendlichen und Heranwachsenden von 17 214 im Jahre 1965 auf 56 429 im Jahre 1970. Das ist ein Anstieg von mehr als 300 Prozent.

Aber nicht nur auf dem Gebiet der Eigentumskriminalität ist eine bedrohliche Entwicklung festzustellen, sondern mehr noch bei Straftaten, die unter Anwendung von Gewalt vorgenommen wurden. Bereits der Zuwachs von Einbrüchen, die ja Gewalt gegen Sachen beinhalten, läßt die Zunahme von Gewalt in der Jugendkriminalität erkennen. Die gleiche Tendenz zur Gewaltanwendung gegen Sachen spiegelt der Anstieg der Kriminalitätskurve auf dem Gebiet der Sachbeschädigung. Gewalt wird jedoch nicht nur in immer größeren Ausmaß gegen tote Gegenstände, sondern vor allem Menschen gegenüber ausgeübt. Es häufen sich in erschreckendem Maße die Fälle von Gewalttätigkeit junger Leute bei Raub und räuberischer Erpressung, Vergehen und Verbrechen wider die persönliche Freiheit, bei allen Formen der Körperverletzung bis hin zu versuchtem und vollzogenem Mord und Totschlag.

Eine dritte Tendenz neben Zunahme von Eigentumsdelikten und Gewalt ist bei der Jugendkriminalität die Tendenz zur Bandenbildung. Bei der früheren Kriminalität junger Menschen gab es in der Bundesrepublik kaum jugendliche Banden. Seit einiger Zeit muß jedoch beobachtet werden, wie sich Kinder, Jugendliche und Heranwachsende zu Gruppen zusammenschließen, die gemeinsam in Kaufhäusern stehlen, die Kraftfahrzeuge oder aus Kraftfahrzeugen entwenden, die Einbrüche sowie andere Straftaten begehen, bei denen Gewalt angewendet wird.

Machen wir uns am Beispiel der Kaufhaus- und Ladendieb-

stähle die Folgen klar, welche die Diebstahlskriminalität für
die Gesamtbevölkerung hat. Die Menge der gestohlenen Waren ist so groß, daß die Geschäfte gezwungen sind, den durch
Diebstahl erlittenen Verlust auf die Preise umzuwälzen. Die
Gesamtbevölkerung zahlt damit höhere Preise, um den Diebstahl von Straftätern – darunter viele jugendliche Rechtsbrecher – zu finanzieren. Kaufhausdiebe bereichern sich nur
scheinbar auf Kosten anonymer kapitalistischer Marktgigan-
ten. In Wirklichkeit greifen sie jedem einzelnen Verbraucher
in die Tasche und zwingen ihn, für seinen Lebensstandard
etwas mehr zu arbeiten. Das gleiche trifft auf die vielen Diebstähle und Einbrüche zu, die von der scheinbar unpersönlichen
Milchkuh der Versicherungen reguliert werden. Durch Erhöhung der Versicherungsprämien zahlt tatsächlich der kleine
Mann den Schaden. Durch gesteigerte Arbeitsleistung muß
demnach jeder einzelne Bürger die Sachwerte ersetzen, die auf
vielfältige Weise durch Straftaten im Kreislauf der Volks-
wirtschaft verloren gehen.
Der Einzelne wird sich dieser Auswirkungen von Eigentumskriminalität nicht bewußt. Dennoch sind sie vorhanden. Ins
Bewußtsein tritt ihm aber eine andere Folge jener Kriminalität. Minderjährige brechen häufig Autos auf, stehlen Gegenstände, die darin liegen, und bauen Radios aus. In Großstädten ist der Autofahrer am hellen Tage nicht sicher, daß er sein
Auto nach dem Parken in einer Tiefgarage unversehrt wieder-
findet. Läßt er es nachts auf Straßen oder Parkplätzen stehen,
so muß er damit rechnen, daß es aufgebrochen wird. Ferner
muß der Bürger – besonders in Großstädten – ernsthaft damit
rechnen, daß in seine Wohnung, in Boden- oder Kellerräume
eingebrochen wird. Nachts ist er in den Straßen einer Groß-
stadt nicht mehr vor Gewalttaten sicher. Ein nicht unwesent-
licher Teil der Täter, die ihn bedrohen, ist noch nicht voll-
jährig.
Bei einem Diebstahl wirken Reize, die von Gegenständen ausgehen und die Diebstahlhandlung provozieren, sowie Impulse,

die aus dem Unbewußten herrühren und sich auf äußere Gegenstände richten, zusammen. Demgemäß treten um so mehr Diebstähle auf, je mehr erregende Gegenstände zur Schau gestellt werden und je stärker die inneren Antriebe sind. In der Überflußgesellschaft, die sich seit etwa einem Dutzend von Jahren bei uns ausbildet, wächst die Menge der zum Verbrauch angebotenen Güter immens. Sie werden so dargeboten, daß der Wunsch entsteht, sie zu besitzen. Das wichtigste Motiv für den Übergang vieler konventioneller Verkaufsläden zur Selbstbedienung ist die wirksamere Verführung des Käufers, der durch das Schlaraffenland der ausgestellten Güter geleitet wird, sowie die Ausschaltung der Mittlerfunktion des früheren Verkäufers. Vor allem aber geschieht die Verführung zum Erwerb der vielen Produkte durch die Werbung. In der Konsumgesellschaft versucht man folglich, den Reiz, der von den Verbrauchsgütern ausgeht, so intensiv, und den Impuls zum Erwerb so stark zu gestalten, daß die Fähigkeit des Verbrauchers zum freien, vernünftigen Entscheid möglichst eingeengt wird. Diese Bedingungen in der Überflußgesellschaft sind sicher eine wesentliche Teilursache, daß labile Menschen – und Jugendliche sind infolge ihres pubertären Umbruchs normalerweise labil – Waren erwerben, ohne sie zu bezahlen.

Sie nehmen jedoch diese Gegenstände nicht nur an sich, weil der Besitzwunsch übermächtig und kein Geld in der Tasche ist. Wichtige andere Faktoren wirken mit den Versuchungen der Überflußgesellschaft zusammen. Ohne sie wären die anderen Formen des Diebstahls: Fahrrad-, Moped-, Autodiebstahl, vor allem aber die zunehmenden Einbrüche kaum zu erklären. Denn hierbei spielt die Verführung, die von dem Gut und der Werbung ausgeht, oft nur eine indirekte Rolle. Die Diebstahlsneigung gewinnt in unserer Zeit an Kraft, teils weil die Stehlhemmungen schwächer werden, teils weil der Antrieb zum Diebstahl stärker wird. Ein Grund für die mildere Beurteilung des Stehlens in der heutigen Gesellschaft, und damit ein Grund für die Lockerung der Stehlbremse liegt ebenfalls

in der Welt des Überflusses, in der wir leben. Durch die Vielzahl der Güter verringerte sich ihr Wert. Angebot und Nachfrage regeln nicht nur den Preis, sondern auch den Wert.

Als es wenig Güter gab, mußten sie lange halten. Damit entstand eine persönliche Beziehung zu den Dingen, die man
besaß. Da man an seinen Sachen hing, waren sie fast ein Teil
der eigenen Person. Diebstahl wurde folglich als Angriff auf
die eigene Person oder gar als Beschädigung der eigenen Person empfunden. In der Überflußgesellschaft sind Waren entpersonalisiert. Da kaum oder keine Bindungen an sie bestehen,
macht es auch nicht annähernd so viel aus, wenn sie weggenommen werden. Es tritt nur ein materieller, aber kein persönlicher Verlust ein. Die materielle Bedeutung dieser Einbuße
verringert sich weiterhin, je mehr sich unsere Überflußgesellschaft auf eine Wegwerfgesellschaft hinbewegt. Wenn ein
Mensch ohnedies dazu neigt, seine Sachen schon nach kurzem
Gebrauch abzulegen und sie durch neue zu ersetzen, macht es
auch nicht so viel, wenn ein anderer sie wegnimmt. Erneut
wird damit der Diebstahl als strafbare Tat relativiert. Unter
materiellem Aspekt gesehen – jedoch nicht unter dem der
Sicherheit – könnte also Diebstahl, wie sich das in manchen
Kreisen Jugendlicher abzeichnet, ein Kavaliersdelikt oder gar
ein reizvolles Spiel in der grauen Zone zwischen Recht und
Unrecht sein. Die eigentliche Bedeutung des Diebstahls liegt in
unserer Zeit nicht im materiellen Eingriff, sondern vor allem
darin, daß er die Grenze zwischen Mein und Dein über-
schreitet und damit den Bereich, innerhalb dessen sich der
Einzelne vor dem Zugriff von Rechtsbrechern sicher fühlen
muß, in Frage stellt. Wird diese Sphäre des Einzelnen nicht
mehr unter allen Umständen garantiert, so entsteht die Unsicherheit, von der wir bereits sprachen.

Die Stehlhemmung wird ferner geschwächt durch die ideologische Verwischung der Eigentumsverhältnisse. Die neomarxi-
stische Gesellschaftskritik verurteilt zu Recht Eigentumserwerb
durch Ausbeutung von Arbeitenden. Sie hält uns im Bewußt-

sein, wie problematisch es ist, andere zum eigenen Gewinn arbeiten zu lassen. Die berechtigte Kritik am Kapitalismus ist jedoch weit über das Ziel hinausgeschossen. Seit einigen Jahren wird in breiten Schichten der Bevölkerung Besitz an sich verdächtig, auch wenn er durch eigene Arbeit erworben wurde. In vielen Menschen steckt heutzutage das Gefühl, ein Besitzender habe sein Eigentum zu Unrecht und man besäße umgekehrt das Recht, durch Aneignung fremden Besitzes diese Ungerechtigkeit auszugleichen. In vielen Köpfen spukt die Parole: »Jeder Besitz gehört dem Volk.« Daraus leitet jeder, der glaubt, das Volk sei er, die Berechtigung ab, die ursprünglichen Besitzverhältnisse wieder herzustellen. Die in der Gegenwart bis zum Exzeß übertriebenen Parolen der Französischen Revolution verändern auch die Einstellung zum Eigentum. Das der Bevölkerung eingehämmerte Gleichheitsprinzip erzeugt in vielen die Vorstellung, jedem stünde der gleiche Besitz zu. Ungleiche Vermögensverhältnisse werden, ganz egal wie sie entstanden sind, als ungerecht empfunden. Durch all dies wird untergründig die Unversehrtheit des Privateigentums angetastet, der Diebstahl relativiert und damit die Schwelle zum Diebstahl herabgesetzt.

Die Stehlhemmung verliert schließlich deshalb an Stärke, weil die Moral überhaupt an Kraft einbüßt. Das hat viele Ursachen, auf die wir umfassender an anderer Stelle eingehen werden. Jetzt sei nur erwähnt, daß der tragende Pfeiler der Gesellschaftsmoral, die christliche Ethik, bei der Mehrheit der Bevölkerung kaum mehr eine Rolle spielt. Die Aufklärung überführte Religion in Moral. An Gott glauben, hieß, die christliche Sittlichkeit zu verwirklichen. Die Aufklärung benötigte Jahrhunderte, um sich im Volk durchzusetzen. Seit kurzer Zeit löst die Dynamik ihrer Freiheitsidee, indem sie zur Freiheitsideologie wird, die ihr im Wege stehenden Ordnungen einer allgemein gültigen Moral auf. Moralordnungen verschwinden, unter anderem auch das Gebot »Du sollst nicht stehlen«. Der Dieb legt sich heute weder mit Gott persönlich an, noch stellt er sich mit seiner Tat außerhalb der geschlossenen Sitten- und Rechtsgemeinschaft.

Im Zuge der Auflösung des beengenden Gesetzes mußte auch die frühere autoritäre Erziehung fallen. Erziehung verzichtete zunehmend auf Hemmung, Unterdrückung, Kanalisierung und Sublimierung von kindlichen Triebimpulsen. Sie gab viel mehr Freiheit zur Äußerung, Realisierung und Befriedigung. Der Schwerpunkt verschob sich von Führen auf Wachsenlassen. Der Erzieher nimmt nicht mehr wie früher die Autorität seines Amtes für sich in Anspruch. Er verlangt nicht mehr Unterwerfung, kaum noch Gehorsam ohne Einsicht. Diese Humanisierung von Erziehung und Erzieher hat ohne Zweifel viel für sich. Sie schwächte allerdings die moralische Instanz, die man üblicherweise »das Gewissen« heißt und die von Freud mit dem Terminus »Über-Ich« belegt wurde.

Auf dem wichtigen Vorgang der Über-Ich-Schwächung werden wir auch bei der Analyse anderer Sozialstörungen stoßen. Die Grenzen des Es dehnen sich aus auf Kosten des Über-Ichs. Ein stabiles und zugleich elastisches Ich, das in Freiheit und Einsicht die Grenzen zwischen Es und Realität jeweils neu zu setzen vermöchte, ist bislang kaum entstanden. Freiheit für das Es mit seinen Triebimpulsen geht jetzt meistens auf Kosten der Realität. Im Falle des Stehlens werden also die infantilen kaptativen Tendenzen vom Über-Ich nunmehr unzureichend abgedämmt und vom Ich mangelhaft gezügelt. Sie greifen nun in den Bereich des Mitmenschen ein und verletzen damit die Regel des Egalitätsprinzips, daß man die Rechte des anderen genauso zu respektieren habe, wie man die eigenen gewahrt wissen möchte.

Aus einer Reihe von Gründen setzt sich die Stehlneigung jedoch nicht nur stärker durch, da sie weniger gebremst wird, sondern weil sie eben stärker an sich wurde. Im Stehlen beschafft man sich Waren, ohne dafür zu bezahlen, ohne also einen Gegenwert in Gestalt von adäquater Arbeit geleistet zu haben. Die Haltung, Dinge ohne Gegenleistung zu erwarten, ja sie zu beanspruchen, greift in jüngerer Zeit um sich. Mehrere Faktoren wirken dabei zusammen: Automatisierte Anlagen produzieren Güter. Der Mensch gewöhnt sich daran, sie nicht mehr mit der eigenen Hände Arbeit schaffen zu müssen. Die automatisierten Einrichtungen erzeugen Überfluß. Das Gefühl schleicht sich ein, der Überfluß würde ohne menschliche Mühe gleichsam vom Himmel fallen. Der eigene Anteil am Überfluß besteht nur noch darin, sich durch den Kuchenberg des Schlaraffenlandes hindurchzufressen. Diese Neigung, neben der Konsumtion die vorausgehende Produktion zu vergessen, wird noch einmal durch die Werbung nachhaltig verstärkt. Denn sie spricht ja den Menschen ganz einseitig auf den Verbrauch an und setzt dabei die zu verzehrenden Güter stillschweigend voraus. Der Bürger der Konsumgesellschaft wird durch die Werbung auf seine Verbraucherrolle eingeschworen. Verbrauchen ist aber in der Regel nicht mit Anstrengung verbunden. Wen wundert es folglich, daß dieser Bürger keine Lust verspürt, sich anzustrengen, daß er leistungsunwillig ist. Leben in der Überflußgesellschaft, Einschleifen der Konsumdressate führt somit nahe an die Haltung des Verbrauchers heran, der für seinen Konsum nur noch die bescheidene Mühe des Diebstahls aufbringt.

Auch das Leben nach dem Lustprinzip, das in unserer Gesellschaft einen zunehmend größeren Raum einnimmt, verstärkt die Tendenz zum Stehlen. Stehlen ist, wenn der Dieb nicht erwischt wird, mit einem Minimum an Unlust verbunden. Die Unlust wäre erheblich größer, wenn man für die gestohlenen Gegenstände arbeiten müßte. Auch der Versorgungsstaat leistet der Stehltendenz Vorschub. Der Versorgungsstaat erklärt dem Bürger, er habe ein durch die Verfassung garantiertes Recht auf die Befriedigung aller möglichen Bedürfnisse. Er trachtet danach, ihn vor allem gegen Fälle sozialer Not abzusichern. Durch all das bildet sich in dem Bürger das Gefühl, nicht er, sondern der Staat, den er als große Milchkuh empfindet, die er nur zu melken braucht, sei für die Stillung seiner

Wünsche, für sein Lebensglück verantwortlich. Erneut wird
damit die innere Einstellung verstärkt, daß man ein Recht auf
Erfüllung seiner Wünsche habe, auch ohne sie durch eigene
Leistung zu befriedigen. Stehlen aber ist mit einem Minimum
an Eigenleistung verbunden.

Eine der wichtigsten – wenn auch nicht die bedeutsamste –
Wurzeln des um sich greifenden Stehlens ist jedoch die psychologische Ersatzfunktion der gestohlenen Ware und die der
Stehlhandlung selbst. Das gestohlene Gut tritt nämlich vielfach an die Stelle des Menschen. Der Dieb – vor allem der
junge Dieb – sucht unbewußt in Gestalt des Diebesgutes häufig
einen Ersatz für den ausgefallenen Mitmenschen sowie einen
Ausgleich für fehlende Erfüllung und Befriedigung durch sich
selbst. Aus Gründen, die wir später kennenlernen, wurden bei
vielen jugendlichen Dieben in der frühen Kindheit keine hin-
reichend lebendigen Beziehungen zum Mitmenschen aufgebaut.
Sie selbst wurden damals wie Gegenstände behandelt und
hatten es in Gestalt ihrer Eltern oder anderer mit ihrer Aufzucht betrauten Menschen mehr mit Funktionen als mit Personen zu tun. Sie erfuhren sich und den Nächsten als Ding.
Dadurch wurde der Mensch für sie zur Sache. Seitdem werden
von ihnen Sachen wie Menschen und Menschen wie Sachen
behandelt.

Diese Verdinglichung des Menschen geschieht in unserer Gesellschaft auf Schritt und Tritt. Damit wird deutlich, warum
Sachen, hergestellte Güter, unter uns eine so riesige Rolle spielen und spielen müssen. Machen wir uns das klar anhand
zweier Beispiele. Viele Mütter, die voll berufstätig sind, be-
schenken ihre kleinen Kinder mit noch mehr Süßigkeiten,
Spielzeugen und anderen Gütern, als es ohnedies in einer Konsumgesellschaft üblich ist. Wenn sie schon nicht real zu Hause
sind, wollen sie wenigstens über die Erinnerungsbrücke, über
das Symbol des Spielzeuges – etwa in Gestalt eines kuscheligen
Häschens – anwesend sein. Ich will mit diesem Beispiel selbstredend nicht sagen, daß materieller Ersatz anstelle des Men-

schen nur das Problem der berufstätigen Mütter kleiner Kinder sei. In sehr vielen Familien wird seelische Zuwendung durch materielle Zufuhr ersetzt.

Das andere Beispiel, mit dem demonstriert werden soll, wie körperliche Befriedigung den Platz ausgefallener seelischer Erfüllung einnimmt, ist allgemein bekannt: Süßigkeiten ersetzen Zärtlichkeiten. Kinder, die nicht genügend geliebt werden und nicht genügend menschliche Nähe erhalten, trösten sich gerne für diesen Verlust mit Süßigkeiten. Solche Kinder neigen nicht nur zum Naschen, sondern, wenn sie von ihrer Umgebung nicht genügend süßen Ausgleich erhalten, zu kleinen Diebereien. Sie stehlen entweder Süßigkeiten im Laden oder sie entwenden den Eltern gerne Geld und kaufen sich dafür süße Sachen.

Häufig ist mit dieser Ersatzbefriedigung eine unbewußte Strafe gepaart. Man will die Eltern dafür bestrafen, daß sie einen vernachlässigen, indem man ihnen Geld wegnimmt. Das ist um so mehr der Fall, wenn sich die Eltern mit materiellen Tributleistungen von den Kindern freikaufen. Sie erzeugen hierdurch einen Anspruch von seiten des Kindes. Das Kind glaubt, ein gutes Recht auf die Schadenersatzleistungen der Eltern zu besitzen. Wenn die Eltern in ihren Ausgleichshandlungen nachlassen, führt das Kind, indem es den Eltern in den Geldbeutel greift, den Ausgleich eben selber herbei. Dieses Verhalten, das die Eltern erzeugen, oder das an den Eltern entsteht, springt später auf den Elternnachfolger, die Gesellschaft, über. Man fühlt sich jetzt von der Gesellschaft um sein eigentliches Leben betrogen, hält sich schadlos an ihr, bestraft sie, rächt sich an ihr, indem man ihre Vertreter bestiehlt. Der bestohlene Einzelne wird zum Repräsentanten der Gesellschaft. Stellvertretend für die Eltern zahlt man es der Gesellschaft heim, indem man sie schädigt.

Dieser Mechanismus, bestehend aus Ersatz für die entgangene Liebe und Rache wegen der entgangenen Liebe, beginnt oftmals auf dem Gebiet der Eigentumsdelikte und greift aber häufig auf andere Straftaten über. Das gilt besonders für die Gewaltverbrechen, von denen wir später zu reden haben. Jener Mechanismus neigt zur Eskalation, denn es handelt sich bei der materiellen Ersatzbefriedigung ja um keine reale Befriedigung, sondern nur um ein Surrogat. Ursprünglich wollte man ja keine Süßigkeiten, kein Geld und auch nicht andere Konsumartikel, sondern Liebe. Eigentlich verlangt man nach dem Menschen. Dadurch ist materielle Ersatzbefriedigung Scheinbefriedigung. Scheinbare Befriedigung verleiht jedoch nur die kurzfristige Illusion der Erfüllung. Im Gegensatz zur echten Bedürfnisstillung zeigt sich folglich sehr schnell wieder das unbefriedigte Gefühl und verlangt nach Sättigung. Ersatzbefriedigungen müssen also, wenn sie das Unbehagen überdecken wollen, in rascher Folge geschehen. Wer sich einmal daran gewöhnt hat, durch Diebstahl von Gütern zu einer Scheinerfüllung zu gelangen, steht in der Gefahr, zum Serientäter zu werden. Die Reize der Ersatzbefriedigung neigen dazu, sich abzunutzen. Um den gleichen Effekt zu erzielen, müssen die Reize gesteigert werden. Daraus ergibt sich, daß Straftäter, die begonnen haben, sich mit Diebstahl ein Ersatzleben zu verschaffen, latent zu massiveren Delikten tendieren. Hier liegt sicher eine Ursache für die Eskalation von einfachem Diebstahl zu Einbruch.

Mit materiellen Gütern kompensiert man aber nicht nur den Ausfall des Mitmenschen, sondern in gleicher Weise ausgefallene eigene Wirklichkeiten. Dieses Phänomen ist im Prinzip wieder jedem bekannt. Wenn man sich unbehaglich fühlt, wenn man etwa versagt hat, tröstet man sich gerne. Man gönnt sich etwas. Das beginnt im kleinen mit der Zigarette, geht über Trinken und Essen zum Kauf teurerer Gegenstände. Der Mensch kauft besonders, wenn er sich leer fühlt. Er kauft sich zum Beispiel ein Buch, eine Schallplatte, ein Bekleidungsstück. Meistens wird das Buch kaum gelesen, die Platte nur einmal gehört, Kleider und Schuhe selten getragen. Es geht weniger um den Besitz; das Gekaufte liegt oft achtlos herum. Man möchte vielmehr das Erlebnis des Inbesitzbringens haben. Ein anderes Motiv ist jedoch ebenso möglich: Man erwirbt einen Gegenstand, um mit ihm in scheinbarer Weise eine seelische Fähigkeit, die man nicht hat, aber gerne besitzen würde, zu ersetzen. Das Konsumgut dient als Prothese. Mit einem Sportwagen erkauft man sich das Gefühl des Sportlichen. Statussymbole sollen nicht nur den Rang in der Gesellschaft anzeigen, sondern auch abgestorbene seelische Wirklichkeiten ausgleichen.

Der Erwerb von Gütern dient folglich dem nachträglichen Ausfüllen innerer Leere. Seelische Leere ist heutzutage weit verbreitet. Wie wir später sehen werden, lebt die Konsumgüterindustrie davon und trägt gleichzeitig zu deren Entstehung bei. Kompensation innerseelischer Hohlräume durch Kauf und Konsum kann nun sehr leicht ausgetauscht werden durch Kompensation mittels Diebstahl und Konsum. Das wichtigste Motiv zum Erwerb der Güter ist der Wunsch nach Überdecken der untergründigen Depressivität. Nur relativ schwache Zusatzmotive sind nötig, um aus dem käuflichen Erwerb kostenlosen Erwerb zu machen.

Ein wichtiges Zusatzmotiv für den Diebstahl liegt noch einmal auf der Linie der Kompensation von latenter Depression. Jene psychophysische Verfassung – Depression genannt – zeichnet sich unter anderem aus durch Langeweile, Lustlosigkeit, Apathie, Spannungslosigkeit. Stehlen wirkt dem entgegen. Im Stehlen gibt man seinem entleerten Leben einen Inhalt. Vorher wußte man nicht, was man machen sollte. Man hing nur herum. Jetzt weiß man, was zu tun ist. Nun hat man ein Ziel, auf das man losgehen kann. Allein das gibt schon eine gewisse Spannung, ein Stück Lebendigkeit. Der Akt des Stehlens wirkt wie eine Droge. Er bringt einen in Spannung, macht wach, putscht auf. Stehlen vertreibt die Langeweile. Ferner vermittelt der geglückte Diebstahl ein Erfolgserlebnis. Er schafft Selbstgefühl. Man fühlt sich der blöden Gesellschaft, der dummen Polizei überlegen. Man kommt sich stark vor. Als Dieb ist man jemand. Man hat zwar eine negative Identität gefunden, Hauptsache jedoch, man hat überhaupt eine gefunden. Ohne Stehlen würden viele Jugendliche, wenn sie nicht andere Abwehrmittel gegen ihre entleerte, depressive Verfassung einsetzen würden, manifest depressiv werden. Damit wird deutlich, daß der Diebstahl neben den anderen Funktionen, die er erfüllt, bei jungen Menschen, die durch die Wohlstandsgesellschaft geschädigt sind, ein verbreiteter Abwehrmechanismus einer seelischen Wirklichkeit gegenüber darstellt, die man so nicht ertragen will und oft auch nicht ertragen kann.

Die Zunahme der Gewaltkriminalität unterliegt ähnlichen Bedingungen wie das Anwachsen der Eigentumskriminalität. Auch hier werden die Hemmungen, die der Gewaltausübung entgegenstanden, schwächer, Sachen und Menschen als Gegenstand der Gewaltkriminalität verändern ihren Stellenwert, und letztlich wurde die Summe von Aggressivität und Destruktivität, die in der Gewalttat durchbricht, größer. Die gleichen Gründe, die zu einer Schwächung der Stehlhemmung führten, senkten auch die Schwelle zwischen aggressivem Antrieb und aggressiver Tat.

Freilich besteht zwischen Über-Ich-Abbau und Freiwerden von Aggressionen noch ein spezieller Zusammenhang. Das Über-Ich vermag seine Ge- und Verbote gegenüber dem Es nur durchzusetzen, wenn es mit hinreichender Aggressivität ausgerüstet ist. Ein strenges Über-Ich reißt also einen erheblichen Teil der im Es vorhandenen Aggressivität an sich und richtet diese zur Triebeindämmung auf das Es zurück. Wird das Über-Ich geschwächt – und das geschieht seit geraumer Zeit im Zuge der Auflösung von Autoritäten – so gehen die Aggressionen an das Es zurück. Ein mildes Über-Ich steht jetzt einem aggressiven Es gegenüber. An die Stelle der Selbstaggression durch das Über-Ich tritt damit der ursprüngliche Zustand eines Trachtens nach Fremdaggressionen. Diese vergrößerte Menge an Fremdaggressionen gelangt viel schneller zum Ausbruch, weil es an zurückhaltender Kraft von seiten des Über-Ichs fehlt.

Die Macht des Über-Ichs wurde jedoch nicht nur im allgemeinen geringer. Die Verbote, welche einstmals unsanktionierte Destruktion und die ihr vorausgehende Aggression von Gegenständen und Menschen verhinderten, büßten an Stärke ein. Auch hier liegen die Ursachen in der Entwicklung der Technik und der von ihr veränderten ökonomischen Bedingungen. Ein Tabu schützte in der Vergangenheit menschliches Leben. In der Gegenwart zerfällt es. Ein Indiz dafür sind die großzügigen Gesetze zum Abbruch einer Schwangerschaft, die in den letzten Jahren in vielen Ländern erlassen wurden. Wie eben schon grundsätzlich festgestellt, bin ich auch, was die Enttabuierung von menschlichem Leben anbelangt, der Meinung, daß ein wesentlicher Grund hierfür im Fortschritt der Wissenschaft und der Technik zu suchen sei. Die Medizin vermag in immer größerem Ausmaß Leben zu verlängern. Die medizinische Technik benutzt lebendige, von einem Spender entnommene Organe als Austauschteile, um einen anderen Menschen vor dem Tode zu retten. Hierbei wird faktisch von der Medizin Leben geschaffen. In den Menschen der Gegenwart entsteht folglich das Gefühl, der Mensch sei Herr des Lebens. Dieses Gefühl wird vielleicht auch aus dem sich allmählich ausbreitenden Wissen gespeist, daß die Biochemie nicht nur Bausteine des Lebens, sondern bereits einfachste Formen von Lebewesen zu synthetisieren vermag. Leben ist damit nicht mehr tabu, also der Berührung und dem Zugriff des Menschen entzogen. Mit dem Schwinden des Lebenstabus entfällt natürlich auch der Schutz menschlichen Lebens. Herr über das Leben zu sein bedeutet nicht nur Leben zu geben, sondern auch Leben zu nehmen. Weil die Angstsperre des Tabus, die den Menschen grundsätzlich vor Aggressionen schützte, zerfällt, ist er der Gewalt preisgegeben.

Auch das Zerstörungstabu Dingen gegenüber hat sich aufgelöst. Alle diejenigen, die in einer Mangelgesellschaft auf-

wuchsen – besonders trifft das zu auf die Angehörigen der
sogenannten älteren Generation – werden sich noch an das
Zerstörungstabu und seine Entstehung erinnern können. Weil
es wenig Güter gab, mußten sie unter Schutz gestellt werden.
Viele Familien waren so arm, daß sie sich nur selten Gegenstände kaufen konnten. Also mußte das bescheidene Hab und
Gut vor Beschädigung geschützt werden. Dem Kind schärfte
man schon früh ein, es dürfe nichts kaputtmachen. Kaputtmachen war böse. Ein Kind, das gerne kaputtmachte, galt als
böses Kind. Um den Destruktionstrieb gründlich zu unterdrücken, mußte man auch die Beschädigung von Gegenständen
verbieten, die der Mensch nicht gemacht hatte.

In der Überflußgesellschaft wandelte sich der Wert von
Produkten fundamental. Die Produktion macht es möglich,
beschädigte und zerstörte Güter zu ersetzen. Aber noch darüber hinaus: Die Überproduktion verlangt und gebietet, ihre
Produktion zu verschleißen und zu verbrauchen. Verbrauch
ist eine Form der Vernichtung. Die Überflußgesellschaft kann
somit gar nicht daran interessiert sein, daß Güter geschont
werden. Das in der Mangelgesellschaft sinnvolle Zerstörungstabu würde ihren Kreislauf stören. Ihr ist im Gegenteil an
einer Haltung gelegen, welche die Integrität der Erzeugnisse
gerade nicht respektiert. Je mehr strapaziert und verschlissen
wird, um so mehr wird gekauft. In der Konsumgesellschaft
wird demnach das frühere Zerstörungstabu aufgehoben und
durch eine Einstellung ersetzt, die um des Konsums willen
auch »sinnlose« Zerstörung in Kauf nimmt.

Der Verlust des Sache und Mensch schützenden Tabus ist
bedeutsam, weil sich Sachen und Mensch durch eine Veränderung ihres Stellenwertes ohnedies der Aggression und Destruktion stärker anbieten als in früheren Gesellschaftsepochen. Im
Hinblick auf die Destruktionsanfälligkeit von Gütern wurde
dies eben erläutert. Der Mensch wird heute leichter ein Objekt
von Aggressionen und Destruktionen, weil er dabei ist, zunehmend ein Ding zu werden. Eine hochtechnisierte Gesell-

schaft versteht den Menschen als eine Funktion in ihrem Getriebe. Wird der Mensch jedoch nur noch als Funktion aufgefaßt, geht er in seiner Funktion auf, so ist er entpersonalisiert. Eine Funktion hat nicht die Würde eines einmaligen Menschen. Sie ist austauschbar. Mit dem Verständnis des Menschen als Funktion entfält die Achtung vor dem Menschen und die Beachtung seiner Unantastbarkeit. Wird er zu einem technischen Gegenstand degradiert, dann geht man entsprechend mit ihm um. Wenn er einem nützt, bedient man sich seiner, wenn er stört, schafft man ihn weg.

Unmenschlicher Umgang mit dem Menschen ist um so leichter möglich, als, wie wir gesehen haben, personale Beziehungen zwischen den Menschen immer mehr nachlassen. Der Mensch wird – wie erwähnt – oft bereits in der Kindheit zu einer Sache. Durch den Ausfall frühkindlicher personaler Beziehungen wird der Mensch zu einem Stück, zu einem Stück Mensch. Weil man keine personalen Beziehungen zu ihm besitzt, berührt er einen nicht. Man ist ihm gegenüber oft empfindungslos. Da der Mensch zu einer Sache wird, muß man nicht menschlich, sondern kann unmenschlich mit ihm umgehen. Da aber Dinge in der Überflußgesellschaft keinen großen Wert darstellen, kann man mit diesem ziemlich wertlosen Stück Mensch, wenn es zum eigenen Zweck nicht taugt, gewalttätig umgehen.

Gewalttaten gegenüber einem Menschen, der kein Du, sondern ein Es ist, zu dem man keine Gemeinschaft hat, sondern dem man in der Distanz des Werkzeugdenkens und Werkzeughandelns gegenübersteht, bieten sich jedoch nicht nur an. Sie drängen sich vielmehr auf, weil der Aggressionsdruck in der Gegenwart zunimmt. Auf der einen Seite steigt er, da die früher durch die Gemeinschaft sanktionierten Kollektivaggressionen derzeit nicht mehr so zur Verfügung stehen. Auf der anderen Seite aber steigt der Pegel der Aggressivität aufgrund von Bedingungen unserer technischen Zivilisation objektiv an. Das Problem »Aggression und technische Zivilisation« ist so

vielschichtig, daß seine Abhandlung ein eigenes kleines Buch
erfordern würde. Daher kann ich leider an dieser Stelle
auf jene wichtigen Zusammenhänge nicht näher eingehen.

Die Gewaltkriminalität greift folglich nicht nur deshalb um
sich, weil die Hemmungen, die dem Es entgegenstehen, generell schwächer geworden sind und weil sich die Zerstörungs-
tabus praktisch auflösten, sondern weil die Menge der Aggression größer wird und ein Ventil zu ihrer Entladung benötigt.
In der Gewaltkriminalität gehen die Aggressionen auch deshalb in die Außenwelt, weil sich der Gewalttäter in einer
feindseligen Haltung zur Umwelt befindet. Schon bei der
Erhellung der Eigentumskriminalität wurde erwähnt, daß die
Gesellschaft zum Nachfolger der Eltern gemacht wurde, von
denen man sich zutiefst enttäuscht fühlte. Die daraus resul-
tierende Grundeinstellung der Ablehnung, der Abwertung,
des Hasses hat sich beim Gewalttäter auf die Umwelt gerichtet.
Diese Einstellung formt die Bahn der ursprünglichen Trieb-
richtung noch stärker aus.

Gewaltanwendung gegenüber Sachen und Personen kann in
mehrfacher Weise geschehen. Man kann zielstrebig Gewalt
anwenden, weil Sachen und Menschen dem erstrebten Ziel im
Wege stehen. Hier dient Gewalt als Mittel zum Zweck. Geschieht dies, so wird deutlich, wie wenig Wert der Gewalttäter
den Gegenständen seiner Aggression einräumt. Neben dieser
modernen, Sachen und Menschen geringschätzenden Gewalt
gibt es noch die andere Form der Gewalttat, bei der Sachen
und Menschen nur der Blitzableiter von Aggressivität und Destruktivität darstellen. Um diese Art von Gewaltausübung
handelt es sich etwa, wenn eine Rocker-Bande wie ein Taifun
eine Schneise der Gewalt schlägt und alles zertrümmert, seien
es Gegenstände, seien es Menschen, die auf ihrem Weg liegen.

Bei solchen Vandalismen tritt jedoch häufig ein weiteres Motiv
auf, das als typisch modern zu bezeichnen ist: die sinnlose
Zerstörung. Hier vereinigen sich destruktiver Antrieb und das
Gefühl der Sinnlosigkeit – auch das Gefühl der Sinnlosigkeit

des Handelns – zur gemeinsamen Tat. Bei der Analyse von Diebstahlkriminalität stießen wir darauf, daß im Stehlen versucht wird, einem entleerten Leben Ersatzinhalte zu geben. Auch die sinnlose Zerstörung ist eine Abwehr untergründiger depressiver Gestimmtheit. Das erloschene eigene Leben äußert sich nicht nur in einem Gefühl der Leere und der Langeweile, sondern wesentlich auch in dem Gefühl der Sinnlosigkeit.

Hinter der Stimmung von Sinnlosigkeit steht der Tatbestand, daß in diesem Leben kein Sinn mehr vollzogen wird, da dieses Leben kaum mehr besteht. Das Leben ist nämlich oft bereits in den ersten Lebensjahren mehr oder weniger weitgehend abgestorben. Solche Zustände von Sinnlosigkeit sind kaum tragbar. Man muß sie entweder unterdrücken oder aus ihr eine perverse Lust machen. Das letztere kann auf sublime Weise geschehen, indem man eine Philosophie des Nichts entwickelt und dann mit der Sinnlosigkeit kokettierend um das Nichts zu kreisen beginnt. Auf primitiver Ebene verbindet sich das Gefühl der Sinnlosigkeit mit der Lust des Triebvollzuges. Eben das geschieht in der wohl für unsere Epoche ziemlich bezeichnenden Lust an der sinnlosen Zerstörung. Sinnlose Zerstörung ist die Antwort darauf, daß der gesellschaftliche Mikrokosmos der Familie zu wenig zu wirklichem Leben verhelfen konnte und daß der Makrokosmos der Gesellschaft weithin den Sinn abgeschafft und dafür das Nichts geschaffen hat.

Als letzte wichtige Erscheinung auf dem Gebiet der Jugendkriminalität wollen wir uns mit der Tendenz zur Bandenbildung befassen. Dieses Phänomen der kriminellen Gruppen- und Bandenbildung ist für unsere Überlegungen von Bedeutung, weil hierbei Keimzellen des organisierten Verbrechens entstehen. Es ist ferner von Wichtigkeit, weil eine Analyse dieser Erscheinungen bedeutsame Erkenntnisse über die gegenwärtige Gesellschaft liefert. Im Zuge der kriminellen Gruppenbildung gibt es mehrere Progressionsstufen. Am Anfang steht häufig der Kreis Jugendlicher, der sich zu gemeinsamer Freizeitgestaltung trifft. Oftmals kommt einem nach einer gewissen Zeit die bisherige Freizeittätigkeit als langweilig vor. Das ist um so mehr der Fall, als im jugendlichen Alter ein natürlicher Drang zum Außergewöhnlichen besteht, dem aber in unserer Gesellschaft ein Mangel an Möglichkeiten des Abenteuers gegenübersteht. Folglich sucht man gerne Abwechslung, Spannung, Abenteuer an der Grenze der Legalität. Dem Gesetz der Reizabnutzung folgend verschiebt sich häufig nach einer Weile die Feierabendunterhaltung in den illegalen Raum. Ergänzungsmotive von der Art, die wir auf den letzten Seiten bereits kennengelernt haben, können hinzutreten. Wenn dann noch eine negative Leitfigur mit kriminellem Profil erscheint, kann sich aus dem ursprünglichen Freizeitclub eine jugendliche Verbrecherbande entwickeln.

Warum nimmt nun seit einiger Zeit die Tendenz zur kriminellen Bandenbildung offenbar zu? Der Drang, sich in Gruppen zusammenzuschließen und in der Gruppe etwas zu unternehmen, ist völlig normal. Eine große Anzahl organisierter Gruppen von Jugendlichen büßte allerdings in den hinter uns liegenden Jahren manches ihrer Attraktivität ein. Das lose Zusammenkommen zu Popmusik und Beat nutzt sich auch im Laufe der Zeit ab. Der junge Mensch möchte aber mit anderen zusammen sein und in der Gruppe etwas erleben. Daraus entsteht eine gewisse Anfälligkeit sozial nicht angepaßten Gruppierungen gegenüber. Diese Affinität bringt heute oftmals – wie im nächsten Kapitel gezeigt – einen Kontakt zu drogenkonsumierenden Kreisen zustande. Aber einer gewissen Anzahl junger Menschen genügt die Droge nach einiger Zeit nicht mehr.

Was treibt manche Jugendliche in kriminelle Zusammenschlüsse? Sie wissen nichts mit sich anzufangen. Alleine sind sie von der großen Langeweile erfüllt. Zu konstruktivem Tun – sei es auch nur das Spiel – sind sie häufig nicht fähig. Sie besitzen hierzu weder die nötige Kraft, noch finden sie Gefallen daran. Das Leben, das sie nicht in sich, aus sich und mit sich finden, suchen sie folglich bei anderen Menschen. Zu einer stabilen Zweierbeziehung sind sie in der Regel nicht imstande. Es fehlt ihnen echte Kommunikationsfähigkeit. Sie können sich nicht aufschließen. Der Gesprächsstoff geht ihnen bald aus. Also suchen sie ihr Heil in der Gruppe. Die Durchschnittsgruppen geben aber für einen bestimmten Kreis junger Menschen nicht genügend her. Sie werden als langweilig empfunden. Bisweilen erfordern sie aber auch zu viel an persönlicher Gegenwart. Man möchte jedoch anonym unter Menschen sein und auf diese Weise etwas erleben. Damit bietet sich die dissoziale Gruppe an. Zum Eintritt in eine Gruppe jugendlicher Straftäter werden junge Leute gedrängt, die auf der einen Seite das Bedürfnis nach Zusammenleben haben, die auf der anderen Seite aber spannendes, abwechslungsreiches, für sie befriedigendes Leben, Erleben und Handeln nur durch den starken Reiz der verbotenen und mit Strafe bedrohten Tat finden. Es sind dies wieder latent depressive Jugendliche, die unter bestimmten seelischen- und Umweltbedingungen ihre zwischenmenschliche Leere nicht mit dem illusionären Gruppenerlebnis des Drogenrausches zu kompensieren imstande sind und somit den letzten Schritt in die Illegalität tun.

Wie wir gesehen haben, sind jene jungen Leute unfähig zu echter personaler Gemeinschaft. Sie gehören dem Typ an, der Gemeinsamkeit durch gemeinsames Tun herstellen muß. Diese Menschen, die Scheingemeinschaft durch kollektive Bezogenheit auf die gemeinsame Tat etablieren, gibt es allerdings auch in der Gesellschaft der sozial Angepaßten. Hier dient die Tat einem konstruktiven, gesellschaftlich wertvollen Ziel. Der jugendliche Rechtsbrecher ist zu dieser konstruktiven Tat in der Gruppe, aus der das Gefühl der Gemeinschaft erwächst, oft weder fähig noch willens. Er muß sich also die Illusion, er sei mit anderen Menschen verbunden, erwerben durch das gemeinsame Interesse an der destruktiven Tat, an der Straftat.

Die zunehmende Unfähigkeit zum Konstruktiven, die Anfälligkeit für das Destruktive sollte uns nicht verwundern.

Seit Jahr und Tag erziehen wir nicht mehr zum Konstruktiven. Oberstes Bildungsziel ist die Kritikfähigkeit. Diese Überbewertung ist zu verstehen, weil wir aus einer Epoche der Kritikarmut und Kritikunfähigkeit kommen. Aber in der Erziehung zur Kritik sind wir über das Ziel hinausgeschossen. Wir haben vergessen, daß Kritik nicht das letzte sein kann, sondern bestenfalls das vorletzte. Kritik ist allein sinnvoll als Vorbereitung einer konstruktiven Tat. In der Überbetonung des Kritischen herrscht bis zum heutigen Tag der Glaube, Kritik sei ein Wert an sich. Das ist falsch, denn Kritik ist oftmals nur eine Form der Destruktion und eine Provokation der Destruktion. Ein geistiges Klima, welches den Sinn der Kritik in sich selbst sieht, kann schwerlich zur Freude am Konstruktiven verhelfen. Wen erstaunt es also, daß junge Menschen, die diese Luft einatmen, wenn alle anderen Mittel, um sich zu beleben, versagen, zur Tat schreiten, welche die Rechtsordnung der Gesellschaft bricht? Zur positiven Leistung ist man weder bereit noch fähig. Es bleibt die negative Leistung der Straftat.

Als ein Motiv der Gewalttat erkannten wir den Vollzug der Sinnlosigkeit. In der kriminellen Gruppenbildung wird dem Einzelleben ein Sinn gegeben. Sinn und Zweck ist es, Straftaten zu begehen und so »Gemeinschaft« zu finden. Die Sinngebung der Straftat bewältigt also zwei Nöte der jungen Menschen, bei denen Leere an die Stelle von innerseelischem und zwischenmenschlichem Leben getreten ist. Sie füllt die innerseelische Leere aus mit den seelischen Wirkungen, die von der Straftat ausgehen, und wirkt als Bindemittel im zwischenmenschlichen Raum. Da nichts anderes mehr bleibt, weil man sonst keine hinlänglich tragenden Interessen besitzt, gewinnt man Scheingemeinschaft durch das gemeinsame Interesse an Vergehen und Verbrechen sowie durch die gemeinsame kriminelle Tat.

Ich komme zum Schluß dieses Kapitels. Die Ausführungen zum Thema »Jugendkriminalität« haben gezeigt, daß wesent-

liche Ursachen des kriminellen Verhaltens in bestimmten
Strukturen der Gesellschaft zu suchen sind. Dies gilt es im
zweiten Teil des Buches im einzelnen zu untersuchen. Schon
jetzt legt sich der Eindruck nahe, daß manches in unserer Gesellschaft krank ist und daß ihre Gestörtheit Störungen beim
Einzelmenschen in Form von Straftaten hervorruft. Der Jugendliche ist einem Seismographen zu vergleichen, der mit
Symptomen sozialer Desintegration das Beben in den Fundamenten der Gesellschaft anzeigt. Soll dies nun heißen, daß ein
junger Straftäter nichts anderes darstellt als einen Indikator
der Gesellschaft? Bedeutet dies, daß nur die von uns angegebenen Motive ihn zu Vergehen und Verbrechen bestimmen?
Auf keinen Fall. Ich habe mich darauf beschränkt, einige
Ursachen aufzuweisen, die einerseits in der Entstehung jugendlicher Straftaten eine wichtige Rolle spielen und andererseits
die pathogenen Strukturen unserer Gesellschaft besonders
durchsichtig machen. Es wird natürlich nicht bestritten, daß es
darüber hinaus noch viele andere Motive gibt, die mir aber bei
den untersuchten Phänomenen eher den Charakter von Rand-
bedingungen zu haben scheinen. Ferner setze ich es bei unserem
Problem als selbstverständlich voraus, daß erblich bedingte
und lebensgeschichtliche Faktoren zusammenwirken, daß also
jede Straftat trotz aller Gemeinsamkeiten in der Enstehungs-
weise das Ergebnis eines individuellen Motivbündels darstellt.
Ist das Individuum des jugendlichen Rechtsbrechers nur eine
völlig determinierte Funktion der Gesellschaft? Es kann sich
nicht darum handeln, bei der Beantwortung dieser Frage das
alte Problem des philosophischen Determinismus oder Indeter-
minismus zu diskutieren. Das würde den Rahmen dieses
Buches ganz erheblich sprengen. Wir lassen die letzte Frage
(die philosophische) nach der Freiheit des Straftäters offen.
Von meiner tiefenpsychologischen Empirie aus stellt sich das
Verhältnis Straftäter und Gesellschaft folgendermaßen dar:
Individuelle Freiheit und gesellschaftliche Bedingtheit durchdringen sich. Im einen Fall kann das Maß der Freiheit, indi-

viduelle Entfremdungen durch die Gesellschaft nicht in Straftaten auszudrücken, groß sein. Im entgegengesetzten Fall
kann es bis zur völligen Unfreiheit schrumpfen. Jede einzelne
Straftat liegt von Mensch zu Mensch und von Situation zu
Situation verschieden irgendwo auf der Skala zwischen jenen
beiden Polen.

Schließlich, was ist Gesellschaft? Gesellschaft ist jeder von uns.
Jeder Einzelne konstituiert die Gesellschaft. Als Folge seiner
Unfreiheit gibt er deren Strukturen unfreiwillig weiter.
Gleichzeitig wirkt er jedoch auch im Rahmen seiner Freiheit
dabei mit, daß in der Gesellschaft Wirklichkeiten entstehen,
die den Einzelmenschen von sich entfremden. Der einzelne
Straftäter ist krank an der Gesellschaft. Gleichzeitig aber stellt
er im Wechselschluß einen Faktor dar, der die Krankheit der
Gesellschaft erhält und bestätigt.

Die Drogenwelle

Als nächstes Phänomen, in welchem sich die Krankheit der Gesellschaft beim Einzelmenschen äußert, ist die sich unter der Jugend verbreitende Drogenabhängigkeit zu untersuchen. Machen wir uns zunächst anhand einiger Zahlen die Bedeutung des Problems klar. Erhebungen, die im Jahre 1972 in der Bundesrepublik vorgenommen wurden, besagen, daß etwa 30 Prozent aller 13- bis 23jährigen – also der Jahrgänge, die besonders drogenanfällig sind – schon einmal mit Drogen in Berührung gekommen sind. Die allermeisten von ihnen – etwa 80 bis 90 Prozent – probieren die Mittel, besonders Haschisch, einmal oder mehrere Male aus und belassen es dabei. 10 bis 20 Prozent werden aber zu Dauerkonsumenten von Haschisch. Aus dieser Gruppe gehen 30 bis 40 Prozent – die Untersuchungsergebnisse differieren – nach einiger Zeit auf andere Stoffe über. Haschisch fungiert bei ihnen als Einstiegsdroge und wird entweder durch die Amphetamine oder durch LSD abgelöst. Bei den meisten dieser Verbraucher von härteren Drogen nutzen sich auch diese ab, so daß die jungen Leute endlich bei Opium oder Heroin landen.

In absoluten Zahlen ausgedrückt bedeutet das: Wir haben auszugehen von etwa 10 Millionen junger Menschen in der Bundesrepublik, die aufgrund ihres Alters für den Kontakt mit Rauschdrogen in Frage kommen. 300 000 bis 600 000 von ihnen nehmen Haschisch über einen mehr oder weniger kleinen Zeitraum hinweg mehr oder weniger regelmäßig. Aus diesem Kreis landen in etwa 80- bis 200 000 bei einer echten Abhängigkeit Opiaten gegenüber. Die Erfahrung zeigt leider, daß nur eine recht bescheidene Anzahl dieser Kranken, sei es spontan, sei es durch Therapie, von der Sucht wieder freikommt. Auf der anderen Seite vergrößert sich jedoch die Gesamtzahl, weil immer neue Altersjahrgänge nachrücken.

Daß die hier gemachten Angaben nicht unrealistisch sind, ergibt sich auch auf anderen Wegen. Im Jahre 1970 wurden in der Bundesrepublik von Polizei und Zollbehörden 4 331 kg Haschisch beschlagnahmt. Auf dem Gebiet der Rauschgiftkriminalität ist die Dunkelziffer aber außerordentlich groß. Die Schätzungen, wieviel Haschisch im Vergleich zur sichergestellten Menge eingeführt, verkauft und verbraucht wurde, sprechen vom 10- bis 300fachen. Nehmen wir nur einmal an, daß im Jahre 1970 das Zehnfache des konfiszierten Haschischs konsumiert wurde, so kommen wir auf rund 50 000 kg. Um einen Haschischrausch zu erzielen, genügt ein Fünftel Gramm reinen Haschischs. Gehen wir davon aus, daß Haschisch nicht rein vertrieben und oft höher als zum Rauschzustand unbedingt nötig dosiert wird. Setzen wir voraus, daß man für einen Rausch ein halbes Gramm Haschisch verbraucht. Dann bedeutet dies, daß mit der Menge von 50 000 kg Haschisch im Jahre 1970 100 Millionen Räusche herbeigeführt wurden.

Auch die Zahlen auf dem Opiumsektor beweisen einen erschreckenden Verbrauch von Opiaten und damit das Bestehen einer gefährlich großen Zahl von Opiatsüchtigen. Die Menge von beschlagnahmtem Rohopium und Morphinbase – der Grundsubstanz von Heroin – schnellt seit 1969 in die Höhe. Das trifft vor allem auf Morphinbase zu. Die Zahl der Apothekeneinbrüche – zur Beschaffung von Opiaten – stieg im Jahre 1970 auf 820 im Vergleich zu 12 des Jahres 1965. Auch dies weist hin auf den Übergang zu harten Drogen nach der Eingewöhnung durch Haschisch. Bedrohlich sind jedoch vor

allem die Zahlen, die mehrere Organisationen der Vereinten
Nationen ermittelten. Demzufolge geraten pro Jahr mindestens 1 800 Tonnen Opium in den schwarzen Markt. Dem
stehen 900 Tonnen einer registrierten Weltproduktion gegenüber, die zu medizinischen Zwecken verwendet wird. Aus
jenen illegalen 1 800 Tonnen Opium können 18 Milliarden
Dosen von Opium und 30 Milliarden Dosen von Heroin hergestellt werden. Die USA sind Hauptabnehmer dieser Drogen.
Die Bundesrepublik und andere europäische Länder nehmen
jedoch einen immer größer werdenden Anteil dieser Gesamtmenge auf.
Von Zeit zu Zeit wird immer wieder behauptet, die Drogenwelle sei bereits im Abklingen. Das trifft jedoch nicht zu.
Richtig ist vielmehr, daß die Drogenszene in mehrfacher Hinsicht ihr Gesicht wandelt. Die Drogenwelle, die in den Großstädten und in den Natogarnisonen begann, breitete sich in
der jüngeren Vergangenheit auf dem flachen Lande aus. Ursprünglich waren Studenten und Schüler die Hauptkonsumen-
ten von Haschisch. In der zweiten Phase ihrer Verbreitung
wurde und wird Haschisch auch bei Jungarbeitern zum
Gebrauchsartikel. Zunehmend stärker greifen Mädchen zu
Rauschmitteln. Der Beginn des Drogenkonsums verlagert sich
in immer jüngere Altersgruppen. Die alten Haschischraucher
aber steigen zunehmend auf dem Wege über Zwischendrogen
auf die echten Suchtmittel Morphium und Heroin um.
Bislang kann niemand voraussehen, bei wieviel Prozent der
jugendlichen Gesamtbevölkerung der Sättigungsgrad von
Haschisch liegt. Selbstverständlich wird es in überschaubarer
Zeit nicht mehr Mode sein, Haschisch zu rauchen. Jede Mode
nutzt sich einmal ab. Damit werden einige Zusatzantriebe des
Haschischgebrauchs, wie das Bemühen, modern zu sein und
gruppenkonform zu sein, wegfallen. Dessen ungeachtet bestehen die Hauptmotive des Drogenkonsums fort. Der Kreis
von Haschischrandsiedlern wird auf diese Weise ausscheiden.
Der harte Kern derer, die aufgrund ihrer psychischen Struk-

tur zur Drogenabhängigkeit disponiert sind, wird bleiben. Was sind die Folgen der Drogenwelle? Wenn man bereits vor dem ersten Kontakt mit Haschisch wüßte, ob es sich bei dem betreffenden Jugendlichen um eine relativ stabile Persönlichkeit handelt (sofern sich relative Stabilität überhaupt mit der – heute verlängerten – Pubertät verträgt) könnte man sagen, Haschisch ist für den weitaus größten Teil der Jugend harmlos. Die Bekanntschaft mit Haschisch hinterläßt, wie es scheint, in den meisten Fällen keine negativen Nachwirkungen. Diese Auskunft über die relative Harmlosigkeit von Haschisch ist jedoch statistischer Natur und kann darum nur im Nachhinein gegeben werden. Niemand weiß vorher, wie er auf Haschisch reagiert, ob er also seelisch abhängig wird oder nicht.

Dauerkonsum von Haschisch – infolge seelischer Abhängigkeit – hat aber oft, auch wenn es nicht zum Umsteigen auf härtere Stoffe kommt, erhebliche Folgen. In der Zeit, in der der junge Mensch regelmäßig und oft Haschisch nimmt, verändert er sich nämlich. Zuerst einmal schrumpft seine Intelligenz. Die Lernfähigkeit wird geringer. Die intellektuellen Leistungen fallen ab. Der Grund hierfür ist zum einen das geminderte intellektuelle Leistungsvermögen und zum anderen die herabgesetzte Leistungskraft. Ferner wird beim Dauerhascher das Verhältnis zur Realität schwer beeinträchtigt. Im Rausch zieht er sich ja gerade aus der unlustvollen Wirklichkeit zurück und verkriecht sich in einer schönen Scheinrealität, die ihm die Wirkstoffe des Haschischs vorgaukeln. Kehrt er aus dem Rausch zurück, so wird natürlich die Realität um so bedrückender empfunden. Der Impuls zur Flucht aus der Wirklichkeit steigert sich dann damit von Rausch zu Rausch. Von mal zu mal wird die Scheinwelt des Rausches stärker zur eigentlichen Wirklichkeit und die eigentliche Welt zu einem bösen Traum. Das führt dazu, daß man sich den Forderungen dieser Welt immer mehr versagt. Man nimmt ihre Anforderungen nicht mehr ernst, sei es, was die von ihr verlangte Leistung, sei es, was die Spielregeln der Gesellschaft anlangt. Hierdurch lösen sich noch stärker die Beziehungen zu den Mitmenschen auf. Es kommt zu Leistungsabfall in Schule und Beruf, zum Verlust sozialer Bezüge, zu Verwahrlosung. Aus alledem resultieren immer neue Konflikte, die man nicht aushalten kann, die damit aufs neue den Ausweg des Rausches nahelegen.

Zu diesem Zeitpunkt ist es in der Regel dem Betroffenen unmöglich, aus eigener Kraft den Teufelskreis zu durchbrechen. Nun gibt es zwei Möglichkeiten: Entweder ein anderer Mensch – ein Betreuer oder ein Arzt – hilft ihm heraus und bringt ihn zurück in eine Welt ohne Rausch, oder er kommt nicht mehr heraus. Aber selbst wenn der chronische Haschkonsument durch Hilfe von außen aus seiner seelischen Abhängigkeit befreit wird, kann durch sein Verhalten in der Haschischzeit eine Weiche auf seinem Lebensweg gestellt worden sein. Er wurde beispielsweise aus der Bahn seines Schul- oder Berufweges geworfen und häufig führt kein Weg mehr zurück. Man hüte sich vor Illusionen: Auch wenn man vom Haschisch loskommt, sind manche Folgen des Haschischdauerkonsums irreparabel.

Die Wiederherstellung nach längerem Haschischkonsum ist auch deswegen so schwierig, weil es bei dem Dauerkonsumenten zu einer seelischen Rückentwicklung kommt. Man fordert sich nicht mehr und verweigert sich der Herausforderung durch die Realität. Damit entfallen Spannung und Wachstum in der Spannung. Umgekehrt tritt eine Regression auf Infantilstrukturen ein. Wie wir sehen werden, flüchtet man unter anderem auch aus Einsamkeit in den Rausch. Durch den Verlust an sozialen Beziehungen als Folge des chronischen Haschischkonsums wird man jedoch noch einsamer. Infolge der Einbuße von Ichstärke wegen des Lebens in einer Scheinwelt schwindet die Kommunikationsfähigkeit noch mehr. Kommunikation mit einer Hilfsperson aber ist ja gerade die Voraussetzung, um wieder von Haschisch unabhängig zu werden und das Zerstörte neu aufzubauen.

Man kann zu dem Problem des Haschischkonsums folgende
Haltung beziehen – und das ist, wenn auch unausgesprochen,
eine derzeit weitverbreitete Einstellung: »Das sind die Schwierigkeiten einer dünnen Schicht junger Leute. Wir haben uns
daran gewöhnt, mit 600 000 Alkoholsüchtigen in der Bundesrepublik zu leben, also werden wir uns auch noch an einige Zig-
tausend oder gar einige Hunderttausend Haschischabhängige
und Haschischgeschädigte gewöhnen. Eine hochzivilisierte Gesellschaft muß für ihren Fortschritt eben ihren Preis zahlen.
Ein Bodensatz von Menschen, zu dem eben jetzt noch einige
Hunderttausend Drogengeschädigte kommen, ist der Preis,
den wir zahlen müssen.«
Diese innere Haltung ist verantwortungslos. Denn es handelt
sich bei dieser großen Zahl von Drogenkranken nicht um eine
anonyme Gruppe, sondern um viele Tausende von Einzelmenschen, die auch ein Recht auf Leben besitzen. Jene Einstellung ist aber nicht nur verantwortungslos, sie ist auch
zynisch. Zynisch vor allem deswegen, weil Drogenabhängige
zuerst einmal nicht krank an sich selbst, sondern krank an der
Gesellschaft sind. Die Gesellschaft aber sind wir alle. In Gestalt
des Drogenkonsums kommt nur die Krankheit unserer Gesellschaft zum Vorschein. Wenn folglich der einzelne junge Mensch
überwiegend aus Gründen drogenkrank wird, die in der Gesellschaft liegen, so ist es die Pflicht der Gesellschaft, alles zu
tun, damit die Drogenkranken gesund und die Gesunden nicht
drogenkrank werden. Eine Gesellschaft, die sich human dünkt,
kann nicht an dem Schicksal einer sechsstelligen Zahl von
Drogenabhängigen vorbei und zur Tagesordnung übergehen.
Sie kann nicht so tun, als sei diese Plage von einem bösen
Himmel gefallen oder als sei es nur ein perverses Privatver-
gnügen junger Leute, ihr Leben im Rausch zu suchen.
Wenn sich die Gesellschaft noch um das Schicksal von Haschisch-
drop-outs herumdrücken kann, so ist ihr das beim Problem
der Opiatsüchtigen kaum mehr möglich. Denn von ihnen wird
sie schmerzlicher betroffen, als es bei chronischen Haschisch-

konsumenten der Fall ist. Zuerst einmal sind Suchtkranke für die Gesellschaft eine erhebliche finanzielle Belastung. Auf der einen Seite sind Süchtige arbeitsunfähig. Damit fallen sie im Produktionsprozeß aus. Auf der anderen Seite aber kosten sie die Allgemeinheit eine Menge Geld. Sie müssen in Entziehungsanstalten über einen langen Zeitraum hinweg behandelt werden. Das Ergebnis ist meistens keine Wiederherstellung, sondern nur ein Stop des weiteren körperlich-seelisch-sozialen Verfalls. Es entstehen also viele Frühinvaliden, deren Rente von den Berufstätigen erarbeitet werden muß.

Das wichtigste Problem stellt sich jedoch durch die Kriminalität der meisten Süchtigen. Die Schwierigkeiten beginnen schon beim regelmäßigen Konsum von Haschisch. Haschisch kostet Geld. Wer regelmäßig und oft Haschisch raucht, braucht für den Erwerb des Stoffes fast immer mehr Geld, als er unter normalen Umständen besitzt. Das ist um so mehr der Fall, als ja – wie wir gesehen haben – bei Gewöhnung an Haschisch die Arbeitsfähigkeit und Arbeitsbereitschaft bis zur Arbeitsunfähigkeit abnimmt. Um das Geld für die Droge aufzubringen, beginnt der Junge meist ein wenig mit Haschisch zu handeln. Mädchen wählen, um an das Geld für den Stoff heranzukommen, oft den Weg der gelegentlichen Prostitution. Von Jungen und Mädchen werden kleine Diebereien begangen. Die Beute wird – sofern sie nicht aus Geld besteht – in Geld umgesetzt und dafür Haschisch eingehandelt. Auch der Konsum von Zwischendrogen – wie LSD und Weckamine – wird oft auf diese Weise finanziert.

Akut wird die Schwierigkeit der Geldbeschaffung und damit das Problem der Kriminalität bei suchthafter Gebundenheit an Morphium und Heroin. Diese Medikamente sind auf der einen Seite außerordentlich teuer. Auf der anderen Seite benötigt der Süchtige, da sich sein Organismus an das Mittel gewöhnt, immer höhere Dosen. Sein Finanzbedarf wird damit immer größer. In der Regel ist der Suchtkranke nicht begütert genug, um aus der eigenen Kasse die notwendigen Opiate zu bezahlen. Weil er ohne die Drogen nicht leben kann, ist er gezwungen, sich das nötige Geld durch kriminelle Handlungen zu beschaffen. Damit entsteht die sogenannte Beschaffungskriminalität. Bisweilen bricht man, um den eigenen Bedarf zu stillen, in Apotheken ein. Die meisten Betäubungsmittel aus Apothekeneinbrüchen wandern jedoch in den Handel.

Der Suchtkranke ist im Prinzip bereit, jedes Vergehen und Verbrechen zu begehen, um an das Geld, das er für seine Mittel braucht, heranzukommen. Man darf diese hohe kriminelle Bereitschaft des Opiatsüchtigen nicht moralisch bewerten. Sinkt der Pegel des Medikaments im Blut, so bilden sich Entzugserscheinungen. Sie sind mit solchen Qualen verbunden, daß sie ohne fremde Hilfe und medikamentöse Stützung kaum ertragen werden können. Selbstverständlich wählt der Süchtige zuerst einmal harmlose Methoden, um an Geld heranzukommen. Scheckfälschung ist ein solches Mittel. So gehen beispielsweise 70 bis 75 Prozent aller Scheckfälschungen in Stockholm auf das Konto von Süchtigen. Ein paar andere Zahlen sind in diesem Zusammenhang interessant. Sie betreffen New York, die Stadt in der Welt, in der das Suchtproblem wohl am brennendsten ist. Schätzungen zufolge leben in New York etwa 100 000 Heroinsüchtige. In dieser Stadt werden, um Rauschmittel zu beschaffen, täglich Sachwerte und Geldwerte in einer Höhe von etwa 10 Millionen Dollar gestohlen und geraubt. Das sind allein für eine einzige Stadt rund 10 Milliarden DM pro Jahr, also fast ein Zwölftel des jährlichen Haushaltes der Deutschen Bundesregierung. Mit der Ausbreitung der Sucht werden sich in Deutschland ähnliche Verhältnisse einstellen. Diebstähle, Einbrüche, Raubüberfälle, Prostitution, Raubdirnentum und anderes werden erheblich zunehmen. Die Drogenwelle wird ein weiteres Ansteigen der Jugendkriminalität nach sich ziehen.

Noch in anderer Hinsicht ist das Suchtproblem von höchster kriminologischer Bedeutung und damit von größter Relevanz für die Gesellschaft. Rauschmittel werden eingeführt, hergestellt, vertrieben von glänzend organisierten, mit bester technischer Ausrüstung versehenen Verbrecherbanden. Diese Verbrecherorganisationen erzielen durch Handel mit Rauschmitteln immense Gewinne. Das Rohprodukt wird beim Erzeuger billig eingekauft und das Endprodukt – vor allem bei Opiaten – zu enormen Preisen abgesetzt. Wenn man den Verkaufserlös der 1 800 Tonnen Opium, die dem schwarzen Markt zufließen, überschlägt, kommt man auf Summen, die in Hunderten von Milliarden DM liegen. Auf ähnliche Dimensionen verweist die schon erwähnte Tatsache, daß allein in New York pro Jahr ungefähr 10 Milliarden DM für Heroin ausgegeben werden. Selbstverständlich ist Rauschgifthandel mit Unkosten verbunden. Gemessen am Endpreis fallen sie jedoch nur unbedeutend ins Gewicht. Am Ende bleibt den Organisationen ein enormer Gewinn. Sie erhalten damit die Möglichkeit, erhebliche Summen in legale Wirtschaftsunternehmen zu stecken und auf diese Weise wirtschaftliche Macht zu erwerben. Wirtschaftliche Macht in den Händen verbrecherischer Organisationen beschneidet jedoch die Freiheit der Marktwirtschaft. Ohne eine frei funktionierende Wirtschaft kann es keine freie Gesellschaft geben. Verbrecherbanden, die über immense finanzielle Mittel verfügen, sind in letzter Konsequenz eine Gefahr für den Fortbestand der Demokratie.

Warum greifen junge Menschen zu Rausch- und Suchtmitteln? Die Motive der breiten Masse von Jugendlichen, die Haschisch oder auch LSD nur einmal oder auch mehrere Male probieren und sich danach wieder von dem Mittel abwenden, unterscheiden sich von den Beweggründen der jungen Menschen, die drogenabhängig werden. 80 bis 90 Prozent der jungen Leute, die Haschisch versuchen, möchten gerne wissen, wie das ist, wenn man Haschisch raucht. Dieses Motiv reicht von der Neugierde bis zum Erkenntnisdrang. Damit eng verbunden ist die Lust am Abenteuer. Wie schon bei der Untersuchung der Jugendkriminalität erwähnt, gibt es in unserer rational organisierten, technisch perfektionierten Welt kaum Raum für

Abenteuer. Bei Jugendlichen in der Pubertät und am Ausgang der Pubertät ist aber gerade ein verstärktes Bedürfnis nach Abenteuer vorhanden. Also lockt ihn das Abenteuer mit den unbekannten – im Kreise der Alterskameraden oft noch aufgebauschten – Wirkungen der Droge. Bei den meisten erlahmt der Reiz der Neuheit sehr schnell. Die Spannung, wie Haschisch wohl sei, schwindet und damit entfällt der Wunsch, die Droge zu nehmen.

Ein anderer Grund für das Ausprobieren von Haschisch ist der Prestigezuwachs. Man ist ja schließlich kein kleiner Junge oder kein kleines Mädchen, dem Haschischrauchen verboten ist und das sich nicht traut, Haschisch zu rauchen. Mit Haschisch demonstriert man sein Erwachsensein und seine Emanzipation. Haschisch ist ein Statussymbol Jugendlicher. Es dokumentiert, daß man einer bestimmten Jugendkultur angehört. Weil Haschisch verboten ist, bietet sich dieses Mittel an, um zu bekunden, daß man gegen diese Gesellschaft ist. Haschisch als Mittel und Zeichen des Protestes. Haschischrauchen ist schick. Hasch ist modern. Dieser Suggestion gegenüber hat es der Jugendliche nicht leicht, nonkonform zu sein und auf Haschisch zu verzichten. Es ist bekannt, wie die peer-group, die Gruppe der Gleichaltrigen, einen Druck in Richtung Konformität ausübt. Sind die Leitfiguren dieser Gruppe Haschischfans, so ist ziemlich viel Kraft nötig, um die Rolle des Außenseiters zu übernehmen. Streben nach Gruppenkonformität stellt also ein weiteres wichtiges Motiv des vorübergehenden Haschischgenusses dar. All diese Antriebe wären an sich nicht sonderlich gefährlich. Sie sind der Mode unterworfen und verschwinden mit dem Wandel der Mode. Gefährlich sind sie nur, weil sie manche junge Menschen, die aufgrund einer tiefsitzenden seelischen Gestörtheit zur Drogenabhängigkeit disponiert sind, an das Rauschmittel heranführen. Ohne jene Einstiegsmotive würde die latente Drogenanfälligkeit in sehr vielen Fällen niemals zur Bindung an die Droge führen.
Wenn wir nun die Bedingungen der Gebundenheit an Rausch-

mittel kennenlernen, so sei von vornherein festgestellt, daß
es sich hierbei nicht allein um seelische Strukturen einer scharf
abgegrenzten Gruppe von Drogenabhängigen handelt. Die
seelischen Zustände, die sich als Ursachen der Drogensucht
herausstellen, sind vielmehr in mehr oder weniger starker
Ausprägung bei der ganzen jungen Generation – falls diese
Pauschalierung erlaubt ist – anzutreffen. Bei Drogenabhängigen sind jene seelischen Faktoren nur stärker entwickelt. Ebenso wie bei der Jugendkriminalität gilt es folglich auch im Hinblick auf die Drogengefährdung der jungen Generation zu
sagen, daß in den Krankheitssymptomen von Kriminalität
und Drogengebrauch nur ein Kranksein verdichtet zum Ausdruck und Ausbruch kommt, das generell unter der Jugend
und in der ganzen Gesellschaft vorhanden ist.
Eine wesentliche Ursache für den Dauergebrauch von Drogen
ist die Steigerung der Erlebnisfähigkeit im Drogenrausch.
Unter der Einwirkung von Haschisch, LSD und anderer Mittel
wird die Fähigkeit, wahrzunehmen, zu empfinden und zu
erleben, erheblich sensibilisiert. Man empfindet beispielsweise
Musik viel intensiver als im Normalzustand. Die Augen beginnen zu sehen. Nüchtern nahm man einen Baum als Holz-
gestell war. Im LSD-Rausch fängt der Baum an zu leben. Man
empfindet seine Formen und Farben, erlebt bei ihm das Spiel
von Licht und Schatten. Erhöhung der Erlebnisfähigkeit mittels Drogen ist deswegen so attraktiv, weil die Erlebnisfähigkeit beim modernen Menschen – und hier wieder besonders
stark beim jungen Menschen – abgestumpft ist. Man sieht und
sieht nicht. Man hört und hört nicht. Sinneswahrnehmungen
sind stumpf, zweidimensional, tot. Damit aber ist die äußere
Welt tot. Sie spricht nicht mehr zu einem. Sie vermittelt keine
lebendigen Erfahrungen. Sie läßt einen kalt und leer. Ein
solches Leben durchzuhalten, fällt schwer. Deshalb versucht
der Mensch unserer Zeit durch immer stärkere und ausgeklü-
geltere Reize dennoch in den Besitz von Empfindungen und
Erlebnissen zu kommen. Die Reizsteigerung führt jedoch er-

neut zur Reizgewöhnung und damit zur Reizabstumpfung.
Wie erklärt sich diese herabgesetzte Erlebnisfähigkeit des
Menschen unserer Zeit? Sie hängt nicht nur zusammen mit der
Reiz- und Informationsflut, die immer höher steigt und
einen Schutz gegenüber diesen Reizen nach sich ziehen muß.
Wichtige Gründe liegen im Menschen selbst. Die Fähigkeit,
zu sehen und zu hören, wird nicht entwickelt. Der Mensch des
rationalen Zeitalters lebt nicht in sinnlichen Qualitäten, sondern in seinem Intellekt. Er ist Gehirn, jedoch nicht Auge,
Ohr, Nase, Haut. Vor allem aber sind die Sinnesorgane nur
so lebendig wie der Mensch selbst lebendig ist. Aus Gründen,
die wir noch kennenlernen werden, wird der Mensch seit geraumer Zeit innerlich unlebendiger. Viele junge Leute sind
seelisch mehr oder minder tot. Sie sind, wie wir bereits bei der
Analyse der Jugendkriminalität erkannten, häufig depressiv.
Weil sie leer und unlebendig sind, können sie auch nichts
lebendig erfahren. Hinter dem Bedürfnis, durch Drogen die
Erlebnisfähigkeit zu steigern, steht damit wieder einmal die
Depressivität als Krankheit unserer Zeit.
Drogenabhängige wollen jedoch nicht nur ihre Sinne beleben,
weil die Reize, die von der äußeren Welt ausgehen, sie kalt-
lassen. Im Rausch erhoffen sie, Zugang zur inneren Welt, zum
Unbewußten, zu sich selbst zu erhalten und die seelischen
Wirklichkeiten intensiv erleben zu können. Diese Absicht ist
mit dem Stichwort »Bewußtseinserweiterung« gemeint. Es
geht hierbei, um das noch einmal deutlich zu sagen, nicht in
erster Linie um Erweiterung rationaler Erkenntnis, sondern
um Erweiterung und Intensivierung emotionalen Erlebens.
Im nüchternen Zustand fühlt man sich leer, hohl, tot. Keine
nennenswerte Lebensstimmung ist vorhanden. Es fällt einem
nichts ein. Keine Gefühle sind da. Die Phantasie ist ausge-
trocknet. Impulse kommen auch keine. Man weiß nicht, was
man soll. Zu nichts hat man Lust. Das Leben ist zum Erbrechen
langweilig und fad.
Im Rauschzustand wird es dagegen in einem lebendig. Einfälle

kommen, und zwar keine blassen Gedanken, sondern lebendige Bilder. Die Phantasie sprudelt. Man fühlt sich erfüllt. Jetzt hat man die mannigfaltigsten Gefühle. Der Spannungsbogen reicht von höchster Lust bis zu schrecklichster Angst. Die tiefsten Schichten des Unbewußten öffnen sich im LSD-Rausch. Überwältigende Erfahrungen treten auf. Faszinierende Lichtkaskaden brechen über den Menschen herein. Die Welt beginnt zu leuchten, Empfindungen werden sublim. Bisweilen sprengen diese Erfahrungen die Dimensionen alltäglichen Seins. Manches erinnert an die Lichtwelt der Mystiker. Dem areligiösen Menschen unserer Zeit werden im Rausch religionsähnliche Erlebnisse zuteil.

Die Droge erzeugt somit künstliches Innenleben. Sie erfüllt das innerseelische Vakuum mit subjektivem Leben. Diese Kompensation innerer Leere kommt uns bekannt vor. Im vorigen Kapitel stießen wir darauf, daß kriminelle Taten Lebensspannung erzeugen und daß gestohlene Güter zum Ausgleich der Leere benutzt werden. In der Droge geschieht das gleiche. Der Abwehrmechanismus depressiver Leere gegenüber ist derselbe. Nur die Mittel, mit denen abgewehrt wird, sind andere. Kriminalität und Droge weisen damit auf eine verborgene Not hin, auf die Not, daß man zwar äußerlich vorhanden ist, innerlich jedoch nicht existiert. Im Rausch möchte der junge Mensch »high« sein. Dabei erhebt er sich über seine unlustvollen Spannungen. Mißempfindungen werden zugedeckt. Man entzieht sich inneren Konflikten und äußeren Schwierigkeiten. Im Rausch beseitigt man Probleme, indem man sie vergißt. Diese Neigung vieler junger Menschen, mittels Rausch Unlustgefühlen, Schmerzen und Leiden zu entrinnen, ist leicht zu begreifen. Sie wachsen in einer Welt auf, die Leben als Erwerb von Lust und Vermeidung von Unlust betrachtet. Der moderne Mensch huldigt der Illusion, ein Leben ohne Unlust sei möglich. Leid wird nicht als integrierender Bestandteil menschlichen Lebens begriffen, sondern als Fremdkörper, der nur durch allerlei mißliche Umstände in das Leben

kam und daraus wieder entfernt werden muß. Man denke
nur an das verkrampfte Bemühen in unserer Zeit, den Tod
aus dem Bewußtsein der Öffentlichkeit zu verbannen.

Aufgrund von Umständen, die ich noch schildern werde, wird
der junge Mensch durch die Jagd nach dem »Glück« noch viel
stärker geprägt als der ältere. Er wird in keiner Weise dazu
erzogen, Unlustgefühle auszuhalten, sie durchzustehen und
mit einigen von ihnen zu leben. Weder will er Unlust ertragen,
noch kann er es. Zum Aushalten intensiver Mißempfindungen
ist eine stabile Persönlichkeit, ein starkes Ich – wie die Psy-
chologie sagt – notwendig. Das Ich vieler junger Menschen ist
nicht stark genug, um Unlustzustände durchzustehen. Jugendliche sind häufig zu schwach, um sich Konflikten zu stellen, sich
mit ihnen auseinanderzusetzen und sie zu lösen. Sie protestieren zwar gegen den Mythos der Erwachsenen von der heilen
Welt, verschleiern und harmonisieren jedoch die eigene un-
heile Welt. Rausch ist die Etablierung einer heilen Scheinwelt.

Viele jungen Leute – und nicht nur junge – haben weder die
Kraft noch die Geduld, die zur Überwindung von Konflikten
erforderlich sind. Auf der einen Seite sind sie verweichlicht, da
sie nicht aufwuchsen in einer Erziehung, die den jungen Menschen, um ihn leidensfähig zu machen, zunehmend belastet mit
einer steigenden Dosis von Mißempfindungen. Auf der anderen Seite aber wurden sie oft zu früh und zu heftig schmerz-
lichen Erfahrungen ausgesetzt, die sie nicht ertragen konnten.
Sehr viele erlebten bereits als Säuglinge und Kleinkinder mehr
an Angst, Unsicherheit, Bedrohtheit, als sie auszuhalten vermochten. Die Familie gab nicht genügend Schutz und Geborgenheit, um zu überleben. Deshalb mußte man es lernen, sich
den unlustvollen Wirklichkeiten zu entziehen und sich
vor ihnen zu verschließen. Dieser Automatismus funktioniert
natürlich, wenn er einmal in Gang gesetzt ist, ein ganzes
Leben lang.

Damit sind wir bei einem weiteren Motiv der Drogenabhängigkeit angelangt. Es heißt: Protest gegen die Realität. Der

Drogenabhängige protestiert gegen die Realität, indem er sich ihr entzieht. In dieser Welt kann und will er nicht mitmachen. Er tritt in den Streik. Junge Menschen haben an den Realitäten, die sie vorfinden, vieles auszusetzen. Das war zu allen Zeiten so. Der Pubertierende begehrt auf. Um sich aus den Bindungen der Kindheit zu befreien, muß er gegen die Welt der Älteren rebellieren. Es liegt im Wesen der Jugend, daß sie die Realität ihren Ideen, Idealen, Wünschen und Träumen anpassen will. In unserer Zeit geht jedoch der Protest gegen die Wirklichkeit besonders tief. Die Jugend hat ein feines Gespür für die Mißstände in Staat und Gesellschaft. Sie empfindet weit stärker als wir Erwachsenen, die wir uns an vieles gewöhnt haben und verhärtet sind, daß die humanitäre Entwicklung hinter dem Fortschritt von Wissenschaft, Technik und Wirtschaft zurückgeblieben ist. Sie hat ein Gespür dafür, daß der Mensch durch den Fortschritt, an den die Älteren oft so unreflektiert glauben, durchaus nicht nur neue angenehme Möglichkeiten der Bedürfnisbefriedigung erhält, sondern daß er in gleicher Weise durch ihn in seiner Menschwerdung gefährdet ist. Ihre Sinne für die enthumanisierende Bedrohung durch den Fortschritt sind auch deshalb geschärft, weil viele Vertreter der Jugend am eigenen Leib und an der eigenen Seele diese Vernachlässigung des Menschen zugunsten des materiellen Zuwachses erlebt haben.

Junge Menschen protestieren gegen eine Welt, die ihnen Wesentliches auf dem Wege ihrer Selbstverwirklichung schuldig blieb und bleibt. Hinter dem Eintreten für sozial Benachteiligte, aus rassischen oder anderen Gründen Unterdrückten steckt die eigene Benachteiligung. Man identifiziert sich, weil man ähnliche »Frustrierungen« erlebte oder erlebt zu haben glaubt. Der Protest erhält unter anderem darum seine Radikalität, weil sich die Welt in den letzten 25 Jahren tiefgreifend verändert hat, ohne daß die Neugestaltung des Lebens damit Schritt gehalten hätte. Die Frontstellung zur Realität entsteht ferner, weil zwischen alt und jung oft kein Verstehen und kein Gespräch möglich ist. Die Verschiedenheit ist zu groß und beide Seiten sind häufig zu intolerant und zu ungeduldig. Weil im Gespräch keine Auseinandersetzung mit der Wirklichkeit erfolgt, kommt es zu einem Stau von Affekten und Aggressionen.

Häufig versucht man – davon werden wir im nächsten Kapitel reden – zuerst die Welt radikal zu verändern. Dazu fehlt jedoch meist der lange Atem. Also resigniert man. Weil Veränderung der verneinten Welt nicht möglich ist, zieht man sich aus ihr zurück. Dieser Schritt von ideologischer Weltüberwindung zur Weltflucht in die Droge konnten wir bei vielen Vertretern der APO beobachten. Mit dieser verhaßten Welt will man nichts zu schaffen haben, folglich zieht man sich in die Welt des Rausches zurück. Aus einer weiteren Wurzel bezieht der Protest seine Schärfe. Ursachen, die wir später kennenlernen werden, bewirken einen recht mangelhaften Realitätsbezug in breiten Schichten der Jugend. Der Realität gegenüber ist man ziemlich verschlossen und lebt mehr in wirklichkeitsfremden Gedankengebäuden. Die Realitätsferne erschwert die Auseinandersetzung mit der Wirklichkeit und bereitet die Flucht aus der Realität in die Droge vor. Mangelnder Realitätsbezug drückt sich auch aus in Wunschdenken. Weil viele Jugendliche mehr in Wünschen als in Wirklichkeiten leben, verfügen sie nicht über die Kraft, durch zähes Ringen die Welt für sich und andere erträglicher und menschlicher zu gestalten. Bei größeren Widerständen steigen sie aus. Dabei bietet sich erneut die Droge an. Bereits im ersten Kapitel erkannten wir, daß Haß auf die Wirklichkeit ein Element in Straftaten Jugendlicher darstellt. Auch bei der Untersuchung der Motive, die Drogenabhängigkeit bewirken, stoßen wir auf das Nein zur Realität. War es in der Kriminalität aggressiv nach außen gerichtet, so weist die Richtung des Realitätsprotestes in der Droge nach innen. Das gleiche Motiv, nur verschiedene Richtung.

Dasselbe gilt für einen weiteren wichtigen Beweggrund des

ständigen Griffes zum Rauschmittel: die Einsamkeit. Man ist in sich verkapselt und verfügt über zu wenig Kraft und Mut, um aus sich herauszugehen und sich einem anderen Menschen anzuvertrauen. Von den Ursachen hierfür war schon die Rede. Die Droge überbrückt die Isolation – jedenfalls solange man sie in der Gruppe nimmt. In der Gruppe kreist der Joint. Jeder zieht an der gleichen Zigarette. Jeder saugt den gleichen Rauch in sich ein. Jeder hat teil an einem gemeinsamen Erlebnis. Subjektive Gemeinschaft wird gestiftet, indem urtümliche Formen, Gemeinschaft zu erhalten, aus dem Unbewußten aufsteigen und vollzogen werden.

Gemeinschaft in der Gruppe entsteht seit altersher durch die Teilnahme am gemeinsamen Mahl. Jeder ißt vom gleichen Tier, jeder nimmt Teile des einen Brotes in sich auf, jeder trinkt vom gleichen Trank. Man ist miteinander verbunden, weil Teile des Ganzen in einen eingegangen sind. Zum kultischen Gemeinschaftsmahl der Christen haben wir die Beziehung verloren. Der archaische Vollzug, der hinter ihm stand, erscheint aufs neue in der Haschgruppe. Hier stiftet die Haschzigarette die Gemeinschaft. Das Eintauchen in die gleiche Stimmung, in das gemeinsame Erlebnis bindet zusammen. Es mag sein, daß manchem Leser diese Erhellung des Gemeinschaftserlebnisses im Haschischrausch zu hergeholt erscheint. Wenn das der Fall sein sollte, mag er sich von Haschischrauchern, die zu psychologischer Reflektion in der Lage sind, genau schildern lassen, was sie empfinden. Und falls jemand meint, durch die Parallelisierung des Abendmahls mit dem Haschischerlebnis in der Gruppe würde ein Sakrament entweiht, sollte er sich einmal fragen, warum jugendliche Haschischraucher nicht zum Abendmahl gehen, sondern menschliche Gemeinschaft im Rausch suchen.

Selbstverständlich entsteht hier keine echte personale Gemeinschaft. Das Gefühl, bei Menschen zu sein, in ein Wir einzutauchen, hält nur, solange der Rausch währt. Danach ist man genauso einsam wie zuvor, ja mit der Zeit wird man noch einsamer. In der Drogenabhängigkeit gibt nämlich der junge Mensch die letzten Reste seiner sozialen Beziehungen auf. Er lebt nun überwiegend von den und in den Scheingefühlen der Droge. Die Droge hebt also die Not der Einsamkeit nicht auf, sondern verschlimmert sie. Selbstverständlich ist die Droge nicht das einzige Mittel, mit dem versucht wird, das Problem der Einsamkeit zu lösen. Wie wir sahen, kann man Gemeinschaft suchen nicht nur im gemeinsamen Konsum von Haschisch, sondern – nach außen gehend – in der gemeinsamen kriminellen Unternehmung. Im folgenden Kapitel wird von einer weiteren Möglichkeit die Rede sein, Einsamkeit loszuwerden. Sie macht jedoch genauso wenig gemeinschaftsfähig wie die bisher vorgestellten »Lösungen«. Daß nach Überwindung der Einsamkeit getrachtet wird, liegt auf der Hand. Einsamkeit ist unerträglich. Daraus ergibt sich: Solange Drogenabhängigen nicht zur Kommunikationsfähigkeit verholfen wird und solange sie keine Kommunikationsmöglichkeiten erhalten, ist das Drogenproblem nicht lösbar.

Wir kommen zu einem letzten Antrieb, der vor allem bei den schweren Formen der Drogensucht am Werke ist: der Drang zur Selbstzerstörung. Diejenigen, die glaubten, man könne der Droge allein mit Aufklärung begegnen, waren recht verblüfft, als sie je länger, je mehr feststellen mußten, daß ihre Warnung »Du machst Dich mit der Droge kaputt« bei vielen Jugendlichen keinen Erfolg hatte. Die jungen Leute sagen zum Teil ziemlich unbeeindruckt darauf: »Na und, dieses Leben ist doch sinnlos. Lieber wähle ich ein verkürztes Leben mit Drogen, als daß ich mich bis ins Alter hinein ohne Drogen herumquäle.«

Diese Äußerung beweist noch keinen Hang zur Selbstvernichtung. Er wird jedoch deutlich, wenn junge Leute begründen, warum sie nicht alt werden wollen. Das Leben nach 30 – oder gar nach 25 – ödet schon im voraus derartig an, daß man darauf bestimmt keinen Wert legt. Diese Ablehnung geht natürlich auf sehr verschiedene Ursachen zurück: Jugendkult, Kokettieren mit dem Tod und anderes. Es stellt sich aber heraus, daß eine Komponente in diesem Motivbündel das Trachten nach dem Tode ist. Je stärker die Drogenabhängigkeit, um so größer ist die Bedeutung der Selbstzerstörung. Die Selbstauflösung bis zum leibseelischen Ruin ist nicht nur Folge des Konsums, sondern auch dessen unbewußte und bisweilen bewußte Absicht. Man vollzieht mit der Droge einen Selbstmord auf Raten. Man möchte sich umbringen, nur nicht auf einen Schlag.

Warum wollen sich manche mit den Drogen vernichten? Wiederum wirken viele Gründe zusammen. Im Unbewußten der nachrückenden Generation besteht eine eigentümliche, nur zum Teil bewußte Todesfaszination. Auf der einen Seite stellt sie die Gegenbewegung auf die gesellschaftliche Tabuierung des Todes dar. Auf der anderen Seite fasziniert in der durch unsere Sicherungen vom Abenteuer des Lebens befreiten Welt das Abenteuer des Todes. Selbstzerstörung ist ferner die letzte Konsequenz der Konsumgesellschaft: Wir müssen uns selbst auffressen, wenn wir alles andere verkonsumiert haben. Schließlich weckte die gegenwärtige Kunst des Morbiden den im Unbewußten schlummernden Hang zum Morbiden. Endlich: Leben wirft man gerne weg, wenn es nicht lebenswert erscheint. Man will sich selbst zerstören, weil man sich und die ganze Welt haßt. Dieser Teil der Selbstzerstörung resultiert also aus einem Mangel an Selbstverwirklichung. Das Gefühl des Unwertes provoziert die Zerstörung des als unwert Empfundenen. Die Empfindung des Nichtseins wird um so stärker, je mehr ihr hohe Wünsche, Erwartungen, Ideale gegenüberstehen.

Die Selbstverneinung aus Mangel an Selbst lenkt jedoch nur die bereitliegende Aggressions- und Destruktionsenergie in die Bahn der Selbstzerstörung. Aus der unerbittlichen und hartnäckigen Art und Weise, wie sich nicht wenige junge Menschen nach Gesundheit und Leben trachten, erhält man den Eindruck, daß hier ein hohes Vernichtungspotential am Werke

ist. Wegen seiner Selbstmißachtung dient folglich der Drogenabhängige als Blitzableiter und Opfer seiner angestauten
Aggressionen. Einen Gegenstand zur Abreaktion brauchen die
Zerstörungskräfte. Wenn sie nicht nach außen gerichtet werden können – etwa in Gestalt von aggressiven und destruktiven Straftaten – schlagen sie nach innen zurück. Das Motiv
der Selbstzerstörung in der Droge weist somit darauf hin, daß
unter der Jugend – und nicht nur in ihr – ein hohes Zer-
störungspotential besteht. Es kann nach innen wie nach außen
gerichtet sein, wobei ein Wechsel der Richtung unter dem Einfluß bestimmter Ereignisse möglich ist. Nach innen schlägt die
Destruktivität, wenn man sich für unwerter hält als die Gesellschaft. Auf die Gesellschaft richtet sich die Vernichtung,
wenn es gelingt, die Gefühle des Unwertes, die Energien von
Verachtung und Haß auf sie zu projizieren. In diesen Aggressionen und Destruktionen drückt sich erneut die Krankheit
der Gesellschaft aus. Umgekehrt machen Aggression und Destruktion den Einzelnen wie die Gesellschaft krank. Wenn wir
keine Mittel finden, mit Aggressivität und mit Destruktivität in einer gesellschaftlich möglichen oder gar sinnvollen
Weise umzugehen, besteht die Gefahr, daß die Gesellschaft
von außen und innen zerstört wird.

Die Ideologieanfälligkeit
der Jugend

Als weiteres Zeichen der Krankheit unserer Gesellschaft wollen wir die Ideologieanfälligkeit unserer Jugend kennenlernen. Bislang ist zwar nur ein relativ kleiner Kreis der Jugend von Ideologien befallen. Das kann sich jedoch ändern. Unterschwellig sind weite Teile ideologiebereit und sogar ideologiebedürftig. Ideologien fungieren nämlich wie Drogen und Kriminalität als Kompensationsmittel. Sie dienen dazu, ausgefallene innerseelische Vollzüge und zwischenmenschliche Beziehungen zu ersetzen. Unsere Analyse wird ergeben, daß sie sehr wohl in der Lage sind – jedenfalls eine gewisse Zeit – subjektiv befriedigende Scheinlösungen zu liefern. Es wird sich ferner zeigen, daß die Motive, die Ideologieanhänger zu diesen Systemen hinleiten, in gleicher Weise bei sehr vielen Jugendlichen vorhanden sind. Wir müssen folglich damit rechnen, daß unter bestimmten Bedingungen junge Menschen in großer Zahl versuchen werden, ihre innerseelischen und zwischenmenschlichen Schwierigkeiten auf dem Wege der Ideologie zu lösen. Daraus geht hervor, daß wir diesem Problem unsere Aufmerksamkeit schenken müssen. Die Frage der Ideologieanfälligkeit ist also nicht nur psychologisch interessant, weil die Analyse ihrer Entstehung ähnliche Ergebnisse fördert, wie wir sie in den ersten beiden Kapiteln erhalten haben, son-

dern sie ist – wie Jugendkriminalität und Drogenwelle – für
den Bestand von Gesellschaft und Staat von Bedeutung.

Machen wir uns den eben genannten Tatbestand anhand von
Beispielen klar. Ideologie erzeugt Gegenideologie. Der Kampf
zwischen Rot und Braun in der Weimarer Republik zeigte
dies. Vor einem halben Dutzend Jahren konnten wir den-
selben Mechanismus in der leichten Rezession der Jahre 1966
und 1967 beobachten. Diesmal standen sich APO und NPD
gegenüber. Je mehr sich die APO nach links polarisierte, um
so mehr erzeugte sie in anderen Bevölkerungsschichten einen
Rechtsruck. Diese Jahre geben übrigens eine – wenn auch nur
eine – Antwort auf die Frage, unter welchen gesellschaftlichen
Bedingungen mit einer Manifestierung latenter Ideologie-
bereitschaft zu rechnen ist. Jene Zeit brachte das Ende einer
langjährigen CDU-Regierung, die Sicherheit versprach und
den Leuten auch Sicherheit gab. Gleichzeitig lösten sich feste
überkommene Formen, die zur Sicherheit beigetragen hatten,
auf. Eine Phase der Mobilität, aber auch der Instabilität und
damit der Unsicherheit begann. Mit der gesellschaftlichen Unsicherheit ging einher eine gewisse Wirtschaftskrise. Objektiv
betrachtet und im nachhinein beurteilt, kann man nicht sagen,
daß sie eine ernsthafte Gefährdung unserer Wirtschaft bedeutet hätte. Die psychologischen Reaktionen, die sie auslöste,
waren jedoch bemerkenswert.

Seit dem Beginn des Wirtschaftswunders haben sich die Menschen an Stabilität der Wirtschaft, beständiges Wachstum,
steigendes Einkommen und sichere Arbeitsplätze gewöhnt.
Der Glaube an die Gesetzmäßigkeit des wirtschaftlichen
Wachstums wurde hier zum ersten Mal erschüttert. Man war
irritiert, wußte nicht so recht, wo man dran war, die Welt
stimmte nicht mehr, die Orientierungsmarken schwankten, die
Ziele, auf die man zugelebt hatte, wurden unsicher, es entstand Leere, Angst, Aggression. Gleichzeitig kamen Ideologien
auf. Wir werden später verstehen, warum sich unter diesen
Bedingungen Ideologien einstellen mußten.

An diesem Modell läßt sich ablesen, wann hohe Ideologiegefahr besteht. Falls die Bundesrepublik einmal in eine tief-
gehende und langwährende Wirtschaftskrise geraten sollte,
müssen wir damit rechnen, daß sich viele Menschen Ideologien
zuwenden werden. Die meisten Vertreter der jungen Generation arbeiten und lernen heute noch friedlich vor sich hin, um
einen bestimmten gesellschaftlichen Status und materielle Ziele
zu erreichen. Wenn ihnen diese Ziele unerreichbar erscheinen,
wenn sie diese Orientierung und diesen Lebenssinn verlieren,
werden sich viele von ihnen auf Ideologien stürzen.
Für einen nicht unerheblichen Prozentsatz läßt sich jene Möglichkeit heute schon nicht von der Hand weisen. Studenten gehen zur Hochschule, um später einen akademischen Beruf auszuüben. Manche werden jedoch keine Stelle erhalten, oder wenigstens nicht den Arbeitsplatz, auf den sie sich durch ein Stu-
dium vorbereitet haben. Wenn die finanzielle Misere unserer
Hochschulen anhält – und das ist sehr wahrscheinlich – werden
wir schon in sehr naher Zukunft erheblich mehr Abiturienten
produzieren, als studieren können. Die meisten von ihnen halten neun Jahre Gymnasium durch, um zu studieren. Wie werden sie wohl darauf reagieren, wenn sie in Massen vor den ver-
schlossenen Türen der Universitäten stehen? Die Kettenreaktion, die der Bildungswerbung folgte, leitet mehr Bildungs-
willige in die weiterführenden Schulen, als den Schulabschluß
erreichen können. Was wird wohl die Reaktion von Schülern
sein, die herausgeprüft werden, damit die Abiturientenzahlen
nicht zu sehr steigen?
Wenn es also zu verstärkter Ideologieausbreitung kommen
sollte, so steht zu erwarten, daß die linke Ideologie, die bisher
fast ausschließlich unter der jungen Generation anzutreffen ist,
von einer rechten Ideologie ergänzt wird. Zum Wesen jener
Systeme gehört die Polarisierung. Linke wie rechte Ideologien
bedienen sich eines Freund-Feind-Schemas. Sie leben von politischen Feinden, von denen sie sich bedroht fühlen, vor denen
sie angeblich Schutz verleihen, die sie nunmehr auch mit Recht

entsprechend angreifen dürfen. Ideologien führen demnach
wechselseitig zu emotionaler Aufladung und zu aggressivem
Hochschaukeln. Im Zuge der Ideologisierung ist es zum Beispiel möglich, daß linke Ideologie unter der Jugend eine
Mobilisierung von Restbeständen rechter Ideologien der Älteren nach sich zieht. Der Generationenkonflikt, der ohnedies
in unserer Zeit wohl noch tiefer geht als zu allen Zeiten,
würde dadurch zusätzlich verschärft. Der dringend notwen-
dige Austausch zwischen jung und alt würde noch mehr erschwert. Die Geschichtslosigkeit, zu der die gegenwärtige Jugend neigt, würde noch ausgeprägter. Es ist ebenfalls denkbar,
daß es zu einer Polarisierung unter der Jugend kommt. Auch
bei Ideologien gibt es Umkippeffekte. Die linken rationalen
Ideologien haben schon lange die Jugendszene bestimmt. Sehnsucht nach Irrationalität liegt in der Luft. Ergänzung von
rechts ist ohne weiteres möglich.

Eine moderne Gesellschaft kann sich Frontenbildung jedoch in
keiner Weise leisten. Hoher Grad von Technisierung erfordert
Kooperation – und das selbstredend nicht nur in der Wirtschaft. Auch Demokratie verträgt keine Fronten. Wenn wir
die vielfältigen Konflikte einer pluralistischen Gesellschaft bewältigen wollen, müssen wir fähig sein, einander zuzuhören,
einander zu verstehen, miteinander zu reden. Polarisierung
wäre auch in den kleinen Einheiten des menschlichen Zusammenlebens – wie zum Beispiel die Familie – unheilvoll. Ideologische Polarisierung zerstört die Gemeinschaft. Wie wir gesehen haben, krankt unsere Gesellschaft ohnedies bereits an
einem Schwund an Gemeinschaft, der Einsamkeit nach sich
zieht.

Im Fortgang unserer Untersuchung wird sich erweisen, daß
die Ideologie eine ähnliche Ersatzfunktion wie die Droge besitzt. Die Droge eröffnet ein Ersatzleben, in das man ein-
taucht, um dem unangenehmen realen Leben zu entgehen.
Genauso schafft die Ideolgie eine Ersatzwelt gedanklicher Art,
die an die Stelle der wirklichen Welt tritt. Der Ideologie-

anhänger lebt somit in einer Scheinwelt. Er strebt zwar danach, der realen Welt seine ideologische Scheinwelt überzu-
stülpen. Eine echte Auseinandersetzung mit der wirklichen
Welt, bei der er sich dieser öffnen würde und sich von ihr in
Frage stellen ließe, findet dabei jedoch nicht statt. Der Verlust
von Realbezug und Auseinandersetzung mit der Realität
wirkt sich für ihn schädlich aus.

Durch die Käseglocke der Ideologie vom wirklichen Leben
getrennt, tritt bei ihm eine seelische Rückentwicklung ein.
Reifung geschieht allein in Offenheit zur Umwelt, durch die
Spannungen, welche der Bezug zur Welt und die Konfrontation mit der Welt bewirken. Wenn man sich ihr aussetzt, wirkt
die Realität als Wachstumsreiz. Ohne jene Beziehung, ohne
jene Herausforderung, ohne jene Spannung kommt es zuerst
zur Stagnation, danach zur Regression. Schon erreichte Reifungsstufen gehen verloren. Eine Rückbewegung auf undiffe-
renziertere, primitivere, infantilere Lebensformen setzt ein.
Im Glaskasten der Ideologie kommt es zur Entsublimierung.
Grobe Lebensäußerungen treten an die Stelle von sublimen.

Die Formel lautet also: Infantilisierung durch Ideologisierung.
Die zurückgekehrte Infantilität mag nicht ins Auge fallen, solange die Decke der Ideologie über dem Einzelmenschen liegt,
solange sein Lebensmotor durch die Ideologie angetrieben
wird und solange der Einzelne von der ideologischen Gruppe
gestützt und getragen wird. Bricht jedoch die Kompensation
der Ideologie aus irgendeinem Grunde zusammen und fällt
der Einzelne aus der ideologischen Gruppe heraus, so zeigt
sich, daß jetzt weniger bei ihm vorhanden ist als vor der
ideologischen Zeit. Infantilität stellt aber gewiß kein erstre-
benswertes Ziel dar. Der Mensch ist auf Reifung angelegt.
Unterbleibt Reifung, so verfehlt er seinen Sinn. Er selbst hat
die Zeche zu zahlen, denn nun fühlt er sich inhaltsloser und
empfindet sein Leben sinnloser als zuvor.

Auf der anderen Seite ist Entwicklung der Gesellschaft zu
einem höheren Grad an Humanität nur möglich, wenn diese

Bewegung gespeist wird von reifenden Menschen. Schließlich vermag Demokratie nur zu funktionieren, wenn reifende oder – um es mit dem modernen Schlagwort zu sagen – zwar nicht mündige, aber mündig werdende Bürger heranwachsen. Infantile Menschen sind unmündig. Auch wenn sie sich und anderen die Suggestion vorreden, sie seien frei und mündig, sind sie aufgrund ihrer Unreife genau das Gegenteil, nämlich nicht nur manipulationsanfällig, sondern sogar manipulationsbedürftig. Sie lassen sich manipulieren von Werbestrategen und können genauso von einem ideologischen Machthaber manipuliert werden.

Ich möchte noch von einer letzten Gefahr sprechen, die in der Ideologie, die zur Zeit junge Leute bewegt, enthalten ist. Sie stellt wieder eine Gefahr für den Einzelnen wie für die Gesellschaft dar. Ich meine die Leistungsverneinung. Seit dem Entstehen der APO gehört der Leistungsprotest zum festen Bestand neuer linker Ideologien. Sicherlich formuliert die ideologisch verbrämte Leistungsverweigerung häufig nur eine Leistungsverneinung aus Bequemlichkeit. Und oftmals dürfte das Nein zur Leistung nur der ideologische Überbau sein, der eine Leistungsschwäche aus Mangel an Kraft und Mangel an der Fähigkeit, sich hart zu belasten, verhüllt. Dennoch hat die ideologische Leistungsdiskriminierung Einzug gehalten in weite Kreise der Schüler- und Studentenschaft. Besonders bei Schülern verband sie sich mit der herkömmlichen Haltung, der zufolge Streben verdächtig ist.

Verweigerung der Leistung hat für den Einzelnen schädliche seelische Folgen. Seelisches Leben entfaltet sich nur in der Herausforderung. Die Herausforderung aber kulminiert in der Aufgabe, nicht nur zu handeln, gleich was dabei herauskommt, sondern in dem Ziel, eine bestimmte Leistung hervorzubringen. Ohne Leistungserwartung durch die Umgebung, ohne Leistungsbereitschaft und Leistungswillen durch das Individuum gelangen die angelegten Fähigkeiten nicht zur Ausbildung, wird keine Kraft des Durchhaltens erworben und kein Erfolgserlebnis vermittelt. Nein zur Leistung behindert die Selbstwerdung und unterbindet das daraus entspringende Selbstgefühl. Leistungsverneinung trägt damit bei zu der Rückentwicklung des Ideologiegläubigen auf infantile Reifungsstufen.

Mit diesen Worten soll die Leistung auf keinen Fall glorifiziert werden. Der Neuen Linken ist in ihrer Kritik der Leistung zuzustimmen, sofern sie die traditionelle Leistungsvergottung angreift. Es stimmt: Der Mensch ist mehr als die von ihm erbrachte Leistung. Die Kritik der Neuen Linken schießt jedoch in ihrer Leistungsdiffamierung weit über das Ziel hinaus. Weil sich seit einigen Jahren das Pendel von dem früheren Extrem der Überforderung durch Leistungsverherrlichung auf das andere der Unterforderung durch Leistungsprotest hinbewegt, muß heute schon wieder zur Forderung nach Leistung Mut gemacht werden. Leistung ist nicht inhuman, sofern sie menschgemäß ist. Weil Leistung nicht aus sich heraus unmenschlich ist, kann sie – im Prinzip jedenfalls – von Gesellschaft und Staat verlangt werden. Leistungsgebot ist für die Gesellschaft um so notwendiger, als keine Gesellschaft ohne Leistung existieren kann. Der ökonomische Zusammenhang liegt auf der Hand. Die Allgemeinheit wird nur das an Lebensnotwendigem und Angenehmem haben, was zuvor von ihr erarbeitet wurde. Ohne Leistung ist soziale Gerechtigkeit in einer Gesellschaft nicht möglich. Ohne Leistung durch die Allgemeinheit kann weder der sozial Schwache gesichert werden, noch ist Bildungsgerechtigkeit bei Kindern und Jugendlichen möglich.

Im weiteren Zusammenhang beruht aber jedes menschliches Zusammenleben auf Leistung. Menschliche Gemeinschaft ist nur möglich, wenn jeder um des anderen willen auf Befriedigung bestimmter Bedürfnisse verzichtet. Verzicht beinhaltet das Aushalten einer Unlustspannung und eben das ist eine seelische Leistung. Wer die Leistung des Triebverzichts nicht gelernt hat, ist unfähig zur Leistung produktiver Arbeit. Und umgekehrt: Wer sich der Arbeitsleistung entzieht, wird immer unfähiger, sozial notwendigen Verzicht auf Bedürfnisstillung zu leisten. Er verhält sich nicht nur unsozial, er wird unsozial.

Als Einstieg zur Analyse des Ideologiephänomens wollen wir einige Merkmale gegenwärtiger Ideologie bzw. einige psychologische Eigenheiten von Vertretern jener Ideologien aufzeigen. Bei Jüngern von Ideologien fällt das gestörte Verhältnis zur Realität auf. In recht gewaltsamer Weise verkennen sie die Welt. Man kann darüber streiten, wie die Welt ist, und müßte in einer solchen Diskussion natürlich erklären, daß jeder ein subjektives Bild von der Welt besitzt. Es ist richtig, ohne Subjektivität geht es auch in der Weltauffassung nicht. Nur sollte das Maß an Subjektivität möglichst klein und das an Objektivität möglichst groß sein. Bei ideologisierten Menschen fällt stark ins Auge, wie übermächtig bei ihnen der subjektive und wie bescheiden dagegen der objektive Anteil ist. Selbstverständlich müssen die Phänomene der Welt interpretiert werden. Ein realitätsnaher Mensch kommt dabei mit einem Minimum an theoretischen Voraussetzungen aus. Die jungen Ideologiegläubigen interpretieren dagegen ihre Theorie in die Wirklichkeit hinein. Sie leiten nicht die Theorie aus der Wirklichkeit ab und überprüfen sie nicht ständig an ihr. Sie leben vielmehr in der Theorie. Die Theorie tritt an die Stelle der Welt. Die Ideologie wird zur Ersatzwelt.

Ein realitätsbezogener Mensch ist offen für die Welt. In der Offenheit macht er Erfahrungen mit ihr und mit sich. Umbildung der Theorie ist die Folge. Ideologiebefallene Menschen sind hingegen, da sie in ihrer Theorie leben, mehr oder weniger verschlossen für die Welt. Die Ideologie ist ihr festes Gehäuse, das sie vor der Welt schützt. Ideologie enthebt schmerzlicher Erlebnisse mit der Welt. Sie nimmt jedoch nicht nur die Unlust jener Erfahrungen, sie vermeidet Erfahrungen überhaupt. Ohne den Inhalt immer neuer Erfahrungen wird jedoch der Mensch immer mehr von dem Ersatz der Ideologie abhängig. Wir spüren: Es handelt sich um ein ähnliches Geschehen und um die gleiche Gesetzmäßigkeit, die wir schon bei den Drogen kennenlernten. Bereits diese Erkenntnis legt die Vermutung nahe, daß die Ersatzinhalte von Droge und Ideologie austauschbar sind.

Warum leben junge Leute in der Ideologie? Warum verschanzen sie sich vor der Welt hinter ihrer Ideologie? Ihr Realitätsbezug ist von vornherein gestört. Damit meine ich nicht nur eine intellektuelle Verkennung der Welt, sondern eine emotionale Störung ihres Verhältnisses zur Welt. Diese jungen Menschen haben Angst vor dem, was in ihnen und was außer ihnen ist. Ihre Persönlichkeit ist nicht stabil genug, um starke Erlebnisse auszuhalten. Starke negative Erfahrungen in der Welt würden sie zu tief durcheinanderbringen und erschüttern. Sie würden häufig davon umgeworfen werden. Sie sind – um den Fachausdruck erneut zu gebrauchen – zu ich-schwach, um eine offene Beziehung zur Realität riskieren zu können. Deshalb müssen sie sich aus der Realität zurückziehen und sich vor ihr verschließen. Man kann dies auf individuelle Weise tun, vereinsamt dabei, verliert seine Anpassung an die Gruppe, in der man lebt, und wird zum Außenseiter. Man kann den Rückzug aus der Welt jedoch auch im Kollektivverband antreten. Dazu bietet sich nicht nur die Droge an, sondern auch die Ideologie. Wenn sich der junge Mensch in die Gedankengänge der Ideologie eingelebt hat, kommt gleichfalls nichts mehr an ihn heran. Nur hat er sich dabei nicht isoliert, denn er lebt ja im Gesinnungskollektiv. Die Anpassung geht folglich nur zum Teil verloren.

Vorhin wurde bereits die gewaltsame Art erwähnt, in der sich der Ideologiejünger sein Bild von der Welt zusammenzimmert. Was nicht zusammenpaßt, wird passend gemacht. Viele Geschehnisse im Ablauf der Dinge, die untereinander nicht in Zusammenhang stehen, werden miteinander in Verbindung gebracht. Die vielfältigsten und komplexesten Erscheinungen reduziert man auf einfache Formeln, mit denen man virtuos umgehen und in der Welt operieren kann. Diese Art der Welt-

deutung verrät noch einmal die untergründige Angst des ge-
walttätigen Interpreten. Man ist zu schwach, um mit den
vielen Ungereimtheiten, Widersprüchen, unauflösbaren Konflikten des Lebens existieren zu können. Wirft man das Netz
der Ideologie über die Welt der Erscheinungen, so hat man sie
eingefangen. Daß sich Angst vor der realen Welt leicht in
ideologisch kanalisierte Aggression gegen die reale Welt um-
setzen läßt, wird uns noch beschäftigen.

Freilich muß diese Weise, sich auf simplifizierende und dog-
matisierende Art in der Welt Orientierung zu verschaffen,
noch unter einem anderen Aspekt verstanden werden. Ohne
Orientierung vermag kein Mensch zu leben. Auch ein ich-
starker Mensch würde ohne Orientierung von der Angst ge-
lähmt werden. In der Vergangenheit wurden jedoch die festen
Orientierungsdaten, Leitlinien, Zielsetzungen zerstört. Damit
entfielen die Hilfen, sich in der Welt zurechtzufinden. Aus
dem Unbewußten mußte Angst aufbrechen. Dieser Vorgang
erfaßte den jungen Menschen weit stärker als den älteren. Der
ältere Mensch lebt, auch wenn er ein Bilderstürmer ist, von
einem Restbestand überkommener, sein Unbewußtes halten-
der Ordnungen. Der junge Mensch muß dagegen in einer Welt
ohne Fixpunkte aufwachsen. Das erschwert seine Ich-Bildung.
Denn Ich-Bildung basiert auf Vertrautsein in der Welt.

Die Ideologie verkennt jedoch nicht nur in gewaltsamer Weise
die Welt, sie will diese auch durch Gewalt verändern. Es
reicht nicht aus, sie nur denkerisch der ideologischen Theorie
anzugleichen, sie muß auch realiter der Ideologie angepaßt
werden. Die Ideologie strebt keine Veränderung der Gesellschaft durch Reformation und Evolution an. Aggressiver, revo-
lutionärer Umsturz ist das Ziel. Ein Grund für die Aggressivität des politischen Handelns liegt sicher wieder in der ver-
borgenen Schwäche. Den jungen Revolutionären fehlt der
lange Atem, den man braucht, um politische Veränderungen
auf konstruktivem Wege durchzusetzen. Es mangelt entscheidend an Kraft, das mühselige Werk der Evolution durchzu-

stehen. Weil nicht genügend Kraft und Geduld vorhanden sind, muß alles schnell gehen, auch der politische Wandel. Dieser gravierende Mangel an Stehvermögen, an Sich-Zeit-Lassen ist eines der hervortretendsten Merkmale der jungen Generation. Ideologisch artikuliert, erzeugt diese Schwäche revolutionäre Unruhe.

Im Verhalten Ideologiebesessener findet sich Aggressivität aus verschiedenen Quellen. Sie kämpfen gegen Unterdrückung und unterdrücken Andersdenkende. Toleranz gegenüber Menschen mit anderer Meinung gibt es nicht. Wer nicht für sie ist, ist gegen sie. Politischen Gegnern werden alle möglichen schlechten Eigenschaften angehängt. Nachdem man sie zu »miesen Typen« gemacht hat, fühlt man sich berechtigt, aggressiv gegen sie vorzugehen. Psychologisch gesehen vollzieht sich bei dieser Dämonisierung des politischen Gegners der Abwehrmechanismus der Projektion. Man legt all die schlechten Eigenschaften, die man bei sich nicht ertragen kann, in den Feind hinein. Der Ideologieerfüllte muß viel projizieren. Da er ichschwach ist und durch die Ideologie noch schwächer wird, ist er nicht imstande, seine eigene unerfreuliche Wirklichkeit zu ertragen. Er schützt sich vor der Selbstwahrnehmung mittels Projektion. Der verteufelte politische Feind, beziehungsweise »das System« eignet sich nun vorzüglich als Blitzableiter der angestauten Aggressivität.

Auch die Wucht ideologischer Aggression legt den Schluß nahe, daß hier starke aggressive Kräfte am Werke sind. Dieser Antrieb der Ideologie kommt uns aus den beiden ersten Kapiteln bekannt vor: die Aggressivität. In der Kriminalität richtete sie sich nach außen. Der Gesellschaft als Elternnachfolger wurde heimgezahlt, wofür man die Eltern schuldig sprach. Im Drogenkonsum hatte man sich aus der äußeren Welt herausgezogen. Damit konnten die Aggressionen nur noch nach innen gehen und mußten den Drogenabhängigen selbst heimsuchen. In der Ideologie haben die Aggressionen wieder den Charakter von Fremdaggressionen. Ideologie bietet sich folglich an als kollektives Ausdrucksmittel individueller Aggression. Auch die Untersuchung der Ideologie legt demnach den Eindruck nahe, daß in der modernen Gesellschaft und am stärksten in dem, was am typischsten »moderne Gesellschaft« darstellt, in der Jugend nämlich, eine große Menge an aggressiver Energie vorhanden ist.

Ein wichtiger Bestandteil der Ideologien, mit denen wir uns zu befassen haben, sind die in ihnen enthaltenen Utopien. Der Neomarxismus glaubt zum Beispiel, eine Gesellschaft herbeiführen zu können, in denen die Konflikte zwischen Einzelmenschen und sozialen Gruppen aufgehoben sind und der Staat überflüssig wird. Die dieser Illusion zugrunde liegende Verkennung des Menschen und des Zusammenlebens menschlicher Gruppen stellt sich leicht ein, da, wie angeführt, die Anhänger von Ideologien zu wenig die Realität des Menschen kennen, sich kaum mit ihr auseinandersetzen, sondern an die Stelle des Menschen eine Theorie über den Menschen setzen.

Der wirklichkeitsfremde Charakter der Ideologie erklärt jedoch nicht ausreichend ihre illusionär-utopischen Züge. In den Utopien kommt vielmehr das gestörte Verhältnis des Ideologiegläubigen zur Zukunft an den Tag. Die Jünger jenes Heilsglaubens reden zwar viel von Zukunft, eine Analyse ihres tatsächlichen Verhaltens zur Zukunft zeigt jedoch, daß sie faktisch keine Zukunft haben. Sie besitzen keine Zukunft, weil sie nicht für das, was auf sie persönlich zukommt, geöffnet sind. Vielmehr haben sie gerade Angst vor dem, was ihnen die Zukunft bringt. Sie können sich nicht dem Neuen hingeben, es an sich heranlassen. Sie fürchten die Wirkungen, die von dem Neuen auf sie ausgehen. Wenn sie offen wären, könnten sie diese nicht sofort kontrollieren und in den Griff bekommen. Um sicher zu sein, muß die Zukunft zur Gegenwart gemacht werden.

Diese Zukunftslosigkeit ist auch ein wesentliches Kennzeichen der jungen Generation. Viele ihrer Vertreter leben so, als ob sie keine Zukunft hätten, als ob sie zum Beispiel nicht älter als

25 oder 30 Jahre würden. Viele sagen offen, daß sie nicht mit
ihrer Zukunft rechnen. Bereits im letzten Kapitel stießen wir
darauf, daß die Zukunftslosigkeit eine wesentliche Zusatz-
bedingung für das Entstehen der schweren Formen von Drogenabhängigkeit darstellt. Es gibt nun mehrere Verhaltensweisen gegenüber der verlorenen Zukunft: Man kann sie, wie
es oft geschieht, abschreiben oder aus dem kurzen Leben eine
kokettierende Masche machen. Man kann sich aber auch eine
Ersatzzukunft geben. Eben das geschieht in der Ideologie. Ausdruck der verlorenen Zukunft ist die Hoffnungslosigkeit.
Hoffnungslosigkeit ist schwer zu ertragen. Also wählt man das
Surrogat von Hoffnung, das utopische Denken. Utopie als
Hoffnungsersatz. Je weniger man auf Zukunft zu hoffen vermag, um so mehr ist man auf Illusionen und Utopien angewiesen.
Anhänger von Ideologien haben ein elitäres Bewußtsein. Sie
durchschauen die Verhältnisse. Die blinde Masse dagegen läßt
sich von den Kapitalisten Sand in die Augen streuen. Sie
dagegen sind im Besitz der Heilslehre. Im Gegensatz zu den
anderen haben sie das richtige Bewußtsein. Die ideologisierten
jungen Leute arbeiten engagiert am Umsturz der Gesellschaft.
Auch das gibt ihnen ein Überlegenheitsgefühl gegenüber der
Masse der inaktiven Konsumenten. Vor allem gehören sie zu
einer Elitegruppe, die das Banner der Revolution trägt.
Dieses hohe Selbstwertgefühl spielt in dem Einzelnen eine
wichtige Rolle. Er kompensiert damit das Gefühl seines Unwertes. Ein untergründiges Minderwertigkeitsgefühl ist ein
wesentliches Motiv für die Hinwendung zu Ideologien. Jeder
weiß, wie schwer es sich mit einem gestörten Selbstbewußtsein
lebt. Heftige Insuffizienzgefühle sind kaum erträglich. Man
muß sie durch Selbstbestätigung ausgleichen. Früher tat man
das durch Erfolg im Beruf. Die Arrivierten überdecken ihr
mangelndes Wertbewußtsein mit Statussymbolen. Diese beiden
gesellschaftlich angepaßten Abwehreinrichtungen gegenüber
Störungen des Selbstgefühls werden in der jungen Genera-

tion häufig abgelehnt. Was bleibt also übrig zum Ausgleich der Wertbilanz als ideologische Aufwertung oder Anschluß an andere elitäre Gruppen – wie dies eine Zeitlang Kreise von Drogenkonsumenten für sich beanspruchten.

Wodurch entsteht der Mangel an Selbstwertgefühl? Hinter dem mangelhaften Selbstgefühl steht das mangelhaft ausgebildete Selbst. Es liegt auf der Hand, daß sich ein unzulänglich entwickeltes Selbst in einem Mangel an Selbstgefühl äußern muß. Wieder stoßen wir darauf, daß offenbar bei vielen jungen Menschen der Prozeß der Selbstwerdung schon früh geschädigt oder gar unterbrochen worden sein muß. Natürlich gab es zu allen Zeiten Minderwertigkeitsgefühle, vor allem deshalb, weil in den früheren, durch das Christentum geprägten Menschen die an einem strengen Über-Ich erwachsenen Schuldgefühle zum Teil in Minderwertigkeitsgefühle umgesetzt wurden. Dennoch scheinen sie in unserer Zeit stärker zu werden. In jedem Falle aber kommen sie, da sie durch frühere Kompensationen nicht bereits im Unbewußten abgefangen werden, offener zum Bewußtsein und wirken stärker. Es muß zugegeben werden, daß der christliche Glaube unter anderem auch als System zum Ausgleich von Minderwertigkeitsgefühlen fungierte. Heute, nach dem Tode Gottes, erhält man durch ihn keine Bestätigung mehr. Auch aus diesem Grunde müssen sich die Ersatzgebilde der Ideologien einstellen, um auf neue Weise Gefühle des Unwertes zu überdecken.

Abschließend sei von einem letzten Motiv die Rede, das zum Zusammenschluß in ideologischen Kollektiven führt. Es ist der uns schon mehrfach begegnete Antrieb der Einsamkeit. Um seine Einsamkeit zu verlieren, um in einer Gruppe Mensch unter Menschen zu sein, schließen sich die einen kriminellen Banden an. Hier verbindet die gemeinsame Straftat. Andere suchen ihrer Einsamkeit zu entfliehen in die Welt des Rausches. Das gemeinsame Erlebnis des Rausches ist hier das Bindemittel. Wieder andere finden Zusammenhalt im ideologischen Kollektiv. Da sie mit sich selbst ohnedies nichts anzufangen

wissen, entledigen sie sich ihrer Individualität und gehen in
das ideologisch uniformierte Kollektiv ein. Nun haben sie
»Kommunikation«, indem sie das gleiche wie die anderen
denken, indem sie wie die übrigen Gruppenmitglieder fühlen,
indem sie die Ziele ihres Kollektivs teilen.

Scheingemeinschaft entsteht somit, weil der Einzelmensch in
einem unpersönlichen Kollektiv aufgeht. Die »Gemeinschaft«
des ideologischen Kollektivs beruht auf Einheit aus wechsel-
seitiger Identifikation. Jetzt entsteht das subjektive Gefühl,
nicht mehr einsam zu sein. Das Bewußtsein, eine Insel in einer
feindlichen Gesellschaft darzustellen, schweißt noch einmal
zusätzlich zusammen. Man darf den Antrieb zur ideologisierten Gruppe aus Einsamkeit nicht zu gering bewerten. Einsamkeit ist – wie gesagt – schwer zu ertragen. Anschluß an andere
Gruppen gewinnt man kaum, nicht nur weil die eigene Fähigkeit, Gemeinschaft aufzunehmen, beeinträchtigt ist, sondern
weil die nicht ideologisierten Gruppen oft zu wenig Fähigkeit
und Bereitschaft zur Integration Außenstehender aufweisen.
Viele Cliquen schließen sich sogar ab und machen Kontakt-
gestörte zu Außenseitern. Solange wir nicht einsamen jungen
Menschen Gemeinschaften anzubieten haben, die für sie attraktiv sind, und die mit ausreichender Geduld die Kontaktsper-
ren allmählich überwinden, werden Ideologiegruppen für
kommunikationsgestörte Jugendliche subjektiv eine seelische
Hilfe sein. Solange es nicht gelingt, die einsamen Massen der
Studenten zu lebendigen Sozialkörpern zu gestalten, können
wir nicht erwarten, daß die Ideologiegefahr an den Hochschulen zurückgeht. Solange wir an den Universitäten nur die
Kapazitäten intellektueller Produktion erweitern und keine
ausreichenden Kommunikationsstätten ebenso wie Kommuni-
kationskatalysatoren anbieten, besitzen wir kein inneres Recht,
gegen die ideologischen Kompensationsmittel der Einsamkeit
vorzugehen.

Die Neurotisierung der Jugend

Nachdem wir nun drei aktuelle Abwehrversuche innerseelischer und zwischenmenschlicher Schwierigkeiten kennengelernt
haben, wollen wir den seelischen Zustand untersuchen, der
offen zutage tritt, wenn die untergründigen Antriebe nicht
mit jenen Kompensationen aufgefangen werden. Die unbewußten Konflikte, Störungen, Stauungen erzeugen dann ein
Bild, das die Psychotherapie Neurose heißt. Diese Erscheinung psychosozialer Gestörtheit nimmt unter der Jugend im
rapiden Tempo zu.

Die Zahl der Neurosekranken in der Bundesrepublik läßt sich
nur grob schätzen. Genaue Angaben sind schon deshalb nicht
möglich, weil im Einzelfall schwer abgegrenzt werden kann,
ob eine latente Neurose, die nur wenige Symptome aufweist
oder die eben erst dabei ist, Symptome vom Krankheitswert
zu produzieren, schon eine Krankheit im Sinne der Reichs-
versicherungsordnung darstellt oder nur eine Persönlichkeits-
verbildung ohne Krankheitswert ist. Demzufolge schwanken
die Schätzungen zwischen 0,5 und 1,5 Millionen Neurose-
kranker in der Bundesrepublik. Diese Zahl nimmt stetig zu.
Zum Teil handelt es sich um eine scheinbare Zunahme, da
heute bestimmte Prozesse öfters als Neurosen diagnostiziert
werden, die früher unerkannt blieben. Zum Teil liegt aber
auch eine echte Zunahme vor. Neurosen treten zunehmend

häufiger auf. Das betrifft die Gesamtbevölkerung und innerhalb der Gesamtheit vor allem wieder die Jugend.

Bereits bei Kindern mehren sich heutzutage die Eßschwierigkeiten. Schlafstörungen treten vermehrt auf, die soziale Anpassung ist häufiger gestört, Erziehungsprobleme kommen öfter vor. Vor allem aber gibt es immer mehr Schulschwierigkeiten. Außerordentlich viele Kinder und Jugendliche leiden unter Konzentrationsstörungen. Mangelnde Konzentration bei Arbeiten ergibt die bekannten Leichtsinnsfehler. Weil man nur das behält, was man intensiv aufgenommen hat, ist ebenso oft das Gedächtnis gestört. Rasche Ermüdbarkeit beim Lernen greift um sich. Denkstörungen wie die berühmte »Mattscheibe«, das »Brett vorm Kopf«, die »Watte im Gehirn« treten öfter auf. Die Motivation zum Lernen ist weithin beeinträchtigt. Häufig besteht eine depressive Lernunlust. Man kann oft auch nicht mehr hart arbeiten. Die Belastbarkeit ist herabgesetzt. Ein entsprechender Leistungsabfall ist die Folge. Schulnöte, die früher die Ausnahme waren, werden heute zur Regel. Zum Teil liegt das darin begründet, daß seit geraumer Zeit durch eine überschießende Bildungswerbung manche Schüler in weiterführende Schulen gelangten, deren Intelligenz den gehobenen Anforderungen nicht genügt. Zum Teil gehen die Schulnöte jedoch auf neurotische Konflikte zurück, obgleich an sich eine gute Intelligenz vorhanden wäre. Wer Leistung noch ernst nimmt und anstrebt, wird oftmals durch seine Leistungsschwäche in Leistungsangst getrieben. Aus Angst verkrampft man sich. Im verkrampften Zustand werden noch mehr Fehler gemacht. Daraus entsteht nicht selten Verzweiflung. Wenn auch Nachhilfeunterricht nichts nützt, wird die Entmutigung noch größer. Man glaubt nicht mehr an sich und resigniert. Bei kleinen Schwierigkeiten wirft man gleich die Flinte ins Korn. Die seelische Belastung durch das Schulversagen führt bis zu Selbstmordimpulsen, die öfter als früher auch ausgeführt werden.

Durch die Neurotisierung vieler Jugendlicher kommt es auf

der einen Seite zu greifbaren Schulproblemen. Auf der anderen Seite treten sie verschleiert auf. Infolge neurotischer Störungen wird die Entfaltung der ursprünglich angelegten Intelligenz behindert; das Ergebnis ist Mangelintelligenz bis hin zum Pseudoschwachsinn. Ein sehr großer Teil der Lernbehinderten sind die sogenannten Milieugeschädigten. Bei ihnen konnte sich aufgrund widriger Umwelteinflüsse nicht die stabile emotionale Grundlage bilden, die zur Entfaltung und zum Funktionieren der Intelligenz nötig ist. Neben den neurotischen Schulproblemen gibt es jedoch noch andere neurotische Symptome, die ebenfalls zunehmen. Es wurde früher bereits erwähnt, daß sich unter der Jugend eine allgemeine Depressivität ausbreitet. Sie läßt sich durch folgende Stichworte kennzeichnen: Lustlosigkeit, Interessenlosigkeit, Unzufriedenheit bis zum Überdruß, Gefühl der Leere, Gefühl von Sinnlosigkeit, Antriebslosigkeit, Initiativearmut, geringe Belastbarkeit, rasche Ermüdbarkeit, Vereinsamung. Die Depressivität kann so stark sein, daß Selbstmordtendenzen aus Lebensmüdigkeit die Folge sind.

Die zunehmende Neurotisierung der Jugend hat ganz erhebliche Folgen. Viele der neurotischen Schwierigkeiten machen ärztliche Behandlung nötig. Damit beginnt das große Problem. Denn den Hunderttausenden von neurotisch Kranken stehen nur etwa 500 vollausgebildete analytische Psychotherapeuten gegenüber. Daraus ergibt sich, daß nur ein winziger Bruchteil der Störungen fachgerecht behandelt werden kann. Weil im allgemeinen keine die Krankheit an der Wurzel packende Therapie vorgenommen wird, nimmt die Neurose meistens einen chronischen Verlauf. Später wandern dann die Kranken von Arzt zu Arzt, ohne daß ihnen wesentliche Hilfe zuteil werden kann. Meistens ist nur eine Behandlung mit Medikamenten möglich. Damit erreicht man aber in der Regel nur Änderung der Symptome, jedoch kein Verschwinden der Neurose. Außerdem dürfte es kaum möglich sein, wenn man mit der medikamentösen Therapie neurotischer Schwierigkeiten bereits im Kindesalter beginnt, diese Art von Behandlung über Jahrzehnte hinweg durchzuführen. Gewiß, manche neurotischen Symptome legen sich – vor allem, wenn akute Belastungen wegfallen. In einer neuen Streßsituation kommt es jedoch erneut zur Manifestation der Neurose. Viele Symptome verschwinden jedoch überhaupt nicht oder wandeln sich bestenfalls in andere um.

Besonders bedenklich wird es, wenn sich die latente Neurose in psychosomatische Erkrankungen umsetzt. Auch das wird heute schon im Kindes- und Jugendalter immer häufiger. Zu nennen wären beispielsweise Störungen im Magen-Darm-Trakt oder Blutkreislaufstörungen. Am Anfang ist nur die Funktion eines Organs oder eines Organsystems beeinträchtigt. Bleibt die Funktionsstörung jedoch über einen längeren Zeitraum hinweg erhalten, so sind Organschäden die Folge. Die vielen psychosomatischen Krankheiten des Erwachsenen werden in der Kindheit und Jugend vorbereitet. Ihre Zahl kann man kaum hoch genug ansetzen. 20 bis 50 Prozent – die Angaben schwanken von Autor zu Autor – der in den Arztpraxen diagnostizierten Fälle weisen entscheidende seelische Anteile in der Entstehungsgeschichte auf. Entsprechend hoch sind die Kosten, die aus Behandlung und Heilverfahren erwachsen. Der finanzielle Aufwand ist vor allem deshalb so hoch, weil keine adäquate Therapie – also Psychotherapie – betrieben wird. Der Krankheitsherd besteht fort und darum halten sich auch die Krankheitssymptome. Vorübergehend werden sie durch eine Therapie oder eine Kur zurückgedrängt. Nach kurzer Zeit sind die Beschwerden jedoch wieder da.

Man kann einwenden: All das sind Probleme der Erwachsenen. Mit der Neurotisierung der Jugend hat das nichts zu tun. Es gibt sehr wohl Zusammenhänge. Neurosen sind um so tiefer eingeschliffen und um so therapieresistenter, je länger ihre sichtbare Krankheitsgeschichte währt. Neurosen, die also bereits im jugendlichen Alter das Leben spürbar in Mitleiden-

schaft zogen, haben eine relativ schlechte Prognose. Darum
aber handelt es sich bei der Neurotisierung der Jugend.

Machen wir uns nun klar, zu welchen Folgen die neurotische
Behinderung der Lernfähigkeit führt. Viele Schüler gelangen
von vornherein gar nicht erst auf die weiterführende Schule,
die ihrer ursprünglichen Begabung entspräche. Aus latenter
Intelligenz konnte wegen der neurotischen Fehlentwicklung
keine manifeste Intelligenz werden. Noch einmal sei daran
erinnert, wie viele aus neurotischen Gründen Lernbehinderte
die Schulen für Lernbehinderte bevölkern. Viele Schüler kommen in weiterführende Schulen, weil erkannt wurde, daß sie
aufgrund ihrer Begabung dorthin gehören. Nach mehr oder
weniger kurzer Zeit stellt man aber fest, daß sie das nicht
bringen, was man erwartet hatte. Viele von ihnen erreichen
nur nach einmaliger Wiederholung einer Klasse das Schulziel.
Andere wiederholen öfter und scheiden dennoch aus. Der
Grund: neurotische Lernhemmung. Vieles, was als Faulheit
anmutet, ist nur scheinbar Faulheit. Selbst wenn der Schüler
intensiv lernen wollte, wäre er dazu nicht in der Lage. Nach
kurzer Zeit verliert er die Konzentration und nicht lange
danach erlahmt er.

Die neurotischen Lernprobleme haben aber nicht nur Konsequenzen für den Betroffenen, die ganze Klasse hat unter
ihnen zu leiden. Die beim Lernen Gehemmten bestimmen das
Tempo. Der Lehrer muß sich wenigstens an einem Mittelwert
orientieren, wenn die Fußkranken nicht sehr bald den Anschluß an die Klasse verlieren sollen. Ein erheblicher Teil von
Zeit und Kraft des Lehrers wird absorbiert, weil er das nicht
spontan Begriffene wiederholen und einüben muß. Auch das
Wiederholen einer Klasse ist für die Klasse, die den Absteiger
aufnimmt, problematisch. Im Laufe von einigen Jahren über-
altern die Klassen nämlich. Das aber hat Auswirkungen auf
die Schüler, welche im normalen Alter in die Klasse eintraten
und im Lernen durchhielten. Sie werden von den zwei bis drei
Jahre Älteren, die nunmehr den Ton angeben, nicht für voll

genommen, häufig ins Abseits gedrängt mit allen innerseelischen Folgen. Wer sich in der Klasse nicht isolieren lassen will,
muß sich anpassen. Damit wird eine Anpassung an ein Gehabe
erzeugt, das nicht altersgemäß ist und darum seelisch stört.
Man sieht, daß auch die relativ unneurotischen Schüler von
der Neurose der anderen einiges abbekommen und damit,
wenn sie nicht stabil sind, selbst leicht neurotisiert werden.

Es ist verfehlt zu meinen, dies seien nur die Nöte von Schülern
an Gymnasien und Realschulen. Auch in der Hauptschule
spielt sich ähnliches ab. In einigen Großstädten der Bundesrepublik haben bis zu einem Drittel der Schüler beim Austritt
aus der Hauptschule die neunte Klasse nicht erfolgreich absol-
viert. Der überwiegende Grund des mehrmaligen »Sitzen-
bleibens« ist neurotische Lernschwäche. Wenn die Jugendlichen
in den Beruf eintreten, nehmen sie natürlich ihre neurotischen
Probleme mit. Sie sind in der Entfaltung ihrer beruflichen
Fähigkeiten eingeschränkt, im beruflichen Aufstieg behindert
und leisten oft auch im Beruf weniger, als sie aufgrund ihrer
Begabung eigentlich vermöchten.

Die neurotischen Lernschwierigkeiten setzen sich auf der Hochschule fort. Sie werden hier sogar verschärft, weil unter den
Bedingungen der Hochschule der vorher noch latent gebliebene
Anteil der Neurose häufig vollends dekompensiert. Ich möchte
nur auf zwei Faktoren hinweisen. Der eine: In der Schule
waren die Jugendlichen eingespannt in ein relativ festes Lehr-
und Lernsystem. Sie wurden in Klassenverbänden durch die
Schulzeit und den Stoff geführt. Man sagte ihnen, was sie zu
lernen hatten. Die Schüler arbeiteten auf kleine Leistungs-
proben, die Klassenarbeiten hin. Sie wußten, wie man arbeiten
mußte, um durchzukommen. Am Ende eines Schuljahres stand
die Versetzung. Alles in allem handelt es sich dabei um ein
System, das dem Schüler vertraut und überschaubar war, in
dem er sich orientieren konnte, das erreichbare Ziele aufwies
(jedenfalls war das der optische Eindruck) und vom Schüler
nur in bescheidenem Maße Selbständigkeit verlangte.

Auf der Hochschule sieht es dann mit einem Schlag völlig
anders aus. Man kennt sich nicht aus, weiß nicht, was man
will und wie man es machen soll. Und wenn dem Studenten
der Gang der Dinge geläufig ist, hat er trotzdem wenig, woran
er sich zu halten vermag. Er lebt in der akademischen Freiheit.
Dieser Freiheit aber ist er oft nicht gewachsen. Er vermißt das
System. Er fühlt sich verloren in der Freiheit. Niemand schiebt
ihn mehr. Schließlich macht sich die permanente Studienreform
bei labilen Studenten nachteilig bemerkbar. Alles fließt. Der
Boden schwindet. Man gerät ins Schwimmen. Zuvor wirkte
das relativ feste und überschaubare Schulsystem stabilisierend.
Es ersetzte manches, was an echter innerer Stabilität nicht
vorhanden war, und hielt damit einiges an seelischer Gestörtheit zurück. Diese Kompensationseinrichtung fehlt an der
Hochschule. Entsprechende Dekompensationen sind die Folge.
Der andere Grund: An den Hochschulen studieren Massen, die
das Entstehen persönlicher Beziehungen erschweren. An Einrichtungen, welche Anbahnung und Entfaltung zwischenmenschlicher Beziehungen fördern würden, fehlt es im Uni-
versitätsbereich fast völlig. Damit wird der Student noch
isolierter, als es ohnedies die meisten schon sind. In den überkommenen sozialen Bezügen der Schülerzeit konnte einiges
an Kontaktgestörtheit noch überbrückt werden. An der Hochschule ist das nicht mehr möglich. Isolation ist die Folge. Die
Isolation bleibt natürlich für den seelischen Haushalt nicht
ohne Folgen. Von außen erhält man kaum persönliche An-
regungen. Mit dem Fehlen von Lebensreizen aber geht das
Leben zurück. Man kann sich nicht äußern. Dadurch kommt
es zu einem innerseelischen Stau. Die depressiven Unlustzustände steigern sich. Die Aggressionen können nicht in
sublimierter Form innerhalb persönlicher Beziehungen abgeleitet werden. Die Konzentrationsfähigkeit verringert sich. Es
liegt auf der Hand, daß Menschen, die aus diesen Gründen
seelisch durcheinander sind, nicht lernen können. Damit beginnt sich der Teufelskreis zu drehen. Weil sie nicht arbeiten

können, haben sie kein Erfolgserlebnis. Weil sie sich als Versager empfinden, werden sie depressiv. Und weil sie depressiv sind, können sie nicht arbeiten.

Es ist schon angeklungen, daß die Neurotisierung der Jugend erhebliche soziale Konsequenzen hat. Ein wesentlicher Bestandteil der Depressivität heißt Kommunikationsgestörtheit. Menschliches Leben ist jedoch nur möglich im Zusammenleben. Das reicht von den Beziehungen in der kleinsten sozialen Gruppe, der Familie, bis in die letzten Bereiche der Gesellschaft. Gemeinschaftsgestörte junge Menschen sind kaum oder gar nicht in der Lage, einen erotischen Partner zu finden, mit dem zusammen eine feste Liebesbeziehung aufgebaut werden kann, aus der eine tragfähige Ehe und eine stabile neue Familie hervorgehen. Nur in solchen Familien können jedoch seelisch gesunde Kinder heranwachsen. Damit geht das Problem der Neurotisierung in die nächste Generation. Letztendlich beruht der Bestand der ganzen Gesellschaft auf der Kommunikationsfähigkeit des Einzelnen. Ich bezweifle, daß eine Gesellschaft, die nur auf den Funktionen des Einzelmenschen errichtet ist, auf die Dauer als humane Gesellschaft zu existieren vermag.

Endlich ergeben sich aus der Verbreitung von Depressivität unter der jungen Generation eine Reihe von Folgeproblemen. Einige haben wir schon kennengelernt. Ich möchte ferner auf den grassierenden Alkoholismus verweisen. In der Bundesrepublik gibt es zur Zeit etwa 600 000 Alkoholiker. Die meisten von ihnen wollen mit Alkohol ihre Depressivität ersäufen und werden immer entleerter, je mehr sie sich mit Alkohol vollfüllen. Der Alkoholismus breitet sich unter der Jugend jedoch noch stärker aus als unter Erwachsenen.

Schließlich sei daran erinnert, daß die Neurotisierung der Jugend ja nicht nur ein menschliches Problem für den Einzelnen und ein soziales Problem für die Gesellschaft darstellt. Sie hat auch eine finanzielle Seite. Die vielfältigen Reibungsverluste auf dem Gebiet des Bildungswesens, die aus neurotischen Gründen eintreten, kosten Milliarden. Das gleiche gilt für die individuellen und sozialen Folgeschäden. Immense Summen müssen aufgebracht werden, um mehr als eine Million Menschen durch eine an den Wurzeln der Krankheit vorbeigehende Dauertherapie über Wasser zu halten. Noch mehr Geld geht verloren, weil trotz Begabung durch neurotische Behinderung keine Leistung entsteht. Da es den Anschein hat, daß sich der Prozeß der Neurotisierung der Jugend fortsetzt, können wir uns vorstellen, welche enormen Belastungen auf den Steuerzahler in der Zukunft zukommen werden.

In den ersten drei Kapiteln dieses Buches sind wir immer wieder auf den gleichen Grundzustand bei vielen jungen Menschen gestoßen, nämlich auf die depressive Verfassung, vor der man in Kriminalität, Rausch und Ideologie ausweicht. Bereits an diesen Stellen wurde uns bewußt, daß hinter Symptomen wie Langeweile, Interessenlosigkeit, Unfähigkeit Spannungen zu ertragen, Realitätsverlust, Einsamkeit als Ursachen innerseelische Leere, entleerter zwischenmenschlicher Bezug und Ich-Schwäche stehen. Es fragt sich nun: Ist die Depressivität nur die Krankheit unserer Zeit, gab es nicht schon früher ähnliches, und wenn das der Fall ist, warum kommt – und das ist nicht strittig – die depressive Verfassung heute so viel stärker als in der Vergangenheit zum Vorschein? Es kann kein Zweifel daran bestehen, daß zu allen Zeiten im Menschen und zwischen den Menschen manches an Leere vorhanden war. Selbstverwirklichung wurde immer mehr oder weniger weitgehend verfehlt. Viele der angelegten seelischen Möglichkeiten blieb auch in der hinter uns liegenden Zeit unerschlossen. Wenn man aber die letzten Jahrzehnte überblickt, kommt man um die Feststellung schwerlich herum, daß in diesem Zeitraum zunehmend weniger an der Entwicklung menschlicher Anlagen geschieht.

Vor zwanzig Jahren machte ich meine erste Kontrollanalyse. Am Anfang meiner psychotherapeutischen Tätigkeit hatte ich es überwiegend mit zwangsneurotischen Patienten zu tun – zum Teil auch mit jugendlichen Kranken. Die Depressiven

waren in der Minderzahl. Heute ist das Verhältnis genau umgekehrt. Diesen eigenen Erfahrungen entsprechen Beobachtungen von Kollegen. In der Zwangsneurose ist an sich viel
Kraft vorhanden. Diese Lebenskräfte werden unter dem Druck
eines starken Über-Ichs allerdings nicht in die Freiheit entlassen, sondern in die Formen des Zwanges gefesselt. Bei der
Depression kommt es infolge einer noch früheren und damit
fundamentaleren Schädigung der Entwicklung erst gar nicht
zur Bildung jener Kräfte. Die Entfaltung bleibt häufig im
Keimhaften stecken. Und eben damit tritt die Leere ein.
Selbstredend ist auch der Zwang mit Leere verbunden. Die
Zwangsstruktur drückt im Laufe der Zeit das Leben ab. Leere
ist damit die Folge des Zwanges.
Vor allem bei den zwangshaften Strukturen heutiger Jugendlicher habe ich in der Regel nicht den Eindruck, daß es sich um
ursprüngliche Zwangshaftigkeit handelt. Man legt sich unbewußt zwangshafte Schemata zu, um das leere seelische Gehäuse abzustützen und zu verstreben. Auch die Kenntnis der
Persönlichkeitsstruktur von Patienten der älteren Generation
gibt zu der Vermutung Anlaß, daß in der Vergangenheit mehr
Leben entwickelt wurde. Daß dieses Leben dann allerdings
durch innere und äußere Autoritäten autoritär in unpersönliche Formen gezwungen, also kollektiviert wurde, steht auf
einem anderen Blatt. Warum in unserer Zeit Leben schon so
frühzeitig abstirbt, wird die Analyse der krankmachenden
Ursachen zeigen, die in den nächsten Kapiteln vorgenommen
wird.
In der Gegenwart ist jedoch nicht nur mehr an Depressivität
als früher vorhanden, sie kommt vor allem viel stärker als in
der Vergangenheit zum Vorschein. Damals gab es eine ganze
Fülle von Abwehreinrichtungen zum Ausgleich und Überdecken der Hohlräume. Ich möchte nur einige nennen. Das
wichtigste Kompensationsmittel war die Arbeit. Sie nahm den
Platz anderer seelischer Regungen, die erloschen waren, ein.
Vor lauter Arbeit wurde dem Menschen irgendeine Leere gar

nicht bewußt. In Verbindung hiermit stehen die anderen
Ersatzinhalte, die heute noch in der älteren Generation eine
wesentliche Rolle spielen. Man möchte hochkommen, etwas
erreichen. Ziele werden gesteckt. In der Anpassung auf diese
Ziele hin entsteht Lebensgefühl; Kraft wird dadurch mobili-
siert. Streben auf diese Ziele hin gibt Erfüllung. Man lebt vom
Erfolg, den man hat. Ohne den Selbstbeweis durch Erfolge
würden manche depressiv werden.
Höchst bedeutsam ist in unserer Gesellschaft die Kompensation von Leere durch Konsum sowie die Illusion, daß Statussymbole, die man sich erarbeitet hat, Leben und Lebensstimmung vermitteln würden. Bei sehr vielen jungen Leuten ziehen
diese Maschen nicht mehr. Weil sie jene Gesellschaft nicht anerkennen, ist ihnen auch ihr Status in der Gesellschaft gleich-
gültig. Damit entfällt die belebende Wirkung des Strebens
nach Status. Sie besitzen ferner nicht das Aufstiegsdenken, die
Sucht – auch eine Sucht – nach dem Erfolg. Somit geschieht bei
ihnen aber auch nicht die künstliche Beatmung durch den Erfolg. Es ist sicher richtig: Vieles am Treiben der bürgerlichen
Gesellschaft ist der Versuch, sich zu einem künstlichen Leben
zu verhelfen. Aber immerhin, dieses Streben verhindert den
Ausbruch von Depressivität, ist gesellschaftlich nützlich und
bringt das Geld ein, das die anderen brauchen, die es ablehnen,
dieses Geld selbst zu erarbeiten. Damit fordere ich nicht, daß
wir zu den alten Zwängen zurückkehren sollen. Das Problem
der Leere kann nur durch Schaffen von neuem Leben überwunden werden. Dennoch muß man sehen, daß sich die alten
Kompensationsmittel besser zur seelischen und gesellschaftlichen Stabilisierung eigneten als die modernen.
Viele Jahrhunderte hindurch setzte die äußere Not den Menschen unter Druck. Wer nicht umkommen wollte, mußte sich
anspannen. Im Kampf um die Existenz konnte er sich Passivität, Initiativelosigkeit, Kraftlosigkeit nicht gestatten. Auch
wenn er sich erschöpft und müde fühlte, zwang er sich dennoch
weiterzumachen. Seitdem es eine Überflußgesellschaft gibt,

besteht dieser Zwang nicht mehr. Dadurch wandelt sich allmählich die Grundhaltung des Menschen. Wir können nun –
Gott sei Dank – lockerlassen. Beim latent depressiven Menschen schlägt jedoch das Lockerlassen, eben weil zu wenig echte
Lebensspannung vorhanden ist, rasch in Abschlaffen um. Auch
aus politischen Gründen sind wir heute der Notwendigkeit
enthoben, im Kampf um das nackte Dasein alles, was die
Existenz gefährdet, rigoros zu unterdrücken. Wir sind für die
Notfälle des Lebens im großen und ganzen gesichert. Auch
hierdurch werden wir aus der Anspannung entlassen. Kurzum,
wir können es uns heute leisten, auch ohne daß wir umkommen, depressiv zu sein.

Ein zentrales Element der Depressivität, die Isolation nämlich,
wurde ebenfalls durch die Gesellschaft früherer Zeiten verschleiert. Der Mensch war fest eingebettet in ein Netzwerk
vorgegebener Sozialbezüge. Er brauchte sich diese nicht erst
zu erwerben, er war von vornherein drin. In ihnen funktio-
nierte er einfach, wie es die für ihn bestimmte Rolle vorsah.
Im Vollzug der durch die Gesellschaftsordnung zugewiesenen
Rolle ergab sich zwischen Menschen eine Kommunikation, die
das Gefühl der Einsamkeit nicht aufkommen ließ. Gewiß
beruhte diese Kommunikation auf Funktion. Sie hatte nur
sehr beschränkt personalen Charakter. Aber immerhin, sie
verband Menschen untereinander. Jedes Glied der Gesellschaft
wußte, wie es sich zu verhalten hatte, wenn es kommunizieren
wollte. Diese Welt fester Ordnungen gibt es nicht mehr. Wir
haben die Freiheit der pluralistischen Gesellschaft. Selbstverständlich eröffnet uns erst der Pluralismus die Freiheit zu
individueller personaler Gemeinschaft. Sie zieht jedoch nicht
automatisch personale Gemeinschaft nach sich. Bis jetzt hat uns
das »personale Zeitalter« – wie Dietrich von Oppen es schwär-
merisch nannte – wenig personale Gemeinschaft, dagegen viel
Vereinsamung gebracht. Die Auflösung der traditionellen
Ordnungswelt bewirkte also die Dekompensation der seither
latenten personalen Isolation. Auch an dieser Stelle zeigt sich,

daß für die Freiheit zu individueller Menschwerdung von sehr
vielen ein hoher Preis gezahlt werden muß.

Wichtig ist ferner zu erwähnen, daß sich zwischen den Generationen die Einstellung zur eigenen Depressivität geändert hat
und daß auch dieses zum stärkeren Hervortreten des depressiven Zustandes führt. Der durch die Gegebenheiten des Produzentenzeitalters geprägte Mensch – wir werden uns im über-
nächsten Kapitel noch mehr mit dem Einfluß verschiedener
Gesellschaftstypen auf den Menschen befassen – geht mit dem
Willen gegen seinen Zustand an. Er besitzt zwar auch manchmal nicht viel Kraft, aber er reißt sich hoch und schreibt sich
mit Selbstdisziplin vor, nicht schlappzumachen. Die alte Erziehung zur Selbstbeherrschung wirkt hier nach. Schwach-
heit gilt als Makel. Bei diesen Versuchen zur Selbstüberwin-
dung wird manches an Leere überbrückt, und häufig springt,
nachdem man ein Tief durchgestanden hat, der Motor wieder
etwas mehr an.

Eine wesentliche Hilfe für diese noch recht stark vom Über-
Ich bestimmten Menschen ist ihre Auffassung von Pflicht. Bei
ihnen heißt es oft: »Du hast Pflichten für andere Menschen,
deshalb kannst Du Dich nicht hängenlassen.« Und tatsächlich
trägt dieses Pflichtprinzip etwas über die depressive Leere
hinweg. Bei den meisten Vertretern der jungen Generation
gibt es diese Korsettstangen nicht mehr. Sie wurden in einer
Gesellschaft groß, die zum ständigen und raschen Lustgewinn
abrichtet. Gegen die Depressivität anzugehen ist unbequem.
Also läßt man es. Der junge Mensch bringt in der Regel nicht
die Härte auf, trotz depressiver Stimmung dennoch »dranzu-
bleiben«. Gerät er in ein Tief, so läßt er sich meistens hängen.
Jetzt erst an den Willen zu appellieren, ist im allgemeinen
sinnlos. Denn es hat ja im Regelfall in den Jahren zuvor keine
systematische Erziehung des Willens und zum Willen gegeben.

Wenn man diese Sätze liest, könnte sich der Eindruck auf-
drängen, als würde hier die junge Generation abqualifiziert.

Selbstverständlich bewerte ich bestimmte Verhaltensweisen. Ich halte – auch wenn man diese Eigenschaften übertreiben kann und lange genug übertrieben hat – Durchhalten, Selbstdisziplin, Pflichtbewußtsein, Willen für Werte. Umgekehrt heißt dies, daß es dem Verhalten mancher junger Leute an Wert mangelt. Aber mit dieser Bewertung von Verhalten ist keine Abwertung von Person oder gar Generation verbunden. Die ältere Generation konnte sich die Bedingungen, in die sie hineingeboren wurde und unter denen sie aufwuchs, nicht auswählen. Sie wurde von dem Vorgegebenen einfach geformt. Das ist nicht ihr Verdienst, sondern ein Tatbestand. In der gleichen Weise wird die neue Generation eben von anderen Bedingungen geprägt.

Es ist sicher richtig: Ebenso wie der ältere Mensch besitzt auch der junge Mensch häufig mehr Kraft, als er zu haben glaubt, und damit die Freiheit, sich etwas anzustrengen. Wenn er es täte, würde die Fähigkeit, Unangenehmes zu ertragen, ein wenig wachsen. Denjenigen Vertretern der jungen Generation, die immer nur die Fehler bei den Älteren suchen, muß man entgegenhalten, daß sie selbst mehr Möglichkeiten gehabt hätten, etwas aus sich zu machen, als von ihnen wahrgenommen wurde. Auf der anderen Seite trifft es jedoch zu, daß die ältere Generation die überwiegende Verantwortung dafür trägt, daß die Jugend durch die Strukturen der Gesellschaft so gestaltet wurde. Warum hat die ältere Generation das Klima, das den jungen Menschen umgibt, nicht geändert? Warum hat sie keinen Widerstand geleistet gegen Trends, die sich aus den veränderten ökonomischen Konditionen ergaben?

Bevor wir uns eingehender diesen Zusammenhängen von Mensch und Gesellschaft zuwenden, müssen wir noch auf ein wichtiges Element in der Depressivität aufmerksam machen, das für Einzelmensch und Gesellschaft in gleichem Ausmaß bedeutsam ist. Gemeint ist die Aggressivität. Die Triebkraft der Aggressivität ist uns jetzt schon mehrfach begegnet. In der Jugendkriminalität richtet sie sich nach außen, im exzessiven

Drogenkonsum ist sie nach innen gelenkt, in der Ideologie
entlastet sich das Individuum wieder von Aggressivität, indem
es die Gesellschaft zum Sündenbock und Blitzableiter macht.
In der Depression geht die Aggression wiederum nach innen.
Das gilt übrigens nicht nur für den depressiven Typ der Neurose, sondern für die Neurose überhaupt.
Bereits Freud erkannte, daß die unbewußten Selbstzerstö-
rungstendenzen der stärkste Antrieb in jeder Neurose und der
heftigste Feind einer analytischen Behandlung sind. In vielfältiger Form findet man die Neigung zur Selbstzerstörung bei
jungen Menschen unserer Zeit. Die Aggressivität pendelt hin
und her zwischen Fremd- und Selbstzerstörung. Bei den selben
Menschen können sich Phasen der Fremdaggression und Phasen der Selbstaggression ablösen. Bei anderen richtet sich ein
Teil der Aggressivität auf die Umgebung und ein Teil auf das
Subjekt. Bei einem bestimmten Kreis von Menschen ist die
Aggressivität ziemlich fest an die Form der Selbstvernichtung
gebunden. Hier ist die Umwelt vor der Destruktivität des
Einzelnen relativ sicher, der Einzelmensch ist jedoch latent
selbstmordgefährdet. Aus einer Reihe von Gründen ist die
Aggressivität beim modernen Menschen, und hier wieder besonders beim Jugendlichen, weniger gebunden als früher und
wird – etwa durch Muskelbetätigung – in weit geringerem
Umfang als in der Vergangenheit auf unschädliche Weise umgesetzt. Ein hohes Potential aggressiver Energie flottiert frei
hin und her zwischen Fremd- und Selbstzerstörung. Ein gang-
barer Weg, weder die Umwelt noch sich selbst aggressiv heim-
zusuchen, sondern kultiviert mit Aggressionen umzugehen,
zeichnet sich bisher nicht ab.
Selbstaggression ist, wie gesagt, ein konstituierender Bestandteil der um sich greifenden Depressivität. Selbstzerstörung
anstelle von Fremdzerstörung geschieht hierbei nicht wie bei
dem durch traditionelle Ordnungen bestimmten Menschen auf
dem Wege von Hemmung der Fremdaggressivität und Rück-
wendung der gebremsten Impulse auf das Subjekt. Beim heu-

tigen Jugendlichen sind die aggressionsfeindlichen Über-Ich-Strukturen recht brüchig geworden, während gleichzeitig durch Zunahme von aggressivem Verhalten und deren Verbreitung in Massenmedien eine Gewöhnung an aggressives Handeln geschieht. Wenn dennoch häufig die Aggression nicht nach außen, sondern nach innen ausgelebt wird, so liegt dies, wie bereits früher kurz erwähnt, im Selbstgefühl des Depressiven.

Der Depressive ist mit sich selbst nicht glücklich. Er kann sich selbst nicht leiden, er ist von sich enttäuscht, er lehnt sich ab, im Unbewußten verachtet er sich. Da er sich als unwert empfindet, trampelt er auf sich herum. Das Gefühl, nichtig zu sein, und der Drang, sich zu vernichten, gehören zusammen. Dieser Hang zur Selbstzerstörung ist dem Betreffenden nicht bewußt, ebenso wie vieles andere, was in den vergangenen Kapiteln über die Motive des von uns untersuchten Verhaltens gesagt wurde. Dennoch wirkt es sich nachhaltig aus. Die Selbstaggression äußert sich in den verschiedensten Spielarten. Unbewußt behindert man sich, man steht sich im Wege, man benimmt sich so ungeschickt, daß Chancen verlorengehen. Die ohnedies schon recht bescheidenen Lebensmöglichkeiten engt man aus Selbsthaß noch mehr ein.

Mit alledem ist jedoch ebenfalls ein Teufelskreis verbunden: Je mehr Leben vernichtet wird, um so größer ist die Selbstverneinung. Je größer die Selbstverneinung, um so stärker die Selbstbehinderung. Je stärker die Selbstbehinderung, um so geringer die Selbstverwirklichung. Natürlich dreht sich die Spirale nicht in jedem Falle ständig weiter. Wenn das der Fall wäre, stünde am Ende regelmäßig der Selbstmord. Es trifft zwar zu, daß die jugendlichen Selbstmorde und Selbstmordversuche zunehmen, ebenso wie die untergründige Selbstmordneigung stärker wird. Aber dennoch kommt der selbstmörderische Kreisel oft zum Stehen. Das geschieht, wenn sich Kompensationen ergeben. Durch eine Kleinigkeit kann das Selbstgefühl aufgewertet werden, zum Beispiel durch eine kleine

Anerkennung von seiten der Umgebung. Daraus kann nun ein
Erfolgsrezept werden, das geübt wird. Damit dreht sich der
Kreisel in der Gegenrichtung. Echtes Selbstgefühl entsteht
hierdurch allerdings nicht. Es handelt sich dabei um ein von
außen entlehntes Selbstbewußtsein. Was von außen geliehen
wurde, kann auch wieder an die Außenwelt verlorengehen.
In diesem Falle ist eine neue Dekompensation die Folge. Kom-
pensationsmöglichkeiten gibt es jedoch viele. Ein neuer Versuch kann anlaufen. Individuelle und kollektive Kompensation (wie gerade die Ideologien) wechseln sich ab. Es entsteht ein labiler Zustand des Hinauf und Hinunter, des Hin
und Her.

Zwei Einwände sind abschließend möglich: Es kann entgegen-
gehalten werden, dieses Hinauf und Hinunter, dieses Hin und
Her sei nicht gerade neu. Zu allen Zeiten habe es im Jugendalter die Labilität der Pubertät gegeben. Was hier lang und
breit beschrieben werde, seien Pubertätserscheinungen, die
immer schon am Ende der Pubertät von einer stabilen Verfassung abgelöst würden. Darum sei das ganze Fragen nach
seelischen und sozialen Gründen und Folgen müßig. Selbstverständlich sind in jenen Teppich durcheinanderlaufender
Fäden auch Pubertätsprobleme hineingewoben. Man kann jedoch das Ganze der von mir beschriebenen Störungen und
Wirkmechanismen nicht ausschließlich auf Pubertätsprobleme
reduzieren und auf diese Weise abschieben. Gewiß haben die
von mir dargelegten Phänomene auch mit der Reifungszeit
des jungen Menschen zu tun. Aber in der Gegenwart verlaufen
die pubertären Prozesse in einer für unsere Gesellschaft typischen und die Gestörtheit dieser Gesellschaft aufdeckenden
Weise. Weil wir es also hier mit quantitativ stärkeren Ver-
schiebungserscheinungen im jungen Menschen und in der Gesellschaft zu tun haben als früher, muß ausgelotet werden, wie
tragfähig der Grund der Gesellschaft überhaupt ist. Schon die
bisherige Durchleuchtung von Verhaltensweisen, die für die
Jugendgesellschaft der Gegenwart spezifisch sind, dürfte ge-

zeigt haben, daß naiver Glaube an Selbstwiederherstellung
fehl am Platze ist.

Der andere Einwand: Man wird mir den Vorwurf der Übertreibung machen. So schlimm sei es mit der Jugend doch nicht
bestellt. Es gebe auch gesunde Seiten. Die erfreulichen Stellen
würden in diesem Panoramabild unterschlagen. Und überhaupt werde hier die Jugend in übler Weise abgewertet. Selbstredend gibt es auch gesunde Seiten und erfreulichere Aspekte
als bei der Jugend früherer Generationen. Meine Aufgabe ist
es jedoch nicht, ein umfassendes Bild der Jugend zu entwerfen.
Ich habe vielmehr die Absicht, darzulegen, daß bestimmte
Störungen, die verstärkt auftreten und Trendcharakter besitzen, Verdichtungserscheinungen unterirdischer Schwierigkeiten darstellen. Der Untergrund der Jugend aber ist die
ganze Gesellschaft. Sie ist krank, und an ihren schwächsten
Punkten, von denen einer die Jugend ist, kommt die Krankheit in einer bestimmten Form heraus. Natürlich wäre es
genauso möglich, andere schwache Stellen der Gesellschaft –
beispielsweise das Alter – unter die Lupe zu nehmen und zu
demonstrieren, in welcher Gestalt hier die Krankheit unserer
Gesellschaft Symptome treibt. Ich denke, es wird deutlich, daß
diese Art von Betrachtungsweise der jungen Generation mit
Abwertung nichts zu tun hat. Wenn überhaupt jemand in
diesem Buch angegriffen wird, so ist es die Gesellschaft. Gesellschaft aber sind – wie schon gesagt – wir alle, die einen mit
mehr, die anderen mit weniger Verantwortung. Die größere
Verantwortung liegt bei der älteren Generation und hier vor
allem bei denjenigen, die sich zu Sachwaltern des politischen
Willens der Gesellschaft wählen ließen.

Es bleibt noch der Vorwurf der Übertreibung. Ich habe nicht
behauptet, die ganze Jugend sei kriminell, süchtig, ideologie-
verseucht, sondern nur ein kleiner Teil. Ein großer Teil weist
jedoch eine neurotische Grundstruktur, vor allem depressive
Züge auf. Und dieses unbewußte neurotische Potential verdichtet sich bei Anfälligen und Verführten zu jenen geschilder-

ten Symptomen. Um das Eingeständnis, daß in weiten Kreisen unserer Jugend neurotische Störungen vorhanden sind, kommen wir nicht herum. Natürlich sind die neurotischen Merkmale bei den meisten unerheblich. Aber es besteht ein fließender Übergang zu denen, die in der beschriebenen Weise beeinträchtigt und gefährdet sind. Zugegeben, manche dieser neurotischen Auffälligkeiten sind pubertäre Störungen, die sich auswachsen werden. Vieles aber wird bleiben und für den Einzelnen wie die Allgemeinheit eine Gefahr darstellen.

Das letzte Gegenargument könnte lauten: Aber war das nicht zu allen Zeiten so? Auf diese Ansicht, es habe auch früher schon Neurosen gegeben und die Gesellschaft sei mit ihnen fertig geworden, stießen wir schon einmal. Es ist richtig, die Gesellschaft wurde früher mit den Neurosen fertig, aber wie? Wer sich nicht der Gesellschaft einfügte, wurde eliminiert. Frühere Zeiten waren darin gnadenlos. Diesen Stil, alles, was sich nicht anpaßt und anpassen kann, einfach an den Rand der Gesellschaft zu drängen oder auszumerzen, können wir heute nicht mehr praktizieren. Abwehrmechanismen der Gesellschaft, durch die um der Mehrheit willen eine Minderheit vernichtet wird, sind inhuman. An die Stelle von Verdrängung muß beim Einzelnen wie in der Gesellschaft Auseinandersetzung treten. Voraussetzung dazu ist, daß erkannt wird, was krankhaft in der Gesellschaft ist und was ihre schwächsten Glieder krank macht. Die Auseinandersetzung ist um so notwendiger, als es ja – und dies im Gegensatz zu früher – nicht Einzelne, sondern Viele sind, die von den Störungen befallen wurden und störend auf das Ganze zurückwirken. Die vielen Einzelnen können nicht mehr zu Opfertieren gemacht werden, in welche die Gesellschaft zuerst ihre Mängel projiziert und die sie dann stellvertretend für sich abschlachtet. Diese vielen Einzelmenschen müssen als Indikatoren betrachtet werden, welche die Gestörtheit der Gesellschaft anzeigen. Sie sind Provokateure, die veranlassen sollten, daß die Übel an den Wurzeln der Gesellschaft erkannt und angegangen werden. Dazu wollen die beiden nächsten Teile dieses Buches einen Beitrag leisten. Die Frage nach dem Krankmachenden in den Fundamenten der Gesellschaft wird uns zunächst beschäftigen und danach der Vorschlag einer prophylaktischen Therapie.

In den vergangenen vier Kapiteln haben wir vier Erscheinungen geschildert, die unter der Jugend derzeit häufig auftreten. Bei der Analyse ihrer Entstehungsweise stellten wir fest, daß in allen vier verschiedenen Phänomenen die gleichen seelischen Motive wirksam sind. Es wurde deutlich, daß sich in jenen Krankheitssymptomen krankmachende Faktoren nur verdichten, daß sie also mit mehr oder minder großer Intensität als Wirkmotive unter der Jugend verbreitet sind. Die Durchleuchtung jener Störungen zeigte uns demnach einiges an Typischem über die derzeitige Verfassung der Jugend. Immer wieder erhob sich die Frage: »Warum ist das so?« »Wo liegen die Ursachen für innere Leere, Einsamkeit, Ich-Schwäche und so weiter?« Bei der Abhandlung der pathogenen Motive ergab sich manchmal, daß schon im Vorgriff auf spätere Ausführungen einiges über die Ätiologie der Krankheit – um es ärztlich auszudrücken – gesagt werden mußte. Im folgenden Teil wollen wir nun darangehen, systematisch die wichtigsten Gründe darzulegen. Nachdem wir im ersten Teil bei der Durchdringung der Pathogenese nach der Ätiologie fragen mußten, soll nun demonstriert werden, wie sich aus der Ätiologie der Gesellschaft die Pathogenese der Störungen unter der Jugend ergibt. Bei der Analyse der vier beschriebenen Leitsymptome stellte sich heraus, daß in allen dieselben Motive am Werk sind. In gleicher Weise wird sich bei der Skizzierung der gesellschaftlichen Ursachen zeigen, daß die krankmachenden Faktoren auf dieselben Gründe zurückgehen.

DIAGNOSE

Geistige Veränderungen in der Gesellschaft

Die hier behandelten kritischen Erscheinungen innerhalb der Jugend sind Ausdruck eines tiefgehenden Umbruchprozesses in der Gesellschaft. Auf allen Ebenen vollzogen und vollziehen sich ganz erhebliche Veränderungen. Wir befassen uns zuerst mit den Wandlungen im geistigen Bereich. Sie stellen auf der einen Seite die Voraussetzung für ökonomische und gesellschaftliche Veränderungen dar. Auf der anderen Seite sind sie Folge jener Umschichtungen und wirken begünstigend auf diese zurück. Auch hier verstärken die Wirkungen die Ursachen. Schon aus dieser Erkenntnis wird deutlich, wie schwer es sein dürfte, in den geschlossenen Verstärkerkreis einzudringen und die Automatismen zu durchbrechen.

Die Auflösung der festen Formen

Ein wesentliches Element dieses Wandels im Raum des Geistigen ist die Auflösung der festen Formen. Ohne den Zerfall der Ordnungen wäre alles Weitere an geistiger, gesellschaftlicher und wirtschaftlicher Veränderung unmöglich gewesen.

Bekanntlich verlief das Leben des Einzelnen und der Gesellschaft viele Jahrhunderte hindurch in den festen Bahnen der
christlich-abendländischen Ordnungswelt. Dem Menschen war
vorgeschrieben und vorgegeben, wie er zu sein, wie er sich zu
verhalten, was er zu fühlen, was er zu denken, und vor allem,
was und wie er zu glauben habe. Damit war das Verhältnis
des Einzelnen zu sich selbst genauso bestimmt wie sein Verhältnis zu anderen Menschen. Für ein Kind gab es unumstöß-
liche Verhaltenserwartungen von seiten der Eltern. Der Vater
wußte, welche Rechte und Pflichten er gegenüber der Familie
besaß. Die Frau kannte ihre Rolle genau. Sie hatte sie bei
ihrer Mutter, bei den anderen Frauen der Umgebung und bei
den weiblichen Idealgestalten der christlichen Überlieferung
kennengelernt und als die ihrige übernommen. Protest gegen
die vorgeformte Rolle wäre sinnlos gewesen. Dazu war der
Druck der Gesellschaft zu stark. Wer seine Rolle nicht vollziehen wollte, schied aus der Gesellschaft aus und wurde von
ihr ausgeschieden. Das hatte bis zur physischen Vernichtung
hin schwerwiegende Folgen. Ebenso wie der Einzelmensch
seinen Platz in der Gruppe angegeben fand, waren die Beziehungen der Gruppen untereinander geregelt. Selbstverständlich handelt es sich dabei häufig nicht um echte Übernahme der Rolle. Vieles an jenem Rollenvollzug dürfte Schein-
vollzug gewesen sein. Weil jedoch die Scheinvollzüge nicht
nach außen hin durchbrochen wurden, trugen sie dazu bei, daß
die Welt fester Ordnungen erhalten blieb.
Heute, nachdem wir allmählich die Schattenseiten der Freiheit
zu fühlen bekommen, ahnen wir, daß diese feste Regelung
von Einzel- und Zusammenleben durchaus Vorteile besaß.
Lange Zeit empfanden wir einseitig nur die Beengung und
Unterdrückung durch dieses starre System. Der Grund dafür
liegt nahe: In den hinter uns liegenden Jahrhunderten über-
wogen die lebensfeindlichen Seiten der Ordnungswelt deren
lebensfreundliche Wirkungen. Die letzte Ursache hierfür stellt
das ursprüngliche Verständnis von Ordnung dar. Der Kern

des christlich-abendländischen Ordnungsgefüges enthält einen
bestimmten Satz christlicher Ge- und Verbote. Die katholische
Überlieferung maß und mißt ihnen zum Teil heute noch
absoluten Charakter zu. Für die damalige Auffassung enthielt
sie die Wahrheit schlechthin. Von der Wahrheit aber glaubte
man, sie sei unveränderbar. Jene Gesetze mußten folglich zu
allen Zeiten und für alle Lebensumstände Gültigkeit besitzen.
Jene Ordnungen wurden also mit göttlichen Prädikaten versehen, sie wurden divinisiert; man erblickte in ihnen gewisser-
maßen den unwandelbaren Gott auf Erden.

Mit dieser Auffassung des Gesetzes war schon der Kern der
Schwierigkeiten gesetzt – auch wenn dies erst nach mehr als
fünfzehnhundert Jahren herauskam. In jener Sicht war das
Gesetz nicht für den Menschen da, sondern der Mensch hatte
für das Gesetz dazusein. Hiermit war ein autoritäres Verhältnis zwischen Gesetz und Mensch geschaffen. Die hinter
dem Gesetz stehende Beziehung von Gott und Mensch hatte
nicht den Charakter einer Partnerschaftsbeziehung, sondern
einer Herrschaftsbeziehung. Heutigem personalen Verständnis
angemessen wäre ein Verhältnis, in dem Gott für den Menschen und der Mensch für Gott da wäre. Weil dem Menschen
Streben nach Personalität eingeboren ist, mußte eines Tages
jenes Sklavenverhältnis von Gesetz und Mensch zerbrechen.

Die andere Ursache für den späteren Zerfall des Ordnungs-
systems hängt ebenfalls mit dem Absolutheitscharakter des
Gesetzes zusammen. Wenn es überzeitliche Wahrheit verkündet, ist es nicht wandelbar. Weil das Gesetz nicht ver-
änderbar ist, mußte es folglich Wandlung von Mensch und
Gesellschaft unterbinden. Da aber Leben des Einzelmenschen
und der Gesellschaft ein dynamisches, sich auf ein fernes Ziel
hinbewegendes Geschehen darstellt, mußte jenes starr konzi-
pierte Gesetz im Zuge der Entwicklung der Menschheit zerbrechen.

Das war der Anfang vieler Schwierigkeiten der Gegenwart.
Weil jene Ordnung rein theozentrisch verfaßt war und sich

der menschlichen Entfaltung widersetzte, mußte der Protest gegenüber dem traditionellen Verständnis christlicher Norm zu der generellen Diffamierung von Ordnung in unserer Zeit überleiten. Man sah und sieht bereits in der Abschaffung der überkommenen autoritären Formen die Lösung. Dabei wird übersehen, daß erstens Einzelmensch ebenso wie Gesellschaft Normen benötigen und daß zweitens Gesetze möglich sind, die keine autoritäre Funktion und dennoch Verbindlichkeitscharakter haben.

Was geschah beim Niedergang der christlich-abendländischen Ordnungswelt im einzelnen? Es ist bekannt, daß das fest in sich gefügte System traditioneller Normen bereits durch Renaissance und Reformation erschüttert und aufgelockert wurde. Die eigentliche Pluralisierung der Gesellschaft begann jedoch erst mit der Aufklärung. Bis in das 20. Jahrhundert hinein vollzog sich jener Prozeß, bei dem christliche Werte relativiert wurden und Alternativen entstanden, nur zögernd. In der Vergangenheit waren geistliche und weltliche Herrschaft oft eine unheilige Ehe eingegangen. Die Ordnungen aus dem einen Bereich stützten die aus dem anderen Bereich. Demzufolge beschleunigte der Zusammenbruch des Kaiserreiches in Deutschland auch den Zerfall des christlichen Ordnungsgefüges. Dem relativen Pluralismus des Weimarer Staates folgte noch einmal die Herrschaft eines autoritären Systems im Dritten Reich. Jetzt wurden Gesetz und Ordnung auf die Spitze getrieben. Der einzelne Mensch und Gruppen der Gesellschaft hatten sich total dem Gesetz des Nationalsozialismus anzupassen und unterzuordnen. Um jeden Menschen ideologisch in den Griff zu bekommen, bemühte sich der Nationalsozialismus, alle anderen Ordnungssysteme, die nicht mit ihm übereinstimmten und in die sich der Mensch vor dem Totalitätsanspruch jener Ideologie entziehen konnte, zu vernichten. Der Nationalsozialismus trug also wesentlich dazu bei, daß der christliche Glaube bei vielen Menschen an Kraft verlor. Überlieferungen des Bürgertums wurden beseitigt. Die Formen der Familie versuchte er aufzulösen.

Mit dem Ende der nationalsozialistischen Herrschaft trat aus zwei Gründen eine Leere ein: Das Gebäude aus unzähligen Vorschriften, wie der deutsche Mensch zu sein, was er zu denken, zu fühlen und wie er sich zu verhalten habe, war eingestürzt. Den meisten Menschen war jedoch durch die Diktatur ausgetrieben worden, sich eigene Gedanken zu machen, sich eigenständige Empfindungen zu gestatten und über das Verhalten selbst zu entscheiden. Die Leere aus dem Verlust an vorgeschriebenen Rollen paarte sich mit der Hilflosigkeit breiter Kreise zu individuellem Sein. Aus einem bestimmten Grunde stand noch weniger an Rollen zur Verfügung als vor der Zeit der Machtergreifung. Die braunen Machthaber hatten ja, wie erwähnt, mit vielen Verhaltensmustern aufgeräumt. Als nach 1945 versucht wurde, mit diesen Formen erneut zu leben, zeigte sich bald, daß sie gebrochen waren und nicht mehr trugen. Auch die Besatzungsmächte leisteten ihren Beitrag zur Demontage früherer Normen. Durch ihre Umerziehung trennten sie die Deutschen bewußt von vielen Traditionen, in die das Leben eingefaßt war.

Unmittelbar nach Kriegsende versuchte eine große Zahl von Menschen durch Hinwendung zum christlichen Glauben einen neuen Lebensinhalt und neue – alte – Lebensformen zu erlangen. Die meisten hatten nicht viel Glück mit diesem Versuch. Man kam wieder davon ab. Konrad Adenauer versuchte noch einmal eine Restauration der christlich-abendländischen Ordnungswelt. Etwa zehn Jahre hindurch wurde die Gesellschaft oberflächlich – und auch das oft nur scheinbar – christlich überformt. Das Ergebnis war letzten Endes nicht eine Assimilation jener Normen, sondern genau das Gegenteil: Protest gegen jene Ordnungswelt.

Der Protest, der untergründig ausgangs der 50er Jahre begann und gegen Ende der 60er Jahre dann seine volle Kraft entfaltete, mußte kommen. Die deutsche Nachkriegsrestauration

machte nämlich einen grundsätzlichen Fehler: Man bemühte
sich, das unwandelbare, also autoritäre Gesetz wieder in Kraft
zu setzen. Das konnte nicht gut gehen. Denn diese Art von
Gesetz hatte sich schon längst als überlebt erwiesen. Bereits
die Arbeiten Sigmund Freuds enthüllen die Konflikte zwischen
Mensch und Gesellschaft auf der einen Seite und einem lebens-
fremden, wirklichkeitsfernen Gesetz auf der anderen Seite.
All dies war schon fünfzig Jahre vor dem Versuch der Nachkriegsrestauration der Fall. Die Studien Freuds demonstrier-
ten, daß die überkommenen Gesetze schon im ausgehenden
19. Jahrhundert weder mit den Empfindungen noch mit dem
Sein des Menschen der damaligen Zeit in Einklang standen.
Gesellschaft und Mensch waren den einstmaligen Ordnungen
davongeeilt. Die Ordnungen waren nicht mehr fähig, menschliches Leben auszudrücken, es bei seiner Verwirklichung an-
zuleiten und so zu bewahren. Schon damals war das Gefüge
der Normen unlebendig und unmenschlich geworden. Das
aber ist von allen äußeren Zeitläufen unabhängig der mäch-
tigste Grund zu seiner Auflösung. Wenn Formen nicht mehr
mit dem Leben übereinstimmen und sogar Leben blockieren,
müssen sie von innen heraus zusammenbrechen.
Eine Reihe weiterer Prozesse trug gleichfalls zur Auflösung
traditioneller Formen bei. Bekanntlich bediente und bedienen
sich Privilegierte der Ge- und Verbote, um die bestehenden
Macht- und Besitzverhältnisse zu sichern. Normen sind Instru-
mente ihrer Machtausübung. Seit geraumer Zeit verringert
sich die Macht der Herrschenden und verkleinert sich die Ohn-
macht der Beherrschten. In Deutschland war die Konstituie-
rung einer demokratischen Bundesrepublik ein wesentlicher
Schritt auf diesem Wege. In ihr ebenso wie in den klassischen
Demokratien schreitet der Vorgang der Umverteilung von
Macht fort. Damit verlieren die Werkzeuge der Herrschaft,
die den Menschen beengenden und entwürdigenden Normen,
ihre gesellschaftliche Funktion und sterben ab.
Zerfall von Ordnungen stellt jedoch nicht nur die Folge ge-

wandelter Machtverhältnisse dar. Von politischen Kräften, die ob zu Recht oder Unrecht, ist in diesem Zusammenhang unerheblich – die gegebenen Machtstrukturen durch andere ersetzen wollen, werden Formen auf allen möglichen Gebieten abgeschafft als Methode politischer Veränderung. Selbst wenn man unterstellt, daß jene Demontage gerechtere Machtverhältnisse herbeiführen wollte, wäre dieses Unterfangen gefährlich. Die Formen haben ja nicht nur eine gesellschaftliche, sondern auch eine psychologische Funktion. Auch wenn die meisten jener Muster längst ihre Funktion als Ausdrucksmittel des Lebens verloren haben, besitzen sie dennoch einen Sinn. Sie sind geeignet, schwaches Leben zu stützen und in Gang zu halten. Die starren, toten Formen haben immerhin noch die Bedeutung eines Stützkorsettes. Sie verhindern bei vielen, die unter seelischer Knochenerweichung leiden, den Zusammenbruch. Die Enttabuierungswelle der letzten zehn Jahre mag gesellschaftliche Evolution im Auge gehabt haben. Durch ihre bilderstürmerische psychologische Blindheit hat sie aber einer großen Zahl von Menschen – insbesonders von jungen Menschen – den letzten Halt geraubt und dadurch dem Zusammenbruch näher gebracht. Diese Menschen, die auf diese Weise in sich zusammenfallen, die der eigenen Leblosigkeit bewußt werden und sie nicht ertragen können, sind nicht fähig zur Evolution, sondern anfällig für Revolution.

Ein wichtiger Grund für den Zerfall der festen Formen muß in den gewaltigen wirtschaftlichen Veränderungen der letzten Jahrzehnte gesehen werden. Ich möchte nur einen Aspekt herausgreifen. Wie in einem späteren Kapitel noch näher dargelegt, hat der Übergang zur Konsumgesellschaft die frühere Gesellschaft fundamental verändert. Um den Überfluß der Überproduktion verkaufen zu können, muß der Mensch durch die Verlockungen der Werbung verführbar sein. Konsumgesellschaft benötigt den von David Riesman als »außengesteuert« gekennzeichneten Menschen. Nur ein Mensch, der sein Selbst und sein Selbstgefühl von dem Status abhängig macht,

den er in der Gesellschaft einnimmt, läßt sich suggerieren, daß
er ständig neue Statussymbole erwerben muß. Eine Wirtschaft,
die auf Verführung des Menschen basiert, kann nicht daran
interessiert sein, daß dieser Mensch festen Konventionen der
Tradition oder den Befehlen seines Gewissens mehr gehorcht
als den Suggestionen der Werbeträger. Stabile Bindungen
stehen der von der modernen Wirtschaft erwünschten Mobilität im Wege. Also werden sie abgeschafft. Innenlenkung des
Menschen käme dem Verkaufsinteresse in die Quere. Darum
wird sie durch Außenlenkung ersetzt. Mensch ist man nunmehr nicht bei Übereinstimmung mit inneren Mustern, sondern mit äußeren Attributen.

Möglicherweise handelt es sich bei dieser Einwirkung aus dem
Raum des Ökonomischen um die Macht, die am gründlichsten
frühere Formen zerstörte und den Menschen am nachhaltigsten
von ihnen ablöste. Diese Vermutung wird durch die Tatsache
nahegelegt, daß die Auflösung der Ordnungswelt kein spezielles Problem des Nachkriegsdeutschlands darstellt. In der
ganzen westlichen Welt gibt es die von uns beschriebenen kritischen Symptome unter der jungen Generation, und in der
gesamten westlichen Hemisphäre können wir einen rapiden
Schwund der traditionellen Ordnungsgefüge beobachten. Vielleicht weist auch die Phasenverschiebung im Auftreten der
Jugendprobleme zwischen den USA und europäischen Ländern auf diesen Zusammenhang hin. In den Vereinigten Staa-
ten begann der Umbruchprozeß unter der Jugend früher als
in Westeuropa. Zugleich waren dort jene Gesetzmäßigkeiten
der kommerziellen Außensteuerung schon voll ausgebildet,
als in Westeuropa die Überflußgesellschaft gerade ihren Anfang nahm.

Es fragt sich nun, warum die Veränderungen in der jungen
Generation mit explosionsartiger Schnelligkeit verliefen. Darauf wäre zu antworten, daß der Untergrund längst bereitet
war. Viele der einstmals kompensierenden Ordnungen hatten
ja schon lange ihre Kraft verloren. Wahrscheinlich wäre die

Krise unter der Jugend schon früher ausgebrochen, wenn es nicht nach dem Zweiten Weltkrieg die durch ihn bedingte Reaktion einer nach rückwärts gerichteten Sehnsucht, die Vertrautheit, Stabilität, Sicherheit wollte, gegeben hätte. Aus dieser Stimmung suchte man noch einmal Halt im Herkömmlichen. Die Überlieferungen waren jedoch schon zu brüchig, um noch halten zu können. Als dann eine Jugend heranwuchs, die nicht mehr wegen der Kriegserlebnisse Zuflucht bei festen Formen suchte, kam es zu dem Dominoeffekt des Zusammenbruches von Ordnungen.

Wie ausgehöhlt die Ordnungswelt bereits war, zeigte sich anhand der Leichtigkeit, mit der die äußeren Autoritäten, also die persönlichen Repräsentanten der Ordnungswelt, entzaubert wurden. Ich denke hier etwa an die Ereignisse, die sich in den Hochschulen abspielten. Dem inneren Prozeß der Beseitigung von Einstellungen, Anschauungen, Empfindungen, Wertsetzungen aus der Vergangenheit entsprach somit ein äußeres Geschehen, bei dem Personen, die Autorität für sich in Anspruch nahmen, dieser Autorität entkleidet wurden. Zu den Ordnungsmitteln vergangener Jahrhunderte gehörte es, an den Knotenpunkten des Herrschaftsgefüges Menschen mit der Autorität des Amtes zu versehen. Ihre Aufgabe war es, die Ordnungen zu vertreten und für ihre Einhaltung zu sorgen. Diese Funktion wurde auf den verschiedensten Ebenen vollzogen, von der Ebene des Papstes im geistlichen und der des Kaisers im weltlichen Bereich angefangen bis zur Autorität des Vaters in der Familie.

Unsere Zeit bestreitet mit Recht, daß einem Menschen allein durch sein Amt Autorität zufällt. Interessant war es nun zu beobachten, wie schnell und unbedenklich viele der herkömmlichen Autoritäten unter dem Anprall der Protestbewegung ihre Ordnungsfunktion aufgaben. Sie besannen sich folglich nicht darauf, ob ihnen nicht vielleicht doch Autorität zukäme, auch unabhängig von Ausstattung durch Amt. Sie versuchten in der Regel nicht, auf neue Weise Autorität zu vollziehen,

die jetzt anders begründet und damit neu gefüllt war. Die meisten Väter warfen einfach ihre Rolle, Autorität zu sein, ab.
Erschreckend war es zu sehen, wie sich manche Vertreter des Standes verhielten, der damals noch mit der höchsten Autorität versehen war, die Professoren nämlich. Manche, welche vor dem Beginn der Protestbewegung mit Nachdruck ihre Autorität demonstriert hatten und mit ihren Studenten autoritär verfahren waren, fielen um, liefen zur Gegenseite über und solidarisierten sich, um aus der Schußlinie zu gelangen. Die Kapitulation vieler Autoritäten machte deutlich, wie sehr die Ordnungselemente bereits entleert waren. Daß die meisten Ordnungsträger so spielend über den Haufen gerannt werden konnten, liegt sicher an dem mehrfach gebrochenen Verhältnis des Deutschen zu der durch seine Geschichte bedingten Ausprägung von Autorität. Mit einem Übermaß von Macht versehene Autorität trägt den Keim der Revolte in sich.
Äußere und innere Abläufe lassen sich beim Zerfall der Welt fester Formen nicht trennen. Die Normen wurden als veraltet, unlebendig und lebensfeindlich enthüllt. Damit verloren sie an Wirkung bei den Repräsentanten der Ordnung – beispielsweise bei den Eltern, die Kinder zu erziehen haben. Die innerseelische Repräsentanz der Gesetzeswelt – das Über-Ich – übernahm bei den Heranwachsenden demzufolge weniger und schwächere Lebensmodelle. Erwachsen geworden und dem gleichen Geschehen – das mit der Chiffre Enttabuierung bezeichnet wird – ausgesetzt, wurden die Muster noch einmal durchlöchert, und so geht jene Bewegung in die nächste Generation. Bei alledem soll nun nicht behauptet werden, daß im Verlauf dieses Prozesses eine Über-Ich-Bildung völlig unterbleiben würde. Nach wie vor wird eine Menge der unbewußten Über-Ich-Anteile weitergegeben. Im Unbewußten üben sie zwar nach wie vor Wirkungen aus. Dennoch sind sie häufig nicht mehr stark genug, um das Verhalten zu diktieren.
Wenn man diesen Vorgang der Auflösung jener geschlossenen Welt bewerten will, muß man beide Seiten der Sache im Auge

behalten. Auf der einen Seite war die Diktion eines objektiven, also statischen Gesetzes, wie wir sahen, von Anfang an falsch und mußte irgendwann einmal zu einer Gegenbewegung der Zertrümmerung von Gesetzestafeln führen. Der Mensch wurde hierdurch freigesetzt. Menschwerdung, die damals infolge der Beengungen durch das Gesetz nur sehr beschränkt möglich war, ist seitdem – formal jedenfalls – in weit größerem Umfang möglich. Auf der anderen Seite gingen hierbei ganz wesentliche Stabilisierungsfaktoren im Einzelmenschen und in der Gesellschaft verloren. Früher wurde der Mensch, wenn er sich schon nicht selber halten konnte, durch starre Gerippe hochgehalten. Wenn er etwas nicht wollte und dazu keine Lust hatte, so mußte er es eben. Nachdem das Gesetz so den Anfang erzwungen hatte, sprang oft der Motor an und lief eine Weile, bis zur nächsten Zwangszündung durch das innere »Du mußt«. Heute blubbert der Motor in Freiheit ein paarmal und bleibt danach stehen. Das Leben ist aus sich heraus zu schwach, um sich selbst Form, Richtung, Zielsetzung geben zu können. Hier halfen früher die eingeschliffenen Bahnungen, die festen Zyklen und Rhythmen des Lebens. In unserer Zeit besitzt zwar jeder mehr oder weniger die Freiheit, sein individuelles Leben auszugestalten. Aber es fehlt ihm häufig die hierzu nötige Kraft. Oft ist es schwierig, sich ohne Zwang gegen die innere Trägheit durchzusetzen, seine Faulheit zu überwinden, ein Verhalten zu wählen, das neu, also oft mit Angst verbunden ist. Individuelle Lebensgestaltung heißt Unbekanntes und damit oft Angst-Erregendes kennenzulernen. Damit stellt sich die Frage, ob der Mensch überhaupt in völliger Freiheit, nur sich selbst seine Formen setzend zu leben vermag.

Ferner darf nicht übersehen werden, daß der Einzelmensch Normen zu seiner Sicherheit und daß die Gesellschaft feste Grenzen zu ihrem Schutz benötigt. Durch die Abschaffung der Ordnungen ist der Mensch heute weitgehend in der Lage, die soziale Schicht, in die er hineingeboren wurde, zu verlassen und seinen Fähigkeiten gemäß sozial aufzusteigen. Die Gesellschaft hat weitgehend ihr Klassen- und Kastensystem verloren. Damit büßte sie jedoch auch Strukturelemente ein. In dieser fließenden Gesellschaft fließt der Einzelne mit. Heute ist er oben, morgen ist er unten. Und schon heute weiß er nicht, ob er sich noch oben wähnend nicht bereits wieder unten ist. Er besitzt keinen sicheren Platz in der Gesellschaft. Alles ist in Bewegung. Deshalb kann er sich auch schwer orten. Aus beiden Gründen entsteht Angst, die häufig die innere Freiheit, von der äußeren Freiheit Gebrauch zu machen, lähmt. – Daß die Gesellschaft mehr Schutz vor dem Einzelnen braucht, ergibt sich aus dem, was anhand der Jugendkriminalität gesagt wurde. Etwa seit dem Jahre 1971 beginnt es in der Bundesrepublik zu dämmern, daß die Gesellschaft mehr Schutz durch das Gesetz benötigt und daß der durch seine kriminelle Neigung gefährdete Verbrecher vor sich selbst durch das Gesetz geschützt werden muß.

Die Auflösungsbewegung früherer Ordnungsgebilde ist nun keineswegs bereits an ihrem Ende angelangt. Nachdem wir in der Zwischenzeit positive wie negative Erfahrungen mit ihren Folgen machen konnten, stellt sich die Frage, wie es weitergehen soll. Beide extreme Lösungen wären sicher falsch: sowohl die Drosselung jenes Prozesses oder gar der Versuch, in früherer Weise Recht und Ordnung wiederherzustellen. Die andere Haltung wäre jedoch genauso töricht. Gemeint ist das Bestreben, ohne ein Überdenken der heute schon nachweisbaren schädlichen Folgen im seitherigen Liberalisierungsstil fortzufahren. Die Frage, welche Ordnungen jenseits beider Extreme für Einzelmensch und Gesellschaft nötig sind, werde ich im letzten Teil dieses Buches zu beantworten versuchen, denn es war ja unsere Absicht, nicht nur eine Diagnose zu stellen, sondern durch die Analyse von Pathogenese und Ätiologie zu einem Therapievorschlag vorzudringen.

Die Illusion der Freiheit

In den letzten Abschnitten fiel mehrfach das Wort, welches wie wenig andere das derzeitige geistige Klima in der westlichen Welt anzeigt. Es heißt Freiheit. Diese Freiheit wird bei uns in völlig wirklichkeitsfremder Weise überzogen. Was ist mit der heute so oft beschworenen Freiheit gemeint? Wie unsere Ausführungen über die Auflösung der traditionellen Welt fester Formen gezeigt haben, zielt Freiheit zuerst einmal darauf ab, daß der Mensch von Normen befreit wird, die ihn in der Vergangenheit beengten. In Verbindung damit wird die Befreiung des Menschen von äußeren Machthabern angestrebt, die ihn unterdrücken oder gar unterjochen. Der Mensch wurde jedoch nicht allein von persönlichen Herrschern zum Untertanen gemacht, unpersönliche Herrschaftsstrukturen in der Gesellschaft bestimmten sein Leben. Unterschiedliche Besitzverhältnisse hielten und halten den Menschen in Unfreiheit. Ungerechtigkeiten in der Bildung hielten viele Menschen klein. Daraus wird der Schluß gezogen: Um Freiheit zu erreichen, sollen für alle Menschen die gleichen Besitz- und Bildungsverhältnisse hergestellt werden. Jede Art der Herrschaft von Menschen über Menschen soll abgeschafft werden.

Sicherlich ist dieses Streben nach Befreiung des Menschen in der Lage, den Menschen in vieler Hinsicht mehr Chancen zur Menschwerdung zu eröffnen, als ihm dies in früheren Gesellschaftsordnungen der Unfreiheit möglich war. Zugleich aber – und damit schlägt der Kampf um die Emanzipation des Menschen um in einen gefährlichen Freiheitsrausch – überschätzt man die Macht der Freiheit bei weitem. Man muß sicher zustimmen, daß der Mensch früher absichtlich in Unmündigkeit gehalten wurde. Es stimmt ferner: Der Mensch wurde durch die eben erwähnten Verhältnisse von sich entfremdet. Der illusionäre Kurzschluß liegt nur in der Überschätzung der Macht von Freiheit. Die Freiheitsapostel glauben – um ver-

weltlichen religiösen Glauben handelt es sich nämlich hierbei–, schon allein die Versetzung des Menschen in Freiheit,
also die Abschaffung der früheren Behinderung würde den
Menschen zu einem freien Wesen verwandeln. Es wird geglaubt, wenn man die Bedingungen aufhebe, die den Menschen in Unmündigkeit zwangen, würde er automatisch seine
Mündigkeit erlangen.
Ein solches Denken ist völlig ungeschichtlich. Wir wissen zum
Beispiel, daß hochentwickelte Tiere, die in Gefangenschaft
gehalten wurden, nach ihrer Freisetzung mit der Freiheit nichts
anfangen können. Ihre Bewegungen messen den neuen Freiheitsraum nicht aus. Die äußeren Grenzen sind längst introji-
ziert und werden, auch wenn sie äußerlich nicht mehr vorhanden sind, dennoch respektiert. Die Tiere haben sich daran
gewöhnt zu warten, bis der Wärter kommt, um sie zu versorgen. Sie nehmen ihre Freiheit, für sich selbst zu sorgen, nicht
wahr. Manche Tiere mußte man aus der Freiheit in die Gefangenschaft zurückversetzen; sie wären sonst in Freiheit
gestorben. Beim Menschen verhält es sich ähnlich. Es ist bekannt, daß Entfremdungen, die bereits in der frühen Kindheit
einsetzten, später – wenn überhaupt – nur unter großen
Mühen durch Hilfspersonen überwunden werden können.
Allein das Verpflanzen in die Umstände, die der Mensch als
Kind gebraucht hätte, führt häufig nur dazu, daß sich dieser
geschädigte Mensch in der neuen freundlichen Umgebung überhaupt nicht zurechtfindet und jetzt seine innere Gestörtheit
in Form eines gestörten Verhaltens auslebt. Wie will man also
erwarten, daß ein Menschengeschlecht, das viele Hunderte von
Jahren hindurch in seiner Menschwerdung behindert wurde,
nun plötzlich, nachdem das Reich der Freiheit ausbrach, allein
wegen der Freiheit in der Lage sein soll, menschlich zu leben?
Die illusionäre Verkennung der humanisierenden Kraft von
Freiheit ist verbunden mit einer ähnlich illusionären Miß-
deutung der menschlichen Natur. Die Emanzipationsbewegung
geht unter anderem auf die Gedanken Rousseaus zurück. Man

glaubt, wenn der Mensch die ihn verbildenden Herrschafts-
bedingungen abgestreift habe, käme darunter die gute Natur
des Menschen zum Vorschein. Dieser Natur traut man offenbar eine wundersame Kraft der Regeneration zu. Nun besitzt
die Natur tatsächlich bewundernswerte reparierende Fähigkeiten. Aber alles wiederherstellen kann sie eben doch nicht
und in Windeseile schafft sie es ebenfalls nicht. Das würde
bedeuten, daß der Mensch, solange ihn seine Natur noch nicht
für ein Leben der Freiheit wiederhergestellt hat, vor den Gefährdungen der Freiheit, mit denen er nicht fertig wird, die
seiner Erholung und Entfaltung im Wege stehen, durch Gesetze geschützt werden muß. Das hätte zur Folge, daß man
die Zäune nur in dem Ausmaß niederreißen darf, in dem der
Mensch in der Lage ist, sich auch ohne Gehege frei zu bewegen.
Die Folge wäre somit, daß Freisetzung des Menschen als lang-
wieriger und mühsamer Prozeß verstanden würde, der sich am
jeweiligen Reifezustand der Menschen orientieren müßte und
jeweils gerade so viel Freiheit zulassen dürfte, wie der Mensch,
ohne an zu viel Freiheit Schaden zu nehmen, verträgt.
Von dieser Behutsamkeit war in den letzten Jahren jedoch
fast nichts zu spüren. Die Freiheitstrunkenen kannten kein
Maß und warfen den Menschen in eine Freiheit, der er nicht
gewachsen ist. Den meisten von ihnen muß man allerdings
einräumen, daß sie es in gutem Glauben taten. Sie glaubten
an die gute menschliche Natur, und das beinhaltete noch
weitere Voraussetzungen, die Umgang mit voller Freiheit
unbedenklich erscheinen ließen. Man glaubt, daß sich der
mündige Mensch richtig verhält. Hinter diesem Glauben steht
noch ein anderer Glaube, den wir später genauer kennenlernen
werden, es ist der Glaube an die menschliche Vernunft. Es
wird geglaubt, wenn man die den Menschen entfremdenden
Bedingungen entfernen würde, spränge sofort die Vernunft
an und würde den Menschen richtig leiten. Aus einem völlig
unrealistischen Glauben an die Vernunft wurde versucht, die

Fremdbestimmung des Menschen von seiten des Gesetzes durch
die Freiheit des Menschen zur Selbstbestimmung zu ersetzen.

Man mag einwenden, diese Kritik übertreibe, kein Mensch
habe global die Gesetze abgeschafft und nur Selbstbestimmung
eingeführt. Das stimmt. Die Tendenz zielt allerdings auf
diesen utopischen Endzustand. Und viele Schwärmer glauben
nach wie vor, daß am Ende ein harmonisches Leben der Menschen in Selbstbestimmung ohne Fremdbestimmung möglich
sei. Sie glauben an ein Paradies am Ende der Zeit, bei dem der
Mensch ohne Entfremdungen nicht mehr in Kollission mit
anderen und der Gesellschaft geraten wird. Dieser einseitige
Glaube »Der Mensch ist gut« stellt den Hintergrund dar für
manche nicht wirklichkeitsgerechte Liberalisierungstendenzen
auf dem Gebiet der Gesetzgebung, der Rechtsprechung und
des Strafvollzuges. Diese Kritik zielt selbstredend nicht darauf ab, die Liberalisierung zu stoppen. Es wird vielmehr
gefordert, daß Freiheit auch auf dem Gebiet des Rechts der
Reife des Menschen, mit Freiheit sinnvoll und verantwortlich
umzugehen, angepaßt sein muß. Die Kritik beinhaltet ferner:
Wir können uns nicht auf die wunderkräftige Natur des
Menschen verlassen, die dem Edlen in ihm schon zum Durch-
bruch verhilft, wenn er nur nicht durch Gesetze von sich entfremdet wird. Entscheidend ist, ob und daß der Mensch zur
Freiheit erzogen wird.

Von einer solch realistischen Betrachtung des Menschen war in
der jüngsten Vergangenheit allerdings wenig zu bemerken.
Deshalb wurden Freiheitsräume geschaffen, die der Mensch
gar nicht sinnvoll auszufüllen vermag. Unbegrenzte Freiheit
tut dem Menschen nicht gut. Er muß Grenzen spüren, sonst
entsteht in ihm die Angst der unbegrenzten Weite. Diese
Angst kann wiederum leicht in Aggression umgesetzt werden.
Eine andere Form der Aggression hängt ebenfalls mit illusio-
när überhöhter Freiheit zusammen: Wird der guten Natur des
Menschen mehr zugetraut, als sie bringen kann, so ist Enttäuschung das Resultat. Aus Enttäuschung erwächst Miß-

trauen. Mißtrauen aber ist eine feindselig-aggressive Haltung. Wir können jetzt bereits beobachten, wie jenes illusionäre Vertrauen zum guten Menschen bei manchen in eine neue Haltung des Mißtrauens umschlägt.

Eine entscheidende Frage wurde im Freiheitskult der letzten Jahre überhaupt nicht gestellt, und das ist verräterisch: Es ist die Frage nach der Freiheit wozu. Von der Freiheit wovon war ständig die Rede, davon, wie die Freiheit zu benutzen sei, was man mit der Freiheit anfangen solle, wozu die Freiheit diene, wurde kaum gesprochen. Offenbar weist das darauf hin, daß dies eben keine Frage war. Freiheit wurde anscheinend ganz simpel als Möglichkeit zur Verfügung des Menschen verstanden, wobei es seinem Gutdünken überlassen blieb, was er damit anfangen würde. Wurde wirklich einmal nachgefragt, wozu denn die Freiheit realisiert werden solle, so wies man die Anfrage mit der Begründung, es handle sich hierbei um einen Eingriff in die Privatsphäre des Menschen, zurück. Für seine Freiheit ist also der Einzelne ganz allein zuständig. Er ist sein eigenes Maß. Eine andere Parole spielt seit einigen Jahren neben den eben erwähnten eine große Rolle. Sie gibt die Antwort darauf, wozu faktisch die Freiheit gedacht war. Gemeint ist das immer wieder in den Vordergrund gerückte Luststreben.

Lustgewinn als Lebenssinn

Bereits die bisherigen Ausführungen über den Wandel des geistigen Klimas der letzten Jahrzehnte ließen erkennen, wie stark in dieser Zeit die geistige Strömung der Aufklärung unser Leben zu bestimmen begann. Es erstaunt also nicht, daß eine andere große Parole der Aufklärung, das Leben diene dem Streben nach dem größtmöglichen Glück der größtmöglichen Zahl, zu einem wesentlichen Leitmotiv der Gegenwart wurde. Um dieses einseitige Streben nach Glück – und nach nichts anderem als Glück – in seinem Gewicht richtig einschätzen zu können, müssen wir uns den historischen Hintergrund vergegenwärtigen, aus dem die Maxime »to be happy« heraustrat.

Obgleich das nicht gerade biblisch ist, wurden im traditionellen Christentum Glück und Lust diffamiert. Glück galt als verdächtig, denn die Erde war ein Jammertal. Lust wurde, da hierbei des »Fleisches Lust« anklang, gerne mit Sünde in Zusammenhang gebracht. Luststreben erschien als Egoismus. Altruismus und Verzicht auf Lust wurden dagegen, ohne zu berücksichtigen, wie zweifelhaft oft die Motive dafür sind, als Tugend gepriesen. Überhaupt tendierte man dazu, Leid zu glorifizieren. Dementsprechend wurde das Selbstopfer als Wert hoch gelobt. Leben hieß im wesentlichen Arbeiten. Und Arbeit war – entsprechend den früheren Arbeitsbedingungen – kaum mit Lust verknüpft. Jene lustfeindliche Haltung paßte genau zur damaligen Lebenswirklichkeit. Im Leben gab es damals tatsächlich bei weitem mehr Leid als Lust. Infolgedessen machte es dieses Christentum dem Menschen etwas leichter, über das Jammertal hinwegzukommen. Auf einem anderen Blatt steht freilich, daß es durch seine narkotisierende Wirkung mit dazu beitrug, das Jammertal länger auf der Welt zu erhalten, als es unbedingt nötig gewesen wäre.

Die christliche Lustverneinung und Leidensfreudigkeit mußte eine Gegenbewegung hervorrufen, und sie begann schon vor über 200 Jahren. Damals waren allerdings noch nicht die ökonomischen Voraussetzungen vorhanden, um an die Stelle des christlichen Masochismus das Gegenteil der modernen Glückseuphorie treten zu lassen. Dazu bedurfte es einer sich immer stärker automatisierenden Wirtschaft, die ein Übermaß von Gütern zum ständigen Lustgewinn produzieren kann und produziert. Der Überfluß dieser Produktion kann nur abgesetzt werden, wenn der Mensch immerwährenden Lustgewinn

mit Hilfe des Konsums dieser Güter anstrebt. Eine lustfeindliche Haltung würde jenen wirtschaftlichen Abläufen im Wege
stehen. Im Dienste des Absatzes der Erzeugnisse wurde folglich die in Ansätzen bereits vorhandene Lustfreundlichkeit
kräftig ausgebaut und in den Dienst des Konsums gestellt.
Umgekehrt verbannte man die christliche Lustfeindlichkeit
aus dem Leben. Man muß deutlich sehen, daß die christliche
Ethik des Verzichtes, daß jede Form von Askese im Widerspruch zu einer lustfreundlichen Verbrauchermoral stehen.
Ebenso wie in der Frage der Außensteuerung trug die Konsumwerbung kräftig zum Entstehen einer neuen seelisch-
geistigen Einstellung der Lustverherrlichung bei.
Wir wollen uns diese Zusammenhänge noch etwas näher verdeutlichen. Gegen Lustfreundlichkeit als Ablösung der herkömmlichen christlichen Lustfeindlichkeit wäre nichts einzuwenden, im Gegenteil. Aber dabei blieb es nicht. Entwick-
lungen vollziehen sich häufig dialektisch. So auch hier. Das
Pendel schlug in das andere Extrem aus. Und eben dabei
haben die Bedingungen der Überflußgesellschaft eine erhebliche Rolle gespielt. Damit die Überproduktion verkauft werden kann, muß bei dem Verbraucher ein – wie es heißt – »ver-
kaufsfreundliches Klima« hergestellt werden. Das bedeutet:
Der Konsument wird in eine dauernde Bereitschaft zum Kauf
und Konsum versetzt. Jetzt fallen die Werbebefehle auf
fruchtbaren Boden. Wir sollen uns ständig etwas gönnen.
Nicht warten bis später. Keine Möglichkeit verstreichen lassen.
Warum soll man sichs schwermachen? Als Trost in allen
Lebenslagen gibt es etwas zu kaufen.
In mehrfacher Weise trägt die Erziehung zur totalen Lust
durch Konsumprägung bei, daß im modernen Menschen – und
das zeigt sich besonders wieder beim jungen Menschen – eine
Gleichsetzung von Leben mit Lusterwerb zustande kommt.
Leben soll uns ausschließlich Lust bringen. Die Kehrseite der
Lust, nämlich das Leid, soll aus dem Leben verschwinden.
Besonders dieses Trachten nach einer Verbannung von Schmerz

und Leid verrät die Illusion des angestrebten Lebens in Lust ohne Leid. Man kann einwenden, der Mensch habe immer nach dem Lustprinzip reagiert. Streben nach Lust sei keine Erfindung der Neuzeit. Zugegeben, in seiner ursprünglichen Form vollzieht sich das Leben als Streben nach möglichst umfassender und möglichst rascher Bedürfnisstillung, folglich nach Lustgewinn. Dieses simple Reagieren nach dem Lustprinzip kennzeichnet jedoch das Leben des Säuglings. Ein integrierender Bestandteil menschlicher Reifung ist es hingegen, zu akzeptieren und zu realisieren, daß Leben nicht nur lustvoll, sondern auch leidvoll ist.

An dieser Stelle aber setzt die kollektive Illusion ein. Man glaubt, daß irgendwann einmal ein Leben in vollständiger Lust möglich sei, strebt diesen Zustand an und nimmt das Paradies möglichst weitgehend vorweg. Alle leidvollen Wirklichkeiten, die nicht in dieses Bild hineinpassen, werden übergangen und totgeschwiegen. Am deutlichsten zeigt sich das im Verhältnis der modernen Gesellschaft zum Tode. Am erschütterndsten wird einem die Tabuierung des Todes bewußt, wenn man moderne Krankenhäuser kennenlernt. Mit allen Mitteln wird hier das Sterben zugedeckt. Man benimmt sich so, als sei der Tod nicht ein ganz wesentlicher Teil des Lebens – vielleicht der wesentlichste Teil überhaupt. Der Tod wird als anstößige, unliebsame Panne empfunden, die man noch nicht verhindern kann und deshalb am besten mit Schweigen übergeht.

Welches Menschenbild hinter solchen Einstellungen steht, ist klar. Menschsein heißt glücklich sein. Alles andere gehört eigentlich nicht zum Leben, ist ein störendes Übel, das es abzuschaffen gilt. Wenn ich an diesem Entwurf von Leben Kritik übe, soll damit kein neues Ja zur christlichen Leidensverherrlichung ausgesprochen werden. Es muß nur grundsätzlich anerkannt werden, daß Leid ein konstituierendes Element des Lebens darstellt, daß Leben die beiden Prinzipien Lust und Leid beinhaltet und daß man somit das Leben tötet, wenn man auf Leidlosigkeit ausgeht. Erst nach dem grundsätzlichen Ja zu einem so strukturierten Leben kann versucht werden, Leid zu verringern, ohne die Qualität des Lebens zu gefährden.

Von dieser Position ist jedoch bei dem, was als modern ausgegeben wird, wenig zu sehen. Es wird unterschlagen, daß es ohne Schmerz auf die Dauer auch keine rechte Lust gibt, daß Freude Leid bedingt und daß Weiß ohne Schwarz undenkbar wäre. Es ist völlig folgerichtig, daß in einer Gesellschaft, die das Leid verdrängt, eine Jugend heranwächst, die unter Gefühlsmangel leidet – sofern hier von »leiden« gesprochen werden kann. Konsequenterweise muß sich diese Jugend – beispielsweise mittels Drogen – in künstliche Gefühle und Empfindungen hineinversetzen. Die Illusion wird genährt, man könne Glück haben, ohne mit Leid zu bezahlen. Man verschweigt, daß alles seinen Preis kostet. Der Preis wäre ja unlustvoll. Damit fördert man die Einstellung, etwas haben zu wollen, ohne etwas dafür zu geben. Auf diese Weise wird erneut die Haltung des Kleinkindes, die ja in uns allen noch vorhanden ist, bestärkt, man könne nehmen, ohne geben zu müssen, man hätte alle möglichen Rechte, ohne die damit verbundenen Pflichten zu übernehmen.

Die moderne Lebensstimmung versucht jedoch nicht nur, Unlust aus dem Leben zu verdrängen, sie trachtet ferner nach dem sofortigen Glück. Typisch für diese Einstellung ist die Frage des Befriedigungsaufschubes in der heißen Diskussion um Sexualpädagogik und Sexualethik der letzten Jahre. Letztlich geht es hier um die für unsere Gesellschaft bezeichnende Frage: Triebaufschub um späterer Lust willen oder sofortige Befriedigung? Die modernen Vertreter (etwa Kentler) erklären es natürlich für das wichtigste Element moderner Sexualerziehung, daß man sofortige Bedürfnisstillung an die Spitze der Prioritäten setze. Sie befinden sich dabei durchaus in Einklang mit dem Zeitgeist. Noch einmal ist an die Einflüsterungen der Werbemedien zu erinnern, die zum Genuß

ohne Warten abrichten. Die Tendenz zur sofortigen Befriedigung aller Bedürfnisse liegt tatsächlich in der Luft: Wenn eine
Möglichkeit der Lust besteht, warum sollte man dann nicht
von ihr Gebrauch machen?

Diese Haltung, nur nach Lust zu streben, keine Lebenswirklichkeit anzuvisieren, mit der Leid verbunden ist, sowie das
Drängen auf rasche Befriedigung haben selbstverständlich ganz
wesentliche seelische und zwischenmenschliche Folgen. Wer
nur auf Lust ausgeht, wird unlustentwöhnt. Bei der Entfaltung von Leben treten jedoch ganz gehörige Unlustspannungen auf. Wer sie vermeiden will, zahlt dafür mit Verharren
in Infantilität. Eben das können wir derzeit auf breiter Front
unter der Jugend beobachten. Auch ihre Belastungsfähigkeit
wird durch das Leben nach einem kurzschlüssigen Lustprinzip
wesentlich herabgesetzt. Größere und länger anhaltende Belastungen sind unlustvoll. Die Unfähigkeit, Schmerzen auszuhalten, ist ein wichtiger Grund, warum man sich nicht dem
depressiven Unbehagen stellt. Indem man sich nicht mit seiner
depressiven Grundstimmung auseinandersetzt, wird man jedoch – wie wir gesehen haben – noch depressiver. Jede wirkliche menschliche Beziehung ist mit Leiden verknüpft. Wer
nicht imstande ist zu leiden, vermag keine echte menschliche
Kommunikation aufzubauen. Ich-Stärke bildet sich wesentlich
im Erleiden.

Ein weiteres Handikap für seelische Reifung ist das Unvermögen, auf sich bietende Lustmöglichkeiten zu verzichten. An
dieser Stelle wird aus Freiheit Zwang. Man meint, alles was
sich anbiete, müsse man auch mitnehmen. Konsumiert werden
muß, was man konsumieren kann. Da die Konsumentenhaltung, wie wir später sehen werden, auch auf andere seelische Bereiche überspringt, betreffen diese Zusammenhänge
nicht nur den Verbrauch von industriell gefertigten Gütern,
sondern alles, was sich zum Lustgewinn anbietet. In der ständigen Befriedigung werden Spannungen in Lust umgesetzt,
die für die Ausformung des Lebens nötig wären. Auch hier-

durch entsteht Infantilität. Mit alledem führt sich das Streben nach Lust selbst ad absurdum. Das Ende der Jagd nach dem Glück ist, weil man – infantil geblieben – zu Glückserleben überhaupt nicht fähig wurde, die Leere, der Überdruß, die Enttäuschung und oft der Ekel am Leben und an sich selbst.

Neuer Individualismus

Es mag erstaunen, wenn hier behauptet wird, ein Element des modernen Zeitgeistes sei ein neuer Individualismus. Mit Recht wird man darauf verweisen, daß in der geistigen Auseinandersetzung der vergangenen zweieinhalb Jahrzehnte fast nie vom Individuum die Rede war. Demgegenüber war »Gesellschaft« das große Modewort. Die Hervorhebung von Gesellschaft zeigte, daß der einzelne Mensch nur als Gesellschaftswesen betrachtet wurde. Daß der Mensch jedoch nicht nur als zoon politikon, sondern dialektisch auch als Individuum verstanden werden muß, ging praktisch im Bewußtsein unter. Erst seit kurzer Zeit beginnt es wieder zu dämmern, daß der Mensch, der nur als Teil eines Kollektivs aufgefaßt wird, wesentliche Seiten seines Menschseins verliert. Die Kategorie des Einzelnen ist also wieder entdeckt worden. Dennoch gibt es einen Individualismus ohne eigenständiges individuelles Sein, also einen Individualismus ohne Individuum, einen Individualismus, der sich mit modernem Kollektivismus gut verträgt.
Entscheidend für das Verständnis von Individualismus ist nämlich die Bezogenheit des Menschen. Der durch die moderne geistige Atmosphäre geprägte Mensch ist weitgehend auf sich selbst bezogen. Auch dieser Tatbestand darf nicht moralisch etikettiert, sondern muß geschichtlich verstanden werden. Nehmen wir die jüngere Geschichte Deutschlands als Beispiel. Im Nationalsozialismus, der ja immerhin in den nur zwölf

Jahren seiner Herrschaft eine ganze Generation stärker prägte, als sie gerne zugibt, war der Einzelne total gemeinschaftsbezogen. »Gemeinnutz geht vor Eigennutz« war das Motto. Der Einzelmensch hatte nur für Führer (als Symbol der Ideologie), Volk und Vaterland zu leben. Mit dieser völlig einseitigen Ausrichtung des einzelnen Menschen auf die Gemeinschaft konnte der Nationalsozialismus nahtlos an christliche Traditionen anknüpfen und sie säkular ummünzen. Denn auch in der landläufigen Ethik des Christentums kam das Recht des Einzelnen auf sich selbst zu kurz. Er wurde einseitig als Teil der Kirche, als Glied am Leibe Christi gesehen und hatte ganz für den Herrn und andere Menschen dazusein. Trachten nach Selbsterfüllung galt als Egoismus.

Vor allem im Zweiten Weltkrieg wurde das Leben für die Gemeinschaft in Form des Sterbens für sie auf die Spitze getrieben. Man überzog die Forderung nach Verzicht und Opfer derartig, daß auch hier wieder ein Umkippeffekt vorbereitet wurde. Als sich nach Kriegsende herausstellte, daß das Selbstopfer in zynischer, völlig sinnloser Weise mißbraucht worden war, war der Gedanke, für andere zu leben, für andere zu verzichten, auf längere Zeit hinaus kaum mehr eine Lebensmöglichkeit, die man mit gutem Gewissen anbieten konnte. Außerdem, für welche Gemeinschaft hätte der Einzelne denn leben sollen? Ein deutsches Vaterland gab es nicht mehr. Sollte er als Westdeutscher für den westlichen Teil des deutschen Volkes leben, oder wie hätte er die Kontinuität eines Lebens für sein Volk aufrechterhalten sollen? Man wußte folglich nicht mehr, für wen man leben sollte. Also fing man an, für sich selbst zu leben. Freilich ist die Entstehung eines neuen Individualismus kein spezielles Problem der westdeutschen Gesellschaft. Der Individualismus ist mehr oder weniger stark in der ganzen westlichen Hemisphäre vorhanden. Auch hier hängt die Entwicklung mit dem Zerfall der großen geschichtlich überkommenen Gemeinschaften zusammen. Es würde zu weit führen, auf die Zusammenhänge im einzelnen einzugehen. Nur eines sei erwähnt: Selbstverständlich gibt es eine Beziehung zwischen dem schon diskutierten Niedergang der großen Ordnungen von Gemeinschaften und der Auflösung der Gemeinschaften selbst.

Durch den Zerfall der Ordnungssysteme und der menschlichen Gemeinschaften änderte sich die Bezogenheit des Menschen. Vordem war er auf die Gesetze bezogen. Er hatte in der ursprünglichsten Form für das vergöttlichte Gesetz, also für Gott in Gestalt seiner Gesetzeswelt dazusein. In ähnlicher Weise mußte er in der Vergangenheit für die verschiedenen Lebensgemeinschaften existieren. Jetzt wurde das anders. Infolge der Emanzipation war er zunächst einmal – wie wir sahen – von allen möglichen Normen befreit. Mit der Freiheit wovon stellte sich für uns die Frage, wofür er freigesetzt war. Die gleiche Fragestellung ergibt sich noch einmal aus dem Abbruch seines Bezugs auf die Gemeinschaft. Wenn er nicht mehr für sie leben sollte oder konnte (je nach Einstellung), wofür lebte er jetzt? Die Antwort muß lauten: Weitgehend für sich selbst.

Man kann entgegnen, daß sich die meisten Männer nach Kriegsende in den Beruf stürzten, daß sie hier Bewundernswertes geleistet und in materieller Hinsicht auch viel für ihre Familien getan haben. Das ist sicher richtig. Aber handelt es sich dabei nicht überwiegend um einen Versuch, einem entleerten Leben Sinn zu verleihen? War es nicht doch wieder ein verfeinerter Versuch, für sich selbst zu leben? Sicher setzten die meisten eine Menge für ihre Kinder ein. Gerne hätten sie noch stärker für ihre Familie gelebt. Aber da begann, wie später zu zeigen sein wird, ja schon die neue Schwierigkeit. Durch den Verlust der Rollen wußten sie oft nicht mehr, wie sie für die Familie leben sollten. Und das führte nicht selten zum inneren Rückzug aus der Familie. Wenn Leben in der Arbeit und für die Sicherstellung der Familie noch verfeinerte und erweiterte Versuche des Lebens für sich selbst waren (man kann in sein Ego leicht den Arbeitsplatz und die Familie mit hineinnehmen), so wurde daraus im Laufe der Zeit doch oft ein recht massives Leben für sich selbst, bei dem Arbeit nur noch den Charakter des Jobs und die Familie den einer Versorgungsanstalt annahm.

Dieser Individualismus als ausschließliches Leben für sich selbst formt sich derzeit stärker aus. Mit zwei Stichworten kann man ihn charakterisieren. Zunächst: Unbedingtes Pochen auf Selbstbestimmung. Jede Bestimmung von außen – sofern sie nicht durch den eigenen Verstand nachvollzogen werden kann und damit wieder zur Selbstbestimmung wird – verfällt der Ablehnung. Das zweite Kennzeichen ist uns bereits bekannt, es heißt Lusterwerb. Lustverzicht um der Gemeinschaft willen wird in der Regel als sinnlos abgelehnt. Überhaupt tendiert man dazu, die eigenen Rechte groß und die der Gemeinschaft klein zu schreiben. Junge Leute demonstrieren das oft überdeutlich. Die Ursachen dafür liegen jedoch nur zum Teil bei ihnen. Zum Teil ist das Verhalten der Erzieher ein wesentlicher Grund. Das beginnt bereits in der Erziehung des kleinen Kindes. Früher mußten sich die Kinder von klein an zu sehr der Umgebung anpassen. Heute richtet sich die Umgebung oft zu sehr nach dem Kind. Die Rechte des Kindes werden zu sehr betont, die Rechte der Gemeinschaft, in der das Kind lebt und von der es lebt, werden häufig dem Kind gegenüber zu wenig geltend gemacht. Man zieht dem Kind nicht die Grenzen, die es aufgrund seiner Reife akzeptieren könnte. Deswegen gewöhnt sich der junge Mensch daran, seine Grenzen auf Kosten der Gemeinschaft auszudehnen. Auf die Dauer kann das natürlich nicht gutgehen. Kinder, die so zu kleinen Super-Individualisten erzogen werden, sind in der Regel gemeinschaftsunfähig. Erneut tritt der Zustand ein, der uns im ersten Teil immer wieder begegnete: die Einsamkeit.

Noch auf zwei andere Konsequenzen dieses Individualismus sei verwiesen. Wenn der Erzieher dem jungen Menschen mehr Rechte, als er benötigt, einräumt und weniger Pflichten zumutet, als die Gemeinschaft braucht – häufig geschieht das (und wird als kinderfreundliche Erziehung bezeichnet) – dann unterfordert er den Jugendlichen. Wenn seelisches Wachstum erfolgen soll, ist der Wachstumsreiz der Herausforderung nötig. Erziehung, die dem Kind also nicht dazu verhilft, daß es um der Gemeinschaft willen, die es umgibt, auf bestimmte Befriedigungen verzichten und bestimmte Unlustspannungen auf sich nehmen kann, hat zur Folge, daß sich das Kind unzureichend entwickelt und daß es nicht imstande ist, den in ihm angelegten Gemeinschaftsbezug zu verwirklichen. Weil der Mensch ein – wie Martin Buber sagt – duhaftes Wesen darstellt, bleibt ihm hierdurch ein wesentlicher Teil seiner Selbsterfüllung vorenthalten. Erneut wird das Dasein – wie es uns bei der Analyse der Jugendstörungen entgegentrat – leer, unerfüllt, sinnlos.

Der Glaube an die Gleichheit

Eine der Ideen, die in der neueren Vergangenheit das Leben der Gesellschaft und des Einzelmenschen am tiefgreifendsten beeinflußt haben, war die Idee von der Gleichheit aller Menschen. Die Bedeutung des Gleichheitsdogmas geht weit über den ursprünglichen Wortsinn der Egalité der Französischen Revolution, nämlich der Gleichheit aller Bürger vor dem Gesetz, hinaus. Wie bereits erwähnt, beruht der Gleichheitsgedanke auf der Voraussetzung, daß ursprünglich alle Menschen gleich waren und nur durch Kulturprägungen verschieden geworden sind. Der Gleichheitsglaube treibt die seltsamsten Blüten. So behauptet er beispielsweise auf dem Bildungssektor, daß alle Menschen ursprünglich gleich begabt sind und daß ausschließlich durch widrige Umwelteinflüsse Unterschiede zustande kamen und kommen. Mit dieser These werden wir uns noch in dem Kapitel, das sich mit den verbildenden

Wirkungen unserer Bildung befaßt, auseinandersetzen. Auch
im Bereich von Mann und Frau wird Gleichheit postuliert.
Physiologische Unterschiede zwischen den Geschlechtern und
die bei dem Ganzheitsdenken der modernen Medizin nahe-
liegenden Korrelationen in seelischer Hinsicht vermögen die
Gleichheitsapostel nicht zu überzeugen. Gegen dogmatische
Überzeugungen – und darum handelt es sich, wie der Vergleich
mit der Wirklichkeit ergibt – läßt sich eben nicht rational
argumentieren.

Die Gleichheitsidee erzeugte und erzeugt ungeahnte Wirkungen. Mittels Politik, Pädagogik und anderer Methoden, den
Menschen zu beeinflussen, soll der ursprüngliche Zustand der
Gleichheit wiederhergestellt werden. Dagegen wäre im Prinzip noch nichts einzuwenden, wenn nur versucht würde, das
zu beseitigen, was tatsächlich an Ungleichheit durch historische
Prägungen entstand. Die Bemühung geht jedoch weit darüber
hinaus. Sie möchte auch das nivellieren, was naturbedingt ist.
Durch diese Einebnung von Unterschieden verändern sich Einzelmensch und Gesellschaft zum Negativen.

Jeder Mensch ist eine Individualität. Er stellt somit ein einmaliges, einzigartiges, unaustauschbares Wesen dar. Jeder ist
mit einer nur für ihn spezifischen Kombination genetischer
Merkmale, also mit individuellen körperlichen und seelischen
Anlagen, versehen. Eben diese Einmaligkeit wurde in der Vergangenheit durch Bestrebungen nach Gleichförmigkeit angegriffen. Ein Mensch, der so einer allgemeinen Norm angepaßt
wird, verliert mit dem für ihn Besonderen ein wichtiges Stück
seiner Lebendigkeit und seines Lebensgefühls. In seinem
Inneren wird es monoton. Die Klage über die Eintönigkeit
kennen wir. Sie wurde von jungen Leuten beim Beschreiben
ihrer Stimmung oft erhoben. Zerstörung der Verschiedenartigkeit zwischen den einzelnen Menschen, Angleichung also, bewirkt das gleiche Resultat: Öde, Leere in der zwischenmenschlichen Beziehung. Nur wenn Menschen verschieden sind, tritt
Spannung zwischen ihnen auf. Nur wo Spannung herrscht,

ist Leben, Abwechslung, Überraschung, Abenteuer möglich. In
einer Gesellschaft der Uniformen kann all das nicht geschehen.

Eine Lieblingsidee der Moderne ist der Fortschritt. Den Fortschritt sollte man bejahen, besonders wenn er in der richtigen
Richtung erfolgt. Fortschritt ist jedoch nur möglich, wenn
Spannungen vorhanden sind. Spannungen ergeben sich aber
nur aus Unterschieden; am stärksten sind sie bei polarer Verschiedenheit von Menschen. Gleichmacherei muß zum Spannungsausgleich führen und damit aus Fortschritt Stillstand
machen. Die Folge ist erneut Unlebendigkeit, also eine Form
des Totseins. Die ältere Generation wird diese Gedanken als
Spekulation aufzufassen geneigt sein und darauf verweisen,
daß der Fortschritt trotz aller Schattenseiten mitten im Gang
sei. In der Jugend gibt es ein Gespür, daß dieser einseitige
technisch-wissenschaftliche Fortschritt am Eigentlichen vorbei-
geht, nämlich am Fortschritt im Bereich des Menschlichen und
Zwischenmenschlichen. Vielleicht mangelt es uns heute schon,
unter anderem weil wir bereits zu weitgehend unsere höchst-
persönliche Eigenart verloren haben, an Lebendigkeit, Kraft
und Mut, an Eigenschaften also, die wir brauchen, wenn
uns der Fortschritt einen Zuwachs an Menschlichkeit einbrin-
gen soll.

Der Glaube an Wissen, Wissenschaft und Technik

Das geistige Klima der letzten zwanzig Jahre wurde entscheidend bestimmt durch einen neuen Rationalismus. Eine seiner
Grundaussagen ist die Behauptung, alles Seiende habe rationale Struktur. Was bisher nicht der Ratio zugänglich sei, sei
eben nur noch nicht rational erhellbar, besitze aber keine vom
Rationalen abweichende, es komplettierende und ihm gegenüberstehende Qualität. In derselben Weise wurde Menschsein

mit Bewußtsein gleichgesetzt. Theoretisch bestritt man zwar nicht die Existenz des Unbewußten. Praktisch räumte man ihm jedoch keine andere Qualität ein als dem Bewußtsein. Das Unbewußte war eben auch noch nicht voll rationalisierbar. Weil die Welt nur der Ratio zugänglich war, mußte die menschliche Ratio, als Verstand und Vernunft betrachtet, eine unerhörte Bedeutung gewinnen. Der Verstand war nicht nur das alleinige Erkenntnisorgan, sondern auch alleiniger Maßstab zur Bewertung aller Dinge. Alles mußte sich vor ihm ausweisen. Was nicht »rational hinterfragbar«, »rational überprüfbar« war, wurde als vorwissenschaftlich abgetan. Es stand mit der Wirklichkeit nicht in Einklang.

Ebenso wie früher dem Gesetz Absolutheit zugesprochen wurde, erhält jetzt die Vernunft Absolutheitscharakter. Sie wird mit göttlichen Attributen versehen. Die Ratio kann sich nicht irren. Im Prinzip ist die Ratio allwissend (weil ihrem Erkennen prinzipiell alles offen steht). Die Vernunft ist allmächtig. Wenn man das Richtige weiß, so kann man es auch tun. Dieser Satz beinhaltet zwei Glaubensaussagen. Zum einen: Wenn ein Mensch das Rechte weiß, kann er sich richtig verhalten. Damit stirbt eigentlich das Problem der Ethik. Ethik muß in Aufklärung übergehen. Denn ein Mensch mit dem richtigen Bewußtsein wird sich auch im moralischen Sinne richtig verhalten. Falsches, unethisches Verhalten erscheint als Mangel an Information. In dieser Betrachtungsweise ist kein Platz vorhanden für Böses an sich. Radikal Böses gibt es nicht. Der Mensch ist von Natur aus gut. Seine Unvollkommenheit rührt nur aus einigen Mängeln, denen aber durch die Bemühung der Gesellschaft abgeholfen werden kann.

Jener idealistischen Anthropologie, welche in dieser rationalistischen »Ethik« enthalten ist, kommt überhaupt nicht in den Sinn, daß sich die Vernunft etwa nicht richtig verhalten könnte. Das wäre ja ein Widerspruch in sich selbst. Denn die Vernunft ist ihrem Wesen nach gut. Das Problem, daß – oder ob – man die Vernunft auch benutzen könne, um Böses zu tun, gibt es nicht. Wir spüren, wie gefährlich dieser seichte Optimismus ist, vor allem weil er gepaart wird mit dem Glauben, daß alles machbar sei. Jener Glaube an das Gute ist auch deshalb so bedenklich, weil er oft von Menschen vertreten wird, denen man anspürt, daß sie selbst guten Glaubens und guten Willens sind. Diese Menschen wirken anziehend. Man ist bereit, ihnen Glauben zu schenken und sich ihnen anzuvertrauen. Damit aber wird der naive Glaube der Gegenwart an die gute Vernunft und an das vernünftige Gute erneut verstärkt. Die Kluft zwischen dieser wohlmeinenden, treuherzigen Illusion und der ganz anderen Wirklichkeit erweitert sich.

Wir kommen zum zweiten Inhalt der Glaubensaussage: Die Möglichkeit, daß man sich falsch verhalten könne, wenn die Vernunft entwickelt sei, wird von dem Rationalismus auch deswegen praktisch ausgeschlossen – zur theoretischen Überprüfung der Grundlagen des Denkansatzes kommt es meistens nicht –, weil man der Vernunft Allmacht unterstellt, Allmacht im Sinne des moralischen Handelns und potentieller Allmacht im Sinne von technischem Machen. Man geht davon aus, daß prinzipiell alles, was man weiß – wenn man es nur vollständig genug weiß (wenn man das Rezept oder den Trick kennt) – in Machen umgesetzt werden kann, das die Welt verändert. Deshalb ist Wissen Macht. Wer die Gesetze kennt, kann sich ihrer unbeschränkt bedienen. Hier ist der moderne Rationalismus mit uralten magischen Elementen durchsetzt: Wer im Besitz der Zauberformel ist, ist der Herr der Mächte. Der neue Rationalismus ist also enorm technikfreundlich. Dem steht nur scheinbar entgegen, daß sich seine jungen Anhänger oft technikfeindlich gegenüber Produktionstechniken gebärden. Diese Aversion entsteht aus realen oder vermeintlichen Entfremdungseinflüssen jener Techniken auf den Menschen. Was die Umgestaltung der Gesellschaft anlangt, ist eine große Technikfreundlichkeit vorhanden. Man beachte beispielsweise, wie oft von Bildungstechniken und Lerntechniken die Rede ist. Der Rationalismus glaubt, daß die Welt, wenn man die in ihr

enthaltenen Mittel richtig einsetzt, in ein Paradies verwandel-
bar sei. Um die Verwandlung der Welt richtig durchführen
zu können, sind weiträumige Pläne nötig. Damit die Planung
nicht durchkreuzt wird, muß man Eventualitäten möglichst
weitgehend ausschalten. Der Plan strebt folglich um des guten
Zweckes willen möglichst weitgehende Aufhebung der Freiheit an. Da die unberechenbaren Faktoren vom Menschen ausgehen, muß die Freiheit des Menschen und für den Menschen
eingeschränkt werden. Auf diese Weise führt sich ein System,
das angeblich gleichzeitig Paradies und Freiheit anstrebt, selbst
ad absurdum. Freiheit des Menschen bleibt daher nur noch
übrig als potentiell unbegrenzte Möglichkeit, Lust aus Befriedigung von Bedürfnissen – möglichst mittels Konsum – zu
gewinnen.

Der Mensch unserer Zeit – vor allem der junge Mensch – spürt
manches davon, wie um des Planes, um der gut funktionieren-
den Gesellschaft, um des Heilssystems willen über ihn verfügt
wird. Er fühlt dumpf, daß er »Sachzwängen« ausgeliefert ist,
die ihm sein Menschsein vorenthalten und gegen die er nicht
ankommt. In der Bundesrepublik Deutschland projiziert die
junge Generation häufig noch jenes Unbehagen und jene Sach-
zwänge in ideologischer Überdehnung auf die »kapitalistische
Gesellschaft«. Obgleich es stimmt, daß auch in der Bundesrepublik manches an kapitalistischer Entfremdung besteht, ist
sich unsere Jugend weithin noch nicht bewußt geworden, daß
der eigentliche Feind längst an einer anderen Stelle steht. In
den USA haben breite Schichten der Jugend erkannt – wie der
Verkaufserfolg des Buches von Charles Green »Die Welt wird
jung« zeigt –, daß sie ihre Freiheit an das rational-technische
System der modernen Gesellschaft verloren hat. Auch bei uns
dürfte es nur eine Frage der Zeit sein, bis sich unter der jungen
Generation dieses Bewußtsein durchgesetzt hat.

Durch eine Reihe weiterer Auswirkungen entfremdet der neue
Rationalismus den Menschen und trägt dazu bei, daß die
psychische Basis bei jungen Menschen in der Weise, die wir

kennengelernt haben, schmäler wird. Getreu alter idealistisch-
rationalistischer Tradition wertet man auch in der Gegenwart
die Welt der Erscheinungen – also das, was in der Regel als
Realität bezeichnet wird – zugunsten der Welt der Ideen ab.
In Ideen, Begriffen, Gedankengebäuden findet man die eigentliche Wirklichkeit. Damit zieht man sich aber aus der äußeren
Welt zurück. Bei diesem Rückzug kann entweder an die Stelle
der mühsamen Taten in der unmittelbar vorliegenden kon-
kreten Welt Diskussion treten oder es wird versucht – wie wir
das bei den Ideologien sahen –, gewaltsam die vorliegende
Welt den frei schwebenden Ideen anzugleichen. In jedem Falle
wird durch den Glauben an die eigentliche Wahrheit der Ideen
und das Leben in der Ideenwelt der Realitätsbezug schwer
beeinträchtigt. Daß das Verhältnis zur Wirklichkeit bei der
jüngeren Generation latent bis akut gefährdet ist, wurde ja
mehrfach deutlich.
Die Realitätsbezogenheit leidet zuerst einmal deswegen, weil
man von rational übernommenen Gedanken ausgeht und nicht
von selbstgemachten Erfahrungen, aus denen eigene Gedanken
destilliert wurden. Sie wird ferner gestört, da die Gedanken
nicht an der Realität überprüft werden. Das kann schon deshalb nicht geschehen, weil – wie wir gesehen haben – die
Instanz zur Prüfung von Wahrheit und Findung von Wahrheit die Ratio und nichts sonst ist. Stellt man beim Vergleich
von Theorie und Praxis eine Diskrepanz fest, so hat nicht die
Theorie unrecht, sondern die Praxis. Durch bisweilen aben-
teuerliche – aber in sich logische – Spekulationen wird erklärt
und bewiesen, warum die Theorie Recht habe und nicht die
Praxis. Schließlich löst sich in bedenklicher Weise die Welt der
Gedanken von der Welt erfahrbarer Realitäten ab, weil der
junge Mensch – dieses Problem betrifft in erster Linie den
jungen Menschen der Gegenwart – sich zu wenig mit der
Realität im praktischen Handeln auseinandersetzt. Damit ist
eine Haltung gemeint, bei der wechselseitig die Welt durch
den Menschen sowie der Mensch durch die Welt verändert

wird. Wie sehr Entfaltung von Leben auf die Herausforderung durch die Welt angewiesen ist, dürfte aus dem ersten
Teil dieses Buches ersichtlich sein.

Von der Welt ist man jedoch nicht nur deshalb weitgehend
abgetrennt, weil man zu sehr in einer rationalen Innenwelt
lebt, sondern auch darum, weil sie eben nur rational ist. Die
Gleichsetzung von Realität mit Rationalität führt nämlich –
wie wir sahen – zu einer Negierung anderer Wirklichkeitsbereiche. Das hat zur Folge, daß jene Seinsschichten für den
Menschen – und wieder ist der durch den Zeitgeist stärker
ergriffene junge Mensch am meisten hiervon betroffen – für
ihn als Lebensmöglichkeiten praktisch nicht existieren. Er verliert damit den Zugang zu der weiten Welt des Nicht-Rationalen. Damit fällt ein breites Band aus, das von der Natur
im Menschen und außerhalb des Menschen bis hin zur Welt
des Religiösen reicht. Sinneswahrnehmung und rationales Erkennen ist möglich, aber schon nicht mehr lebendige Erfahrung der Wahrnehmungsqualitäten. Die Eindrücke sind leblos;
sie enthalten Daten, aber kaum ästhetische Qualität. Vor
allem fehlt die reiche Welt der Erfahrungen aus allen Lebens-
bereichen. Es ist völlig konsequent, daß ein so rational auf-
geblähter, emotional verarmter Mensch sich allen möglichen
künstlichen Reizen zuwenden muß, um Empfindungen und
Gefühle in sich hervorzubringen. Schließlich büßt er die Kraft
ein, die ihm aus den Schichten der Natur und des Unbewußten
zuwachsen könnte. Es wird beschwerlich für ihn, seinen über-
dimensionalen Kopf auf dünnen Beinen durch die Welt zu
schleppen. Kein Wunder, daß es diesem Menschen in seiner
überbelichteten Welt nicht nur kalt ist, sondern daß er sich
müde und kraftlos fühlt.

Es ist eine Illusion zu meinen, die Welt könne durchgehend
rational erhellt und das Leben vollständig technisch manipuliert werden. Eben weil die Wirklichkeit in weiten Bereichen
keinen rationalen Charakter besitzt, muß die Ratio hier versagen. Auch wenn man jenen Realitäten Seinsqualität ab-

spricht und sich bemüht, diese auszuschalten, vermag man dennoch nicht ihr Vorhandensein zu beseitigen. Jene Wirklichkeiten wirken trotzdem auf den Menschen ein, jetzt allerdings nicht mehr helfend, sondern störend. Jeder Mensch, gleich ob er deren Existenz – etwa die Realität irrationaler Schichten in der Psyche des Menschen – anerkennt oder nicht, hat es mit ihnen zu tun. Er ist dem Irrationalen gegenüber um so hilfloser, je rationaler er ist. Aus der Hilflosigkeit entsteht Angst. Erneut muß daran erinnert werden, daß auch auf diese Weise entstehende Angst in Aggressionen umgewandelt werden kann und umgewandelt wird.

Der moderne Mensch kann natürlich versuchen, durch seine technische Haltung des Analysierens, Planens, Machens, Kontrollierens die Ungreifbarkeiten des Lebens in den Griff zu bekommen. Dieses Vorhaben hat – wie gesagt – zur Folge, daß er dem Leben die Dimension des Spontanen, des Nicht-Kausalen, der Freiheit nehmen muß. Er zerstört damit das Leben und macht sich selbst arm. Trotz allem technischen Bemühen gelingt es ihm in vieler Hinsicht nicht, das Leben in seinen Plan zu zwingen. Er bleibt wesentlichen Unwägbarkeiten, Unbestimmbarkeiten, Unberechenbarkeiten, Unbegreiflichkeiten ausgesetzt. Der Mensch, der in der Offenheit nicht-rationalen Bereichen gegenüber groß wurde, lernte es mehr oder weniger gut, sich ihnen anzuvertrauen, und wenn ihm dies schon nicht möglich war, mit ihnen auf andere Weise umzugehen. Der rationalistisch verformte Mensch wächst nicht heran in einem durch Unsicherheit nahegelegten Vertrauen, sondern im Versuch der Sicherung durch rationale Beherrschung. Da der Versuch schon im Ansatz falsch ist, müssen bei ihm an die Stelle der Dimension des Vertrauens, die – wie wohl wenig anderes – Menschsein zentral bestimmt, Angst und Aggression treten.

Wenn der Mensch nur das Rationale als Wirklichkeit bei sich gelten läßt, muß sich zwischenmenschliche Beziehung in rationaler Kommunikation, also im Austausch rationaler Infor-

mationen erschöpfen. Daraus geht hervor, wie wenig dieser
Mensch personale Kommunikation, also umfassende Gemeinschaft zu vollziehen vermag. Die Folge ist Einsamkeit. Technisches Denken des rationalistisch geprägten Menschen macht
natürlich auch vor den Mitmenschen nicht Halt. Verräterisch
ist etwa der heute so oft gebrauchte Ausdruck »Sozialtechni-
ken«. Man möchte auf technische Weise miteinander umgehen.
Zur technischen Einstellung gehört die Haltung des Distan-
zierens von Mitmenschen, des Ihn-Objektivierens und des Ihn-
Manipulierens. Damit wird – um noch einmal in der Rede-
weise Martin Bubers zu sprechen – aus einem Ich-Du-Ver-
hältnis ein Ich-Es-Verhältnis. Der Mensch erhält den Charakter einer Sache und die Bedeutung einer Funktion. Eine auf
diese Weise technisierte, funktionalisierte Beziehung muß
selbstverständlich erneut Einsamkeit hinterlassen.
Ich habe bewußt mehrmals den modernen Rationalismus und
seine Umsetzung in Technik mit dem Wort Glauben belegt.
Ich folge dabei dem Verständnis jener Phänomene, das C. F.
von Weizsäcker in seinem Buch »Die Tragweite der Wissenschaft« so hervorragend darlegte. Von Weizsäcker beschrieb
die moderne Wissenschafts- und Technikgläubigkeit als religiösen Ersatzglauben. Der christliche Glaube wich zurück. In
dieses geistige Vakuum stieß der Scientismus hinein. In unseren Tagen zeigt sich jedoch, daß der Gott der Wissenschaft
und der Technik bei der jungen Generation nicht mehr genügend Anerkennung erfährt. Viele Jugendliche glauben nicht
mehr an diesen Gott, dem noch eine Menge der Älteren, die
Verantwortung in Staat und Gesellschaft tragen, huldigen.
Während folglich bei diesen durch den Ersatzglauben noch
manches an Leere gefüllt und einiges an Angst wenigstens
oberflächlich niedergehalten wird, brechen bei jenen Leere und
Angst offen durch.

Der verlorene Sinn

Die Erkenntnis, daß bei vielen jungen Menschen der Glaube an den Gott der Wissenschaft und der Technik abhanden gekommen ist, leitet über zu dem letzten Tatbestand, der bei den geistigen Veränderungen unserer Zeit eine zentrale Rolle spielt, gemeint ist der verlorene Sinn. Bei unseren Ausführungen des ersten Teils stießen wir mehrfach darauf, daß die Sinnlosigkeit des Lebens ein wesentliches Motiv im Befinden und Verhalten junger Leute darstellt. Wie ist diese Sinnlosigkeit entstanden? In einem langsamen Prozeß zerfiel der Sinn des Lebens immer mehr. Ich nenne einige Stationen. Wie im letzten Abschnitt schon erwähnt, büßte der christliche Glaube in der Bevölkerung zunehmend an lebensgestaltender Kraft ein. Was die Kirchen heute oft an Sinngebung anzubieten haben, ist kaum geeignet, das Gefühl von Sinnlosigkeit zurückzudrängen. Die christliche Verkündigung wurde nämlich angesteckt vom Rationalismus. Ihre intellektuellen Mitteilungen über den Sinn des Lebens sind oftmals so unlebendig, daß sie die menschlichen Tiefenschichten, aus denen die Stimmung der Sinnlosigkeit hervorgeht, nicht erreichen.

Die bis zum Ende des Dritten Reiches weithin tragenden Sinngehalte, man habe zu leben für die Gemeinschaft, der man angehöre, für das Volk, in das man hineingeboren sei, für das Vaterland, dessen Geschichte man verpflichtet sei, brachen – wie wir sahen – zusammen oder wurden von den Siegermächten im Zeichen der Erziehung zur Demokratie zerstört. Später nahmen die Deutschen mit erprobter Gründlichkeit den Prozeß der Aufhebung jener den Einzelnen umgreifenden Sinnzusammenhänge selbst in die Hand. – Als sinnvoll wurde von den Eltern betrachtet, für die Familie zu leben. Aber – wie wir im nächsten Kapitel näher ausführen wollen – es erhoben sich hier massive Schwierigkeiten. Die Rollen waren verlorengegangen. Man wußte nicht, wie man in der Familie und für die Familie leben sollte. Wegen dieser Unsicherheit und Ratlosigkeit wurden häufig die seelisch-geistigen Beziehungen aus dem Versuch, für den Ehepartner und für die Kinder dazusein, herausgenommen. Übrig blieb die materielle Fürsorge als Lebenssinn.

Diese Reduktion des Sinnvollzuges wurde noch aus einer Reihe anderer Gründe nahegelegt. Deutschland befand sich nach dem verlorenen Zweiten Weltkrieg so gründlich auf dem materiellen Nullpunkt, wie sich das die jüngere Generation kaum mehr vorstellen kann. Um nicht zu verhungern, mußten alle Kräfte in den wirtschaftlichen Wiederaufbau gesteckt werden. Sinnvoll war es zunächst einmal, dafür zu sorgen, daß man selbst und die Menschen, für die man zu sorgen hatte, am Leben blieben. Am Anfang war der wirtschaftliche Wiederaufbau sicher sehr sinnvoll. Doch später verdrehte uns das Wirtschaftswunder den Kopf. Sehr viele blieben auf der einseitigen Spur der materiellen Daseinssicherung. Man besaß längst so viel, um äußerlich einigermaßen leben zu können. Nun hätte man sich anderen Lebenswirklichkeiten, die längere Zeit brachliegen mußten, zuwenden können. Man bekam jedoch den Absprung nicht rechtzeitig.

In den Jahren, die allein dem ökonomischen Aufstieg galten, entwickelten sich nämlich jene seelischen und geistigen Möglichkeiten zurück. Dadurch wurden die Beziehungen derjenigen, die im Produktionsprozeß standen, zu ihren Angehörigen entleert. Weil man in den harten Jahren kaum Zeit und Kraft hatte, konnte man sich nicht viel sagen. Später hatte man sich an eine oberflächliche Beziehung gewöhnt und kam oftmals, auch wenn man es wollte, aus der Gewöhnung an sie nicht mehr heraus. Die Partner hatten sich häufig in sich selbst zurückgezogen. Die Kinder waren dem Vater entfremdet und machten ihm ausgesprochen oder unausgesprochen Vorwürfe, daß er seine Rolle in der Familie nur als Ernährer und vielleicht noch als eine Art Polizist verstand. Da die Väter in der Familie nicht mehr »landen« konnten, zogen sie sich oftmals in

den Bereich zurück, der Erfüllung bot: in den Beruf, in das
Geldverdienen. Durch ihre verschlossene, ablehnende Haltung
trugen folglich die Kinder dazu bei, daß sich die Väter oder
die Eltern jetzt noch einseitiger dem materiellen Leben zu-
wandten.

Die Versuchung, ein solches Leben zu führen, ging in der
Zwischenzeit auch von der Automatik der Überflußgesellschaft aus. Die ältere Generation hatte aus der Mangelgesellschaft die Überflußgesellschaft geschaffen und geriet nun in die
Mühlen des selbsthervorgerufenen Konsumzwangs. Das Rad
mußte sich ja weiterdrehen. Also mußten sie jetzt, nachdem
sie die Automatismen installiert hatten, den Überfluß ver-
konsumieren. Auf diese Weise trat der neue Lebenssinn des
permanenten Konsums zu dem alten der permanenten Produktion.

Vertreter der jüngeren Generation, die ein solches Leben in
Bausch und Bogen verurteilen, sollten versuchen, jene Erscheinung zu verstehen. Die Wohlstandsschicht der früheren Bevölkerung war sehr dünn. Die meisten Menschen besaßen wenig
materielle Güter. Für Menschen, die in diesem Mangel groß
wurden, und die Not der letzten Kriegsjahre sowie die der
ersten Jahre danach mitgemacht haben, sind jene Güter eben
etwas Besonderes. Mit Recht machen viele Angehörige der
jungen Generation den Älteren einen Vorwurf daraus, daß
sich deren Leben in Leistung und beruflichem Aufstieg er-
schöpfte. Wenn man aber bedenkt, daß die Produzentengesellschaft erst rund ein Dutzend von Jahren mehr oder weniger hinter uns liegt und daß in ihr der Mensch nur so viel galt,
wie er leistete und zu was er es brachte, ist sehr begreiflich,
daß für eine große Anzahl der Älteren Leistung und Karriere
das Wichtigste und manchmal sogar das einzig Wichtige im
Leben zu sein schien. Aber auch wenn man sich bemüht, jene
Veräußerlichung des Lebens aus seinen geschichtlichen Zusammenhängen heraus zu verstehen, bleibt es dabei, daß diese Art
von Leben, das in Leistung, Aufstieg, Gelderwerb, Besitz-

streben, Statusdenken und Konsum aufgeht, Verrat am eigentlichen Leben darstellt. Selbstverständlich braucht man zum
Leben eine solide materielle Grundlage. Aber sie darf eben
nichts anderes sein als die Basis, auf der dann das innerseelische, zwischenmenschliche und geistige Leben aufgebaut
wird.

Durch den Verlust dieser Lebenssphären entstand ein Vakuum,
das sich deutlich in der jungen Generation zeigt. Ausdruck des
Hohlraums ist unter anderem – glücklicherweise – der Protest
gegen ein Leben, das nicht als sinnvoll angesehen werden
kann. Mit Recht wird von seiten vieler junger Menschen
Protest erhoben gegen ein Leben, das produziert, um konsumieren zu können, und konsumiert, um produzieren zu
können. Zu Recht verweisen sie auf den Widerspruch zwischen
offizieller Christlichkeit – deren Fiktion ja zum Teil heute
noch aufrechterhalten wird – und dem krassen, öden praktischen Materialismus der Bundesrepublik Deutschland. Viele
junge Menschen sind auf der Suche nach dem Sinn. Die meisten
von ihnen wären sicher bereit, ihre ideologische Sinngebung
aufzugeben, wenn ihnen ein besserer Lebenssinn dafür angeboten würde.

Schlimm ist allerdings, daß viele von ihnen die Generation
vor ihnen bereits abgeschrieben haben. Sie erwarten von den
Älteren nichts Wesentliches mehr – vor allem keine Hilfe, ein
sinnvolles Leben zu finden. Die junge Generation probiert
es, wie das von Charles Reich demonstriert wird, auf eigene
Faust. Man versucht, zur Natur, zum einfachen Leben, zu
Empfindung, Gefühl und zu durch Liebe bestimmten Beziehungen zwischen den Menschen anstelle von funktionalisier-
ten, merkantilisierten Austauschbeziehungen zu gelangen. Es
fragt sich allerdings, ob nicht die untergründige Angst vor
den eigentlichen Wirklichkeiten bereits zu groß ist und ob
nicht die innere Fähigkeit, sich ihnen preiszugeben, nicht
schon zu sehr geschwächt ist. Die Frage stellt sich, ob man in
der Lage ist, jenes Leben wirklich zu vollziehen, oder ob es

sich dabei nur um einen Modereflex handelt. Zu fragen wäre ferner, ob ein solcher Aufbruch ohne und gegen die Älteren nicht zu neuen Verzerrungen führen muß, die den Keim des Scheiterns jener Bewegung in sich tragen. Ich bin der Meinung, daß dies der Fall ist. Aufgabe derjenigen aus der älteren Generation, die dazu fähig und willens sind, ist es also, gemeinsam mit der Jugend danach zu suchen, was es heißt, heute und hier sinnvoll zu leben.

Der Zerfall der Familie

Die im letzten Kapitel geschilderten Faktoren erzeugen ein geistiges Wirkungsfeld, das in vielfältiger Weise die Gesellschaft, deren einzelne Gruppen sowie den Einzelmenschen gestaltet. Unter anderem riefen sie einen tiefgreifenden Umbruchprozeß in der Familie hervor. In der herkömmlichen Familie bestand ein festes – allerdings auch starres – Rollengefüge. Mann und Frau wußten, was es für sie hieß, Mann und Frau zu sein. Als Vater und Mutter besaßen sie eine eindeutige Vorstellung, was es bedeutete, Eltern zu sein. Die Kinder wiederum wuchsen in festen, von den Eltern und der Umgebung vorgeschriebenen Einstellungen heran. Durch eine Reihe von geschichtlichen Prozessen, die wir zum Teil schon kurz umrissen haben, wurde die geschlossene Welt der Familie aufgebrochen. Der Mikrokosmos der Familie geriet genauso in die Krise wie der Makrokosmos der Gesellschaft.

Machen wir uns zuerst klar, was das für die Frau bedeutete. Im patriarchalen Zeitalter war sie dem Manne untergeordnet. Der Mann sah in ihr keine gleichwertige Partnerin, sondern eine Funktion für die Familie und ein Objekt zu seiner Bedürfnisbefriedigung. Entsprechend verhielt er sich ihr gegenüber. Der Mann machte die Meinung der Familie – jedenfalls offiziell. Er entschied, er handelte. Nach ihm hatte sich die Familie zu richten. Frau und Kinder mußten ihm gehorchen.

Diese Einstellung führte natürlich dazu, daß die Frau nicht in der Lage war, ihr eigenständiges Wesen zu entfalten. Sie konnte sich eigenes Profil, eigene Meinung, eigenen Willen, eigene Tat kaum leisten. Wollte sie einen Wunsch durchsetzen, so mußte sie diplomatisch geschickt den Mann dazu bringen, daß ihr Wille sein Wille wurde. Aus der Not, daß sie kaum sie selbst zu sein vermochte, machte die Frau zur Zeit der Väterherrschaft gerne eine Tugend. Sie warf ihr bißchen eigenes Sein vollends ab und versuchte, im Mann, in den Kindern – das aber hieß, für den Mann und für die Kinder – zu leben. Mittels Identifikation mit dem Mann und den Kindern trug die Frau also viel zur Festigkeit des früheren Familienverbandes bei.

Die Emanzipationsbewegung befreite sie aus dieser Verhaftung. Ihr großes Ziel heißt Gleichberechtigung. Die Emanzipationsbewegung wollte und will folglich die Frau dem Mann gleichstellen. Sie orientiert sich damit am Leitbild des Mannes. Durch diese Orientierung war schon der Keim zu vielen späteren Schwierigkeiten gelegt. Zunächst bewirkte der Emanzipationsprozeß eine oppositionelle Haltung der Frau dem Mann gegenüber oder – in der etwas gemilderten Form – eine latente Bereitschaft, schon bei vermeintlicher oder wirklicher Bedrohung der neuen Freiheit mit Aggression zu reagieren. Zu Recht und mit Erfolg erreichte die Emanzipation sodann, daß die Frau nicht mehr wie ihre frühere Schwester in das Haus verbannt und auf Haushalt und Kindererziehung beschränkt wurde. Die Frau erhielt das Recht, ebenfalls einen Beruf auszuüben und wie der Mann in der Öffentlichkeit zu leben. Vor allem wurde es der Frau durch die Befreiungsbewegung möglich, ein eigener Mensch zu sein. Sie darf jetzt ihre Eigenart entfalten, ihre eigene Meinung entwickeln, selbständig denken, ein eigenes Urteil besitzen, ihre Forderungen in der Familie vertreten und so weiter.

Auf der anderen Seite geriet die Frau durch all dies in eine erhebliche Rollenverwirrung. Zuerst einmal bestehen auch in der modernen Frau die alten Verhaltensmuster aus der Vergangenheit fort. Ihre Großmutter war in der Regel noch nicht emanzipiert, ihre Mutter nur ein wenig. Das bedeutet demnach, daß sie als kleines Kind und junges Mädchen die Klischees aus der Vätergesellschaft, wie man als Frau zu sein hatte, mitbekam. Damit ist gemeint, daß sie nicht nur von jenen Rollen Kenntnis nahm, sondern daß diese ihrem Unbewußten eingeprägt wurden. Ferner gingen die neuen Haltungen der Frau aus der Anfangszeit der Emanzipation auf sie über, nämlich das eifersüchtige Wachen, daß der Mann ja keine der neuen Freiheiten verletze, sowie das aggressive Reagieren auf kleine Grenzüberschreitungen. Gerade weil die moderne Frau noch den Sog zur alten Unterordnung in sich spürt und Angst vor der früheren Unterdrückung durch den Mann hat, gibt sie sich oft besonders emanzipiert.

In der neuen Freiheit bieten sich der Frau nunmehr verschiedene Rollen an: Sie darf sein Geschlechtswesen, Ehefrau, Mutter, Hausfrau, berufstätiges Wesen, Glied der Gesellschaft, politisches Wesen und – last not least – Privatperson. Wie soll die Frau diese Vielfalt unter einen Hut bringen? Sehr viele Frauen wollten in der jüngeren Vergangenheit und in der Gegenwart zu viel gleichzeitig. Damit fielen sie hin und her zwischen den verschiedenen Mustern aus der Vergangenheit und den Möglichkeiten der Gegenwart. Manches an unausgeglichenem Verhalten und Stimmungslabilität bei modernen Frauen hat hier eine wichtige Wurzel. Wenn Prioritäten gesetzt wurden, wählte man oft den Gegensatz zu dem, was die Frau in der Tradition zu sein hatte. Nicht selten gibt man faktisch – auch wenn man verheiratet ist und Kinder hat – dem Beruf den Vorrang vor den Rollen als Ehefrau, Mutter und Hausfrau. Nicht wenige Frauen hängen dem modernen Leitbild an, das für die Frau nur eine Hauptrolle kennt, nämlich den Beruf. Alle anderen Rollen werden eindeutig untergeordnet. Nur damit, glaubt man, sei die Freiheit der Frau –

und damit das Ziel der Emanzipationsbewegung – gewährleistet.

Die moderne Frau pocht glücklicherweise auf ihr Recht, sie
selbst zu sein. Sie lehnt es ab, im Funktionieren für die Familie
aufzugehen. Sie sucht ihre Identität nicht mehr in der Übereinstimmung mit Mann und Kindern. Durch die Wandlung
der Frau ist somit von ihrer Seite aus ein völlig neues Modell
für die Familie entstanden. Früher gab es in der Familie nur
ein Zentrum, und das war der Mann. Frau und Kinder
kreisten um ihn. Heute, nach der Emanzipation der Frau,
besitzt die Familie nun schon zwei Zentren. Früher herrschte
wegen der Identifizierung der Frau Scheinharmonie. Heute
ist die Ehe eine kleine und oft sogar eine große Konfliktgesell-
schaft. Daß die Ehe einen permanenten Konfliktzustand darstellt, ist kein Zeugnis für eine schlechte Ehe. Freilich muß
man sofort hinzufügen, daß die Konflikte häufig nicht sach-
gemäß ausgetragen werden. Mann und Frau haben zu wenig
gelernt, Konflikte durchzustehen und sie zu bewältigen. Ferner
fehlen die Spielregeln, die das Entstehen der Kollisionen verhindern würden, die trotz der neuen Freiheit nicht unbedingt
auftreten müßten und um der Kinder willen vermieden werden sollten.

Auf dem Wege zur neuen Identität kam es und kommt es bei
vielen Frauen zu Übertreibungen. Sie überbewerten nun neu
entdeckte Möglichkeiten des Frau-Seins und unterbewerten
wichtige Rollen, auf die man in der Vergangenheit Wert
gelegt hatte. Ich deutete bereits an, daß im Zuge einer Entfremdung von dem Naturhaften wesentliche Seiten des Frau-
Seins zu gering bewertet werden. In unserer Zeit treten die
Möglichkeiten der Frau, auch als Mutter sie selbst zu sein und
gerade hierdurch sich wesentlich selbst zu finden, zu sehr in
den Hintergrund. Ausgesprochen diffamiert wurde und wird
ihre Rolle als Hausfrau. Von manchen Meinungsmachern, die
sich progressiv dünken, wird die Frau heute zu sehr aus dem
Hause gedrängt. Als Reaktion auf die Übertreibung der Ver-

gangenheit ist das allerdings verständlich. Der geschützte Raum des Hauses, das Heim, wird ihr und der Familie madig gemacht. Das große Schlagwort »Öffentlichkeit« wirkt sich auch hier aus. Es ist folglich nur konsequent, wenn in neoromantischer Weise von manchen heute schon wieder nach der privaten Idylle, nach dem stillen Winkel in der Familie gesucht wird. Wenn neben der Öffentlichkeit kein komplettierender Raum besteht, der von der Frau am besten gestaltet und mit Atmosphäre erfüllt werden kann, ist die Zick-Zack-Bewegung von Aufgehen in der Öffentlichkeit und Flucht aus der Öffentlichkeit nicht zu vermeiden.

In der jüngeren Vergangenheit versuchte sich die Frau von der früheren Einseitigkeit des totalen Opfers für die Familie zu lösen. Dabei gerieten viele Frauen in das andere Extrem. Beeinflußt wurden sie hierbei durch den Zeittrend, sinnvoll sei es, nicht für andere, sondern für sich selber dazusein, und der Tendenz, hierbei möglichst keine Gelegenheit zum Lustgewinn verstreichen zu lassen. Glück wird dabei – auch wieder in der Antithese zur Tradition – nicht in der Familie, sondern außerhalb ihrer gesucht. Partnerschaft dieser Frau ist also weniger ihr Versuch, dem Mann und den Kindern ein Partner auf dem gemeinsamen Wege zur Selbstverwirklichung zu sein. Sie versteht vielmehr ihre Funktion in der Ehe als Beitrag zu einer »Gemeinschaft« von Menschen, die dabei sind und sich hierbei helfen, möglichst viel Spaß und möglichst wenig Unangenehmes zu haben. Wie gut sich diese Haltung moderner Frauen in die Umstrukturierung der Familie durch die Konsumgesellschaft einfügt, werden wir später sehen.

Ich behaupte nun nicht, daß die meisten Ehefrauen und Mütter jenes neue Selbstverständnis voll in die Tat umgesetzt hätten. Dem modernen Verständnis stehen ja noch die alten Rollenverpflichtungen und Rollenerwartungen gegenüber. Einige Frauen vermochten sich in ihrem Verhalten von jenen überkommenen Rollen zu lösen. Daß dafür im Unbewußten Schuldgefühle entstanden, steht auf einem anderen Blatt. In vielen Fällen erzeugte jener Widerstreit der Intentionen in der Frau eine erhebliche Unsicherheit. Viele Frauen wissen nicht, was Frau-Sein heißt, wie sie sich verhalten sollen; sie wissen nicht, wer sie selber sind. In der Mehrzahl sind die verheirateten Frauen nach wie vor in erster Linie Ehefrauen und Mütter. Zufrieden sind viele von ihnen damit aber nicht. Die Unzufriedenheit liegt oft weniger an der tristen Ehe- und Familienwirklichkeit, sondern mehr an den veränderten Maßstäben. Ohne sich dessen bewußt zu werden, orientiert sich eine große Anzahl von Frauen an jenen modernen Leitbildern, von denen vorhin die Rede war. Hierdurch treten ihnen die objektiv vorhandenen Mängel ihres Daseins überdeutlich ins Bewußtsein. Sie überbewerten die andere Art, Frau zu sein, und unterbewerten die eigene. Ein weitverbreitetes Unbehagen an der Rolle der Frau in der Ehe und an der Ehe selbst ist die Folge.

Ebenso wie die Frau wurde der Mann von dem Prozeß des Rollenwandels ergriffen. Ich möchte sogar behaupten, daß bei ihm der Umbruch noch totaler war als bei der Frau. Infolge der Emanzipationsbewegung der Frau verlor der Mann seine bisherige Rolle, Mann und Vater zu sein. Man mache sich einmal klar, was das für den Mann der letzten fünfundzwanzig Jahre bedeutet. Seitdem es in unserem Raume Kulturgeschichte gibt, war er als Mann der Herr. Diese autoritäre Rolle, Mann zu sein, wurde durch das Dritte Reich noch einmal nachdrücklich restauriert. Nach dem Kriegsende mußte er auf einmal völlig anders sein. Er durfte weder herrschen noch führen. Welche neuen Möglichkeiten, die ihm begehrenswert erschienen, erhielt er dafür? Kaum eine. Der Frau wurden neue Rollen zuteil, beispielsweise die wichtige Berufsrolle. Sie durfte jetzt gleichberechtigt sein, von der früheren Rollenvorstellung des Mannes her gesehen: auf seine Kosten. Dem Mann wurde nur weggenommen. – Wenn ich das so hart schreibe, so beklage ich es nicht. Ich möchte nur deutlich machen, was im Mann der letzten zweieinhalb Jahrzehnte vorging.

Jahrhunderte hindurch war der Geschlechtscharakter von
Mann und Frau fest geregelt. Es gab einen Katalog von
Eigenschaften, der für den Mann dieses und für die Frau ganz
anderes vorsah. Auch das galt nun nicht mehr. Im Gefolge
der Gleichheitsideologie wurde verkündet, Mann und Frau
seien ihrem Wesen nach gleich und nur durch veraltete Auf-
fassungen ihrer Verschiedenheit künstlich verschieden gemacht
worden. Damit ging der Prozeß der Gleichberechtigung noch
einen Schritt weiter. Er zielt auf eine Angleichung von Sein,
Befinden und Verhalten der Geschlechter ab. Der Mann sollte
jetzt also eine Menge der Eigenschaften ablegen, die ihm als
männlich vertraut und mit positiven Wertungen versehen
waren. Daraus entstand eine Identitätskrise sowie eine Krise
des Selbstwertgefühles. Selbstredend kam es bei der Frau
durch den gleichen Hergang zu einer ähnlichen Identitätskrise.
Sie verlief allerdings für den Mann schmerzlicher als für die
Frau, weil er Attribute aufgeben mußte, die ihn privilegier-
ten, während die Frau Eigenschaften empfing, die ihr mehr
Freiheit gaben und sie aufwerteten.
Das neue Leitbild sieht somit für den Mann vor, wie die Frau
zu werden. Für die Frau bedeutet die These von der Gleichheit der Geschlechter umgekehrt, wie der Mann zu werden.
Da aber niemand genau sagen konnte, wie das im einzelnen
aussehen würde, bildete sich erneut Unsicherheit. Das her-
kömmliche Vaterbild war abgeschafft. Wie sollte der neue
Vater aussehen? Das neue Vaterbild blieb ziemlich vage. Der
Vater hatte – im Prinzip genauso wie die Mutter – älterer
Bruder seiner Kinder, ihr Kamerad zu sein. Hierbei wurde
er vor allem seiner Rolle als Autorität entkleidet. Der rationale Zeitgeist verlangte – ausdrücklich formuliert wurde das
später in der antiautoritären Erziehung –, daß Autorität
rational begründet, erläutert und nachprüfbar gemacht werden müsse. Von dieser Forderung war der Vater als der traditionelle Vertreter der Autorität noch stärker betroffen als die
Mutter. Sofern der Vater überhaupt zu dieser ständigen Neu-

begründung seiner Autorität bereit und in der Lage war, begann nun für ihn ein mühsames Geschäft. Früher konnte er ex cathedra verkünden: »So und so ist es und damit Schluß.« Jetzt mußte er es beweisen. Dieses Unterfangen kostete oft mehr Kraft, als der Vater hatte und einzusetzen willens war. Trotz aller Bereitschaft, nicht autoritär zu erziehen, schnappten die Väter gerne zurück in den Anspruch auf Gehorsam der formalen Vaterautorität gegenüber. Sie pendelten häufig hin und her zwischen einer – wie wir sehen werden – oft sogar übertriebenen Toleranz und dem alten Herrschaftsanspruch. Andere postulierten, als wäre in der Zeit nichts geschehen, den alten Führungsanspruch und setzten ihn – wenigstens äußerlich – unter Bezugnahme auf die finanziellen Machtverhältnisse in der Familie durch. Nur zu oft entzogen sich die Väter einfach der Notwendigkeit einer Auseinandersetzung mit der alten Rolle als Ehemann und Vater sowie dem Versuch, neue Beziehungen aufzubauen. Sie wichen in den Beruf zurück und fanden darin ihr Alibi. Zum einen hatten sie für den Betrieb so viel zu tun, zum anderen sorgten sie ja gerade dadurch – materiell gesehen – für die Familie um so mehr. Aus beidem konnte man ihnen ja schließlich keinen Vorwurf machen. Zum Glück für den verunsicherten Ehemann und Vater bot sich ihm bald neben seiner produktiven Leistung eine neue Rolle an, die von der Gesellschaft sanktioniert und von der Familie zum Teil gebilligt wurde, nämlich der Konsum. Erneut fand er dadurch keine Zeit zum Nachdenken, zu Gesprächen und zu bisweilen mühseligen und ermüdenden Diskussionen.

Genauso wie die Frau geriet auch der Mann in eine Rollenverwirrung. Alte Rollen durfte er nicht mehr leben; dennoch schlugen sie oft durch. Neue waren ihm unvertraut. Bei dem Versuch, sie zu vollziehen, ging es holprig zu. Einige Väter stürzten sich, um der Anziehung durch die alten Positionen zu entgehen, vor allem aber um modern zu sein, in Haltungen, die den früheren extrem gegenüberstanden. Wieder andere zogen sich vor der Rollenkonfusion in Produktion und Konsum zurück. In der Regel ging es durcheinander. Von Kontinuität, Konsequenz, Linie, Stabilität, Geschlossenheit war kaum etwas vorhanden. Gemessen an den alten Verhaltensmustern waren die neuen Rollenbündel sehr offen und erlaubten ein hohes Maß von Mobilität. Sie waren jedoch kaum geeignet, anderen Menschen Sicherheit, System, Maß, Stabilität und dies alles – im Gegensatz zu früher – in Elastizität zu geben.

Warum wurden auf den letzten Seiten die Veränderungen in Mann und Frau und die dadurch entstandene Rollenkonfusion so ausführlich geschildert? Es geschah nicht aus historischem Interesse, sondern um begreiflich zu machen, was sich in Mann und Frau sowie zwischen beiden seit geraumer Zeit abspielt. Die Verhältnisse in ihnen und zwischen ihnen sind für die Entfaltung des Kindes von größter Bedeutung. Das Kind wird – je kleiner, um so stärker – weniger von dem geprägt, was die Eltern sagen und tun, sondern mehr von dem, was sie sind und wie sie sind. Durch atmosphärische Mitteilung geht folglich das Durcheinander der verschiedenen Einstellungen bei den Eltern auf das Kind über.

Im einzelnen wirkte sich das bei dem Kind folgendermaßen aus: Beginnen wir bei elementaren Einflüssen von seiten der Mutter. Da eine große Zahl von Frauen den Beruf als wichtigste Lebensmöglichkeit wahrnahmen, standen viele von ihnen ihren Säuglingen und Kleinkindern nur unzureichend zur Verfügung. Häufig waren sie voll berufstätig. Damit fehlte die das Kleinkind Tag und Nacht umfangende und begleitende Beziehung der Mutter. Weil Säuglinge und Kleinkinder ganz und gar auf die Zuwendung, die Beachtung, die Nähe der Mutter angewiesen sind, wurde in der Regel die Entwicklung der Kinder dieser Mütter erheblich gestört. Ersatzmütter vermochten einen gewissen Ausgleich zu bieten. Im allgemeinen waren sie aus Gründen, die hier nicht ausgeführt werden können, kaum in der Lage, einen vollwertigen Ausgleich zu bieten.

Gemessen an der Gesamtzahl der Mütter ist jedoch die Anzahl der berufstätigen Mütter kleiner Kinder relativ gering. Dennoch traten auch bei Kindern von nicht berufstätigen Müttern Schäden ein. Bei vielen der Mütter, die sich zu Hause der Aufzucht und Erziehung ihrer Kinder widmeten, bestanden andere Störungen im Mutter-Kind-Verhältnis. Durch eine Reihe von Zeiteinflüssen war häufig bei ihnen eine gewisse Entfremdung zu ihrer naturhaften, instinkthaften mütterlichen Wesensart eingetreten. Symptomatisch für das Streben nach Glück, dem das Kind untergeordnet wird, ist die mangelnde Bereitschaft vieler Mütter, ihre Kinder zu stillen, um sich die Schönheit ihres Busens zu bewahren. Unabhängig von dieser Einstellung nimmt die Fähigkeit der Frau, stillen zu können, in einem Ausmaß ab, das eigentlich Nachdenken über die Ursachen hervorrufen sollte. Ich möchte an dieser Stelle nur kurz erwähnen, weil ich das Wissen darum eigentlich für selbstverständlich halte, daß sich die Bedeutung des Stillens ja nicht annähernd in Nahrungszufuhr und Nahrungsaufnahme erschöpft. Seine spezifische Bedeutung liegt im kindlichen Erleben einer tiefen leibseelischen Verbundenheit mit der Mutter, in Erfahrungen der Geborgenheit, eines fundamentalen Wohlbehagens, sowie in den Möglichkeiten des Säuglings, im Wechselspiel mit der Mutter elementare Aktivitäten zu entfalten. Trinken an der Brust ist etwas qualitativ anderes, als mit der Flasche getankt zu werden.

Viele Frauen waren und sind instinktgestört. Daß Männer nicht besonders instinktsicher sind, ist bekannt. Der Verlust der Instinktsicherheit der Frau stellt eine Errungenschaft der Neuzeit dar, die wohl auf das Konto einer am Leitbild des Mannes ausgerichteten Emanzipation sowie auf die Intellektualisierung und Technisierung des Menschen, von der die Rede war, zurückgeht. Mit dem Instinktverlust hängt die Einbuße vieler Frauen an Spontaneität und Unmittelbarkeit zu-

sammen. Häufig sind sie gefühlsgehemmt, gefühlsunsicher und
zeigen Ausdrucksstörungen. In ihrem emotionalen Verhalten
finden sie oftmals nicht das richtige Maß. All das ist für Säugling und Kleinkind schädlich. Wie schon mehrfach erwähnt,
führen gestörte Beziehungen der Mutter zum Säugling zu fundamentalen Behinderungen seiner seelischen Entwicklung; und
wenn die Störungen schwer sind, treten irreparable Schäden
ein. Zur emotionalen Reifung benötigt das Kleinkind eine
entsprechende emotionale Beziehung der Mutter zu ihm.

Man könnte nun mutmaßen, daß offenbar doch die frühere
Mutter, die ganz für das Kind da war und ganz in dem Kind
lebte, die ideale Mutter war. Das ist nicht der Fall, denn durch
ihre totale und nicht weichende Identifizierung nahm sie dem
Kind häufig die Möglichkeit, sich eigenständig zu entfalten.
Allerdings muß man auch die Stärke der früheren Mutter
sehen: ihre ungebrochene, naturhafte Zuwendung zum Kind.
Damit ist auch schon angedeutet, wie die Mutter von morgen
sein müßte. Sie sollte emotional sicher sein, intensiv in der
Zuwendung, ohne sich jedoch total mit ihrer Mutterrolle zu
identifizieren. Die Mutter der Zukunft wird also sowohl die
positiven Seiten der früheren Mutter als auch die positiven
Seiten der jetzigen Mutter in sich vereinigen müssen.

Natürlich darf man die Beeinträchtigung des seelischen Wachstums bei Säugling und Kleinkind, die weithin zustande kam,
nicht allein der Mutter anlasten. Zur Entwicklung des Kindes
in der Familie sind Vater und Mutter nötig. Wenn bei Kindern Mängel eintreten, so liegen die Gründe bei Vater und
Mutter. Weil sich der Vater häufig, seiner überkommenen
Rolle unsicher geworden, aus der Familie zurückzog, ließ er
zuerst einmal seine Frau alleine. Er gab ihr – vom Materiellen
abgesehen – nicht genügend Sicherheit, Rückhalt, Festigkeit.
Gerade eine durch Kinder geforderte Mutter braucht diese
Art männlicher Zuwendung um so mehr. Auch darüber hinaus
kümmerte sich der Mann oftmals zu wenig um ihren inneren
Zustand. Das Durcheinander der Rollen hätte Hilfe durch

den Mann, hätte klärende Gespräche besonders notwendig gemacht. Dazu kam es jedoch zu wenig.

Freilich läßt es sich verstehen, daß diese Väter zu wenig dazu beitrugen, daß sich bei ihren Frauen ein neues geschlossenes Rollengefüge bilden konnte, das dann auch konsequent vollzogen worden wäre. Die Männer litten ja noch mehr unter Rollenunsicherheit und wußten selbst nicht, wo sie dran waren. Deshalb waren sie wenig geneigt, den sicheren Boden ihres Berufes, bei dem Funktion sehr und Mensch kaum gefragt war, zu verlassen. Ebenso wie auf diesem indirekten Wege trugen Mängel in der direkten Vater-Kind-Beziehung dazu bei, daß die Selbstverwirklichung des Kindes behindert wurde. Ähnlich wie bei der Mutter übertrug sich auch das Hin- und Herschwanken zwischen mehreren Einstellungen beim Vater auf das Kind. Der Vater konnte nicht mehr so Vater sein, wie er es bei seinem Vater gelernt hatte; deshalb trat er oftmals innerlich abseits. Hierdurch verloren die Kinder viele Leitlinien, die sie zur Entfaltung ihrer Personalität gebraucht hätten.

Damit sind wir bei einer weiteren wichtigen Ursache für den seelischen Notzustand vieler heutiger Jugendlicher angelangt: dem Verlust der Vaterautorität. Sicher ist es richtig, daß in der Erziehung beide Eltern Autorität zu vertreten haben. Im noch höheren Maße als der Mutter fällt dem Vater die Aufgabe zu, Autorität zu verkörpern und den jungen Menschen zur Bindung an Autorität zu führen. Eben das geschah in den letzten zweieinhalb Jahrzehnten ungenügend. Auf die formale Autorität des Vaters konnten sich die Väter kaum mehr berufen. Durch den Zerfall der Ordnungswelt war – wie wir gesehen haben – Autorität, die sich allein auf das Amt gründet, nicht mehr möglich. Außerdem war ja Autorität durch den schlimmen Mißbrauch, der im Dritten Reich damit getrieben worden war, in Mißkredit geraten. Auf welche Autorität konnten sich somit die Väter stützen? In dieses Vakuum stieß nun die Forderung nach rational konstituierter Autorität.

Vom Vater wurde nur das akzeptiert, was er rational erklären und was die Einsicht des Kindes begreifen konnte.
Diese Haltung gipfelt in der pädagogischen Maxime: Wenn
das Kind den Sinn einer Anordnung nicht versteht, braucht
es die Anordnung nicht auszuführen.

Das Konzept einer rational verfaßten Autorität, also einer
Delegation von Vaterautorität an die Ratio des Kindes, hatte
ganz erhebliche Folgen. Zum ersten: Der Erzieher bemühte
sich, die Forderungen an das Kind rational zu erläutern. Er
wandte sich damit an den Verstand des Kindes und regte ihn
durch sein ständiges Argumentieren zur schnelleren Entfaltung an. Das war notwendig, denn das Kind mußte ja, wenn
es sich nicht selbst schaden wollte und wenn wenigstens ein
Minimum an Zusammenleben funktionieren sollte, den An-
sprüchen seiner Umwelt in gewissem Umfang nachkommen.
Dieser ständige Wachstumsreiz der nur rational fundierten
Erziehung bewirkte eine vorzeitige Ausbildung des kindlichen
Intellektes. Kinder sind jedoch, sofern man sie ihren Entwick-
lungsgesetzen gemäß reifen läßt, mehr irrationale als rationale Wesen. Diese nicht phasengerechte Frühreifung des kindlichen Verstandes führte damit zu einer Verschiebung des
Gleichgewichtes zwischen Bewußtsein und dem Unbewußten.
Die Kinder wurden kopflastig und damit neurotisch. Unter
dem Einfluß des rationalen Autoritätsverständnisses setzte
folglich der Prozeß einer Identifizierung mit dem Bewußtsein,
der die Abspaltung vom Unbewußten nach sich zog, bereits in
der frühen Kindheit ein.

Zum anderen: Wie schon ausgeführt, hat die Welt keine
durchgehenden rationalen Strukturen. Sie kann darum nicht
vollständig – oder drücken wir es adäquater aus – nur sehr
unvollständig mit dem Verstand eingesehen werden. Welche
Möglichkeiten des Umgangs mit den rational unzugänglichen
Realitäten gibt es? Die erste Möglichkeit drängt sich aus dem
eben Gesagten auf: Das Kind und später der Jugendliche
blenden entweder den Teil der Welt, den sie nicht begreifen

können, aus (»Das gibt es nicht«), oder sie machen sich über das Nicht-Rationale eine rationale Theorie, die nun den Platz dieser verleugneten Wirklichkeit einnimmt. Der junge Mensch glaubt jetzt, mit der Wirklichkeit umzugehen, faktisch aber hat er sich der Realität entzogen und handhabt nur Theorien. Erneut sind wir auf die Entstehung des mangelnden Realitätsbezuges in unserer Zeit gestoßen.

Die zweite Möglichkeit besteht heute nicht mehr; sie wurde im patriarchalischen Zeitalter praktiziert. Das Kind verstand damals das allermeiste, was um es herum geschah, nicht. Dennoch ließ es sich auf dieses Geschehen ein, weil die Vaterautorität es befahl. Dieser Autorität hatte man zu gehorchen – gleich, ob man verstand, was sie sagte, gleich, ob man das Unverständliche des Vaters akzeptieren konnte, gleich, ob man ihm vertraute und ihn liebhatte. – Mit diesen Worten möchte ich nicht sagen, daß Kinder ihren Vätern im patriarchalischen Zeitalter nicht vertraut und sie nicht geliebt hätten. Ich möchte nur hervorheben: Das letzte Fundament ihres Gehorsams war im Regelfall nicht Liebe und Vertrauen, sondern die Macht des Vaters und ihre Furcht vor ihm.

Genau an diesem Punkt hätten die Herausforderung und die Chance des Vaters in der Neuzeit gelegen. Auf Herrschaft vermochte er sich zum Glück nicht mehr zu stützen. Also hätte er versuchen müssen, seine Autorität darauf zu gründen, daß er ein Vater ist, der seine Kinder liebt und den umgekehrt seine Kinder lieben. Der Nachkriegsvater hätte im gewissen Umfang die Fähigkeit gehabt, seine Autorität aus dem Vertrauen des Kindes abzuleiten. Denn in vielen Fällen bestand sicher manches an Liebe und Vertrauen der Kinder zu ihm. Er hätte seinen Kindern erklären müssen, was sie auch ohne intellektuelle Frühreife zu begreifen imstande waren und wozu er jeweils in der Lage war. Darüber hinaus hätte er von ihnen erwarten müssen, daß sie auch dem Nichtverstandenen nachkommen, weil er davon ausgehen konnte, daß die Kinder aus Liebe zu ihm und im Vertrauen zu ihm seinen Weisungen

folgen. Wäre Autorität öfter auf Liebe und Vertrauen gegründet worden, so wäre später ein wesentlich anderer Umgang mit der Welt beim jungen Menschen zustande gekommen. Das Kind hätte es gelernt, vieles aus Liebe zu einem
Menschen zu tun, und hätte dabei gute Erfahrungen gemacht.
Hierdurch wäre die für das spätere Leben enorm wichtige Erkenntnis zustande gekommen: Es lohnt sich letztlich für mich
selbst, auch wenn ich manches nicht durchschaue, es dennoch
aus Liebe und im Vertrauen zu tun. Hätte das Kind so immer
wieder aus Vertrauen auf den Vater den Sprung ins Ungewisse gewagt, so hätte es dabei erfahren: Ich kann mich
Wirklichkeiten anvertrauen, auch ohne daß ich sie kenne. Ein
offenes, vertrauensvolles Verhältnis zur Welt wäre hierdurch
entstanden. Das aber wäre gerade deshalb so wichtig gewesen,
weil, wie wir sahen, der rational nicht einsehbare Teil der
Realität beim Menschen, der nur auf Wissen und Machen
baut, immer Angst hervorruft. Vertrauen hätte den Platz von
Angst eingenommen. So aber vertrieb die Angst das Vertrauen.
Der Schwund des Vertrauens tauchte immer wieder in der
Analyse der Jugendprobleme auf. Urvertrauen wird – wie
wir sahen – zuerst einmal erweckt in der tiefen Gemeinschaft
zwischen Mutter und Säugling der ersten Monate und des
ersten Lebensjahres. An dieser Stelle aber geschah, wie gezeigt,
häufig schon der Bruch. Die Mutter war äußerlich und innerlich zu wenig für das Kleinkind da. Der Schwund des Vertrauens setzte sich darauf in der Kind-Vater-Beziehung fort.
Vom Vater wurde zu wenig Vertrauen erwartet und gefordert. Damit aber wurde Vertrauen vom Kind zu wenig
erprobt und als tragende Kraft erfahren. Verstand trat an die
Stelle von Vertrauen und Liebe. Wie will man später von
jungen Menschen erwarten, daß sie vertrauen und lieben können? Andererseits kann eine Gemeinschaft ohne Vertrauen
nicht zusammenleben. Bindet nicht letztlich die Liebe in allen
möglichen Formen jenseits aller Funktionszusammenhänge die

Gesellschaft zusammen? Ist Staat ohne Vertrauen auf diesen Staat möglich? Werden nicht Gesellschaft und Staat, die nicht getragen sind von Vertrauen und Liebe beim Einzelnen, aufhören, humane Sozialkörper zu sein, in denen der Mensch Mensch werden kann?

Ein wichtiger Schlüssel zur humanen Gesellschaft sind die Väter. Die Väter müssen eingestehen, daß sie weithin versagt haben. Hätte es jedoch ausgereicht, allein aus dem Vertrauen und der Liebe des Kindes Autorität abzuleiten? Sicher nicht. Autorität, der Vertrauen und Liebe entgegengebracht werden soll, muß vertrauenswürdig und liebenswert sein. Um Gehorsam auch auf das Wort hin, das die Kinder nicht begreifen, beanspruchen zu können, wäre es für die Väter nötig gewesen, zu Persönlichkeiten heranzureifen, die durch beständige Wandlung dabei sind, zu sich selbst zu finden. An dieser Stelle setzte es aber bei Vätern und Müttern aus. Sie versuchten in der Regel nicht, den Rollenkonflikt mit dem Ziel einer neuen Menschwerdung in einer neuen Zeit immer neu zu überwinden und, wo das nicht möglich ist, durchzustehen. Vielmehr wichen sie jenen Auseinandersetzungen meistens mittels oberflächlicher Anpassung und Rückzugs in die Funktionen des Produzierens und Konsumierens aus.

Man muß dieser Vatergeneration ferner den Vorwurf machen, daß sie häufig nicht den Mut besaß, Markierungen zu setzen, Grenzen zu ziehen, Maßstäbe und Leitbilder zu vermitteln. Die Väter waren zu wenig bereit, unpopuläre Entscheidungen zu treffen. Sie verloren ihre Linie, weil sie angepaßt und modern sein wollten. Dadurch fanden ihre Kinder ebenfalls keine Linie. Woran sollten sie sich halten? Was war vertrauenswürdig und beständig? Überwiegend zeichnen die Väter dafür verantwortlich, daß bei den Kindern zu wenig Halt, Orientierung, Haltung, Zielrichtung zustande kam. In der Mutter-Kind-Beziehung ging vieles an Lebensinhalt verloren und in der Vater-Kind-Beziehung vieles an Form, ohne die das Leben auseinanderfällt.

Eine wichtige Ursache für die Unterentwicklung von see-
lischem Leben ist schließlich die übersteigerte Emanzipation
des Kindes. In der patriarchalen Gesellschaft hatte auch das
Kind vorgegebene Rollen zu übernehmen. Auf eine völlig einseitige Weise mußte es sich der Gesellschaft anpassen und seine
Bedürfnisse denen der Umgebung einordnen. Heute erkennt
man zu Recht, daß bereits das Kind eine eigene Persönlichkeit
darstellt, die von den Eltern und der Umwelt in ihrer Individualität respektiert werden muß. Glücklicherweise ist in der
Zwischenzeit die Erkenntnis doch schon recht verbreitet, daß
Erziehung nicht das Kind in das Bild, das die Eltern von ihm
haben, verwandeln darf, sondern daß Erziehung dem Kind
zur Entfaltung seiner Eigenart und Eigenständigkeit verhelfen muß. Wieder schlug jedoch das Pendel in das andere
Extrem. Aus dem Wissen um die Individualität des Kindes
wurde unter der Hand Tolerierung eines kindlichen Individualismus. Dabei geht es nicht mehr um Hilfe zur Selbstverwirklichung des Kindes, sondern um Billigung der kindlichen
Neigung, nur das zu machen, was Spaß bringt. Weil mit
diesem kindlichen Luststreben oft ein Konflikt mit der Umwelt verbunden ist, paßt sich jetzt die Umgebung dem Kind
an. Die Devise lautet: »Nur keine Frustrierung des Kindes«.
Dabei geht man von der Vorstellung aus, daß Selbstfindung
des Kindes nur durch völlige Triebbefriedigung möglich sei.
Bei dieser erzieherischen Haltung werden drei entscheidende
Fehler gemacht: Zum einen wird das Kind unterfordert. Es
lernt zu wenig, Unlustspannungen aus unerfüllten Trieb-
wünschen durchzuhalten. Damit unterbleibt, wie schon erwähnt, ein entscheidender Impuls zur Ausbildung eines stabilen Ichs. Zum anderen: Wachstum braucht Wachstumsreize.
Ein ganz wesentlicher Wachstumsreiz ist jedoch die Forderung.
Ohne Forderung keine Entwicklung und ohne Forderung kein
Erfolgserlebnis. Zum letzten: Leben in der Gesellschaft macht
für den Einzelnen Einordnung und Unterordnung vieler Le-
benswünsche unumgänglich. Wer das nicht gelernt hat, wird

dissozial. Aber eben das lernen viele Kinder schon seit Jahren nicht mehr. Auch hier liegen wieder wichtige Gründe für das gestörte Verhältnis vieler Jugendlicher zur Gesellschaft.

Zusammenleben und Zusammenhalt der früheren Familie wurden weitgehend durch die traditionellen Ordnungen hergestellt und gewährleistet. Mit der Aufhebung jener Formen trat in der Familie an deren Stelle Leere ein. Aufgabe der Familie wäre es gewesen, diese Hohlräume durch echte personale Beziehungen der einzelnen Familienmitglieder untereinander zu erfüllen. Wie wir in diesem Kapitel gesehen haben, geschah das kaum. Um die Leere wenigstens notdürftig zu überbrücken, wurde Konsum eingesetzt. Was Eltern den Kindern an persönlicher Zuwendung nicht geben konnten, versuchten sie durch materielle Zufuhr auszugleichen. Essen trat an die Stelle von Liebe, Süßigkeiten ersetzten Zärtlichkeiten. Vor allem dienten immer neue Spielsachen als Ersatz der mangelnden Präsenz der Eltern. Da beim Spiel die Spielwaren den leeren Platz der Eltern ausfüllten, wurde der Wunsch des Kindes nach Zusammenleben mit den Eltern zurückgewiesen. Das Kind blieb mit sich und den toten Gegenständen allein. Weil der Umgang mit der Unmenge an fertigem Spielzeug Spielen des Kindes im eigentlichen Wortsinn unmöglich machte, wurde das Kind schließlich in die Verbraucherrolle gedrängt. In diesem Stil ging die unbemerkte Konsumentenerziehung fort. Bekleidungsstücke ersetzten seelische Bestätigung durch die Eltern. Mit dem Fahrrad beschäftigte man das Kind, damit es einen in Ruhe ließ, und so weiter.

Wenn die Kinder älter wurden, kam eine neue Form des Zusammenseins mit den Eltern zustande, die vor etwa fünfzehn Jahren von rührenden Menschen, die an die Personalisierung menschlichen Lebens und Zusammenlebens durch den Fortschritt der Technik glaubten, als Mittel, die Familie in neuer Form zusammenzubringen, gepriesen wurde: das Fernsehen. Kinder dürfen also mit den Eltern zusammen fernsehen.

Wirkliche Gemeinschaft stiftet jedoch die gemeinsame Teilnahme am Fernsehprogramm nicht. Die Beziehung der Familienmitglieder läuft über ein technisches Medium, sie wird
nicht direkt von Mensch zu Mensch hergestellt und vollzogen. Es zeigte sich im Gegenteil, daß der Fernsehkonsum,
der immer mehr Zeit der Familie schluckte, nicht zu zwischenmenschlichen Beziehungen führte, sondern vielmehr zu ihrem
Ersatz.

Weise Leute behaupten heute immer noch, der Mensch besitze
die Freiheit, mit den technischen Geräten umzugehen, wie es
ihm beliebe. Der Mensch sei der Herr der Technik und nicht
umgekehrt. Auch im Hinblick auf das Fernsehen sei das der
Fall. In Wahrheit verhält es sich anders. Formal hätte natürlich die Familie die Freiheit, den Fernseher abzuschalten und
mit einem Gespräch über das Geschehen auf dem Bildschirm
zu beginnen. Wenn das der Fall wäre, würde wirklich durch
Fernsehen neue Gemeinschaft der Familie angeregt. Faktisch
aber geht von dem Apparat eine ungemein starke Verlockung
aus. Das nächste Angebot von Ersatzleben wartet schon. Soll
man das nur um eines Gespräches willen versäumen? Vor
allem aber: Fernsehen macht einsam. Leben auf dem Bildschirm erlebt jeder auf seine Weise. Von Anfang bis Ende der
Sendung ist jeder allein damit beschäftigt, das Angebot zu
konsumieren. Danach soll nun jeder Einzelne aus seiner Erleb-
niswelt heraustreten und sich den anderen mitteilen? Zudem
macht diese Art des sprachlosen Konsums müde. Danach soll
man sich noch zu einem Gespräch aufschwingen?

Die Familie wird jedoch nicht nur mehr und mehr eine Gemeinschaft zum gemeinschaftlichen Fernsehverbrauch. Sie entwickelt sich überhaupt zu einem Konsumverband. Autos und
die dazugehörigen Straßenkilometer nebst Landschaft werden
verbraucht. Wieviel direkte Beziehung zwischen den Familien-
mitgliedern gibt es, während das Auto fährt? Wieviel wird
miteinander gesprochen? Meistens fährt doch jeder im gemeinsamen Auto vor sich hin. Die Familie verbraucht ferner Frei-

zeitartikel. Wieder findet eine gemeinsame Beschäftigung mit einem Gegenstand statt. Was gibt es darüber hinaus an direkter seelischer Beziehung? Es ist wohl nicht nötig, die Reihe der Beispiele fortzusetzen. Auch so wird die Aussage amerikanischer Soziologen verständlich, welche der Familie in einer voll entwickelten Konsumgesellschaft die alleinige Funktion des kollektiven Konsums zuweisen.

Erhält die Familie nur die Bedeutung einer Konsumgemeinschaft, so ist der Platz, der früher von Ordnungen und Rollen zwischen den Familienangehörigen eingenommen wurde, jetzt mit einer Vielzahl von Konsumfunktionen ausgefüllt. Geschieht dies – und vieles spricht für den Fortgang der Entwicklung –, so fragt man sich: Wo liegt der Sinn der Befreiung von der früheren Ordnungswelt? Besteht der Sinn der Freiheit auch hier nur im Konsum? Lohnt sich diese Freiheit? Genau diese Fragen werden heute bereits von Vertretern der Jugend gestellt. Und weil ihnen weder schlüssige Antwort gegeben noch ein praktischer Ausweg gewiesen wird, geraten viele in ein resigniertes Dahintreiben. Die Familie hat nur eine Chance, wenn sie mit innerem Recht weiterleben will: Die Freiheit aus dem Zerfall der traditionell-formalen Beziehungen muß mit personalen Beziehungen erfüllt werden. Die Familie vergangener Jahrhunderte konnte es sich leisten, da sie von festen Formen getragen war, mit einem bescheidenen Grundstock echter personaler Beziehungen auszukommen. Unsere emanzipierten Familien können sich das nicht gestatten. Entweder gelingt es uns, aus und in Freiheit personale Wirklichkeit werden zu lassen, oder die Freiheit hebt sich auf. Denn Freiheit nur zum Konsum führt letztlich, wenn alles andere verzehrt ist, zum Verzehr der Freiheit.

Unsere Jugend krankt an kranken Familien. Die Krankheit der Familie besteht nun nicht darin, daß sie alte Ordnungen verloren und bisher keine neuen Lebensformen gefunden hat. Dieser Umstand ist nicht krankhaft, sondern natürlich, denn Altes muß absterben, damit sich Neues einzustellen vermag.

Die Krankheit liegt allerdings darin, daß wir dabei sind, den Sinn der Freiheit zu verfehlen und es noch nicht einmal bemerken. Wir kranken daran, daß wir die Probleme der Familie mit Konsum verschleiern und damit illusionäres Wohlbefinden erzeugen. Die Frage ist: Werden unsere Familien noch gesunden können und wenn ja, wie? Oder haben wir den Punkt, hinter dem es keine Umkehr gibt, bereits hinter uns gelassen?

Die Konsumgesellschaft

Unsere Überlegungen haben sich auf den letzten Seiten immer mehr dem Problem der Konsumgesellschaft angenähert. Mit ihrer Problematik wollen wir uns nun genauer befassen. Durch das technische Mittel der Automation, den Zwang zum niedrigen Preis durch große Serien sowie das Gewinnstreben des Unternehmers werden seit geraumer Zeit auch in der Bundesrepublik Anlagen zur Massenproduktion erstellt. Sie erzeugen Unmengen von Gütern, die den ursprünglichen Bedarf des Marktes übersteigen. Um die Produktion dennoch absetzen zu können, werden zuerst einmal mittels Werbung die natürlichen Bedürfnisse erweitert. Man soll, um ein Beispiel zu geben, nicht nur einen Werktagsanzug und einen Sonntagsanzug besitzen, sondern mehrere Anzüge, damit man wechseln und abwechseln kann. Weil auch die erweiterten Bedürfnisse relativ rasch gestillt sind, müssen sogenannte künstliche Bedürfnisse geschaffen werden.

Hierbei spricht man den Verbraucher auf ein seelisches Bedürfnis an und suggeriert ihm, es würde durch Kauf und Konsum eines materiellen Erzeugnisses erfüllt. Die Werbung greift etwa das Grundverlangen des Menschen nach Geborgenheit, Wärme, Behaglichkeit auf. Eine Unsumme von Produkten verheißt Stillung dieser Sehnsucht. Ein flauschiger Teppich oder eine behagliche Polstermöbelgarnitur werden zum Beispiel offeriert, um Erfüllung zu erlangen. War die Zahl der natürlichen Bedürfnisse begrenzt, so ist die Anzahl der künstlichen, also der ursprünglich seelischen Bedürfnisse kaum zu begrenzen. Vor allem wird den seelischen Bedürfnissen, wie wir noch eingehender sehen werden, ja gar keine reale Befriedigung zuteil. Der Hunger kommt deshalb relativ schnell wieder, eine andere Ware kann verkauft werden. Der Markt für die Überflußproduktion kann daher nie gesättigt werden.

Was geschieht – in psychologischer Hinsicht – bei der Stillung künstlicher Bedürfnisse? Zunächst läuft ein Geschehen ab, das wir schon kurz kennengelernt haben, der Spannungsabfluß nämlich. Jedes Bedürfnis stellt – energetisch betrachtet – einen Spannungszustand dar. Bedürfnisstillung ist lustvoller Spannungsausgleich. Oder anders ausgedrückt, hierbei wird unlustvolle Spannung in spannungslose Lust umgesetzt. Menschliches Leben, als dynamischer Prozeß verstanden, ist zwar auf der einen Seite nur möglich durch lustvolle Bedürfniserfüllung. Totale Frustration würde das schnelle Ende der Lebensbewegung bedeuten. Auf der anderen Seite kann Leben jedoch nur geschehen, wenn viel Spannung vorhanden ist. Bewegung, Veränderung ohne vorausgehende Spannung ist undenkbar.

Die Konsumwerbung befiehlt nun dem Verbraucher, er solle sich möglichst viel Lust genehmigen, möglichst viele Bedürfnisse stillen und möglichst wenig Unlust auf sich nehmen. Für den ersten Zweck empfiehlt sie alle möglichen Konsumartikel. Und für den letzten Zweck weiß sie mit dem gleichen Rezept aufzuwarten. Trost durch Konsum heißt die Parole. Wir bemerken gar nicht mehr, wie sehr wir dieser Devise folgen. Bei kleinem Unbehagen, wie es laufend vorkommt, der Griff zur Zigarette. Ärger spült ein Schluck Alkohol hinunter. Bei kleineren Tiefs entschädigt der Gang ins Café. Ist mehr Trost nötig, so sind ein Paar Schuhe oder ein neues Kleid fällig. Ist das Elend groß, so hilft man sich mit einem Schmuckstück, einem Pelzmantel oder einem Auto.

Unlust, Schmerz, Leid sind ebenso wie ungestillte Bedürfnisse

Spannungszustände. Sie werden aufgehoben durch Konsum.
Damit kann diese Spannung jedoch keine Veränderung her-
vorbringen. Weder vermag die ungelöste Triebspannung als
Motor des seelischen Fortschritts zu dienen, noch das Leid, um
Reife hervorzubringen. Die Konsequenz eines der Überproduktion nachfolgenden Dauerkonsums ist folglich Entwick-
lungsstillstand beim jungen Menschen und Entwicklungsrück-
bildung bei älteren Menschen. Fixierung der Infantilität auf
der einen Seite, Regression zur Infantilität auf der anderen
Seite. Statt Verwirklichung seelischer Möglichkeiten tritt
innerseelische und zwischenmenschliche Leere ein. Von diesem
Geschehen sind Individuum und Gesellschaft in gleicher Weise
betroffen. Der einzelne Mensch läuft leer und die gesellschaftliche Entwicklung bleibt wegen Mangel von Spannungspoten-
tialen stehen.

Die zweite Wirkung der Stillung künstlicher Bedürfnisse
durch Konsum ist die hierdurch erfolgende Dressur zum un-
bedingten Streben nach Lustgewinn und zum Vermeiden von
Unlust. Der Konsument gewöhnt sich an ein Leben lustvoller
Entspannung. Umgekehrt wird er auf diese Weise der Unlust
entwöhnt. Er büßt die Fähigkeit ein, auf naheliegende Lust
zu verzichten. Reifung ist aber auf kurzfristigem Befriedi-
gungsverzicht um des langfristig vergrößerten Lustgewinnes
willen aufgebaut. Zugleich verliert der Konsumbürger die
Fähigkeit, längere Unlustspannungen auszuhalten. Der so
geprägte junge Mensch wird folglich versuchen, mit einem
Minimum an unlustvollem Aufwand zu einem Maximum an
lustvollen Ergebnissen zu gelangen. Dem durch die Bedingungen des Produzentenzeitalters geformten Menschen erscheint
diese Relation oftmals als bizarres Mißverhältnis. Für den
jungen Konsumbürger handelt es sich um eine adäquate
Relation.

Dieser Konsument ist also weder bereit noch in der Lage, sich
lange Zeit Belastungen auszusetzen, die keine Lust erzeugen.
Seine Belastungsfähigkeit, seine Widerstandskraft, sein Durch-

haltevermögen ist oft erschreckend gering. Der junge Konsumbürger besitzt nur einen kurzen Atem. Alles muß schnell
gehen. Geduld, Abwartenkönnen sind Tugenden, die im Kon-
sumklima nicht zu wachsen vermögen. Die geringe Fähigkeit,
mit Spannungen zu leben, bringt natürlich in jeder Hinsicht
Gefahren mit sich. Man ist zum Beispiel nicht imstande, mit
langfristigen Bedrohungen zu leben – sofern man sich wirklich
durch sie bedroht fühlt. Man wird, um den seelischen Druck
loszuwerden, versuchen, sie abzuwenden und auch dabei nicht
die Kraft zu einem langen Verfahren aufbringen. Es ist
sicher – von den objektiven politischen Verhältnissen abgesehen – kein Zufall, daß beispielsweise Entspannungspolitik
derzeit im Westen auf so fruchtbaren Boden fällt. Mancher,
der für den Frieden ist, will nur seine Ruhe haben, um unge-
stört dem Konsum nachgehen zu können. Für Frieden, der wie
im hebräischen Wort Schalom als gedeihliches Wachstum verstanden wird, fehlt ihm die Kraft.
Ich erwähnte bereits, daß seelische Wünsche nur scheinbar
mittels materieller Produkte erfüllt werden. Die Konsum-
erfüllung stellt folglich Scheinerfüllung dar. Die besagten
Polstermöbel erwecken nur die Illusion der Geborgenheit.
Immerhin für kurze Zeit tut die Scheinrealität des Konsum-
gutes ihren Dienst. Danach wird sie durch die seelische
Pseudowirklichkeit der nächsten Konsumware abgelöst. Auf
diese Weise schreitet der Konsument von Scheinerfüllung zu
Scheinerfüllung, von Pseudowirklichkeit zu Pseudowirklichkeit. Hierbei gewöhnt er sich daran, in Scheinrealitäten zu
leben. Pseudowirklichkeiten werden ihm nicht gefährlich. Sie
kommen ihm nicht zu nahe. Sie betreffen ihn nicht, sie verändern ihn nicht.
Irgendwo in der Tiefe seines Unbewußten will der Mensch
nämlich genau das, was die Konsumwelt gibt: das Gefühl
von Erfüllung, ohne daß er dabei anders werden muß. Auf
der einen Seite will der Mensch neu werden, auf der anderen
Seite hat er Angst vor seiner Wandlung. Deshalb kommt ihm

ein angenehmes Leben im Schein, bei dem alles so bleibt, wie es ist, entgegen. Erneut erhalten wir damit eine Erklärung, warum es an Realitätsnähe in unserer Jugend mangelt. Sie wurde ja schließlich unter den Bedingungen des Konsumzeitalters groß. Scheinrealitäten, Ersatzrealitäten sind austauschbar. Der an die Scheinerfüllung durch Konsum gewöhnte Mensch wendet sich zum Beispiel abgestumpft und angeekelt den anderen Schein- und Ersatzrealitäten von Droge oder Ideologie zu. Wer könnte ihm daraus einen Vorwurf machen. Denn die Erwachsenen waren es ja, welche die Konsumwelt aufbauten.

Selbstverständlich gewöhnt sich auch der Erwachsene daran, in Pseudorealitäten zu leben. Man mache sich auch hier klar, welche politischen Gefahren mit dieser Erziehung zum Leben in der Illusion verbunden sind. Mündiges politisches Denken, Urteilen, Handeln ist nur möglich, wenn man in den Realitäten der Welt fest verwurzelt ist. Konsumdressur wirkt also genau der Erziehung zum mündigen Staatsbürger, der in der Lage ist, Demokratie zu vollziehen, entgegen. – Besonders gefährlich wird die Gewöhnung an Leben in Scheinrealitäten, weil der Mensch durch jene Illusionen nicht betroffen, gefordert, zur Veränderung gebracht wird. Je länger, je mehr schwinden damit die Kräfte zur Begegnung und Auseinandersetzung mit eigentlichen seelischen Wirklichkeiten. Auch hier kommt es zur Rückbildung des nicht Benötigten. Es fragt sich, wie lange seelische Potenzen, die nicht abgerufen wurden, brachliegen können. Einmal ist der Punkt erreicht, an dem die Regenerationskraft des Seelischen erloschen ist. Selbst wenn der Mensch dann noch eigentliches Leben will, ist er dazu nicht mehr fähig. Er muß nun bis an sein Lebensende konsumieren. Schon jetzt ist einiges von dieser Entwicklung zu spüren. Zuerst verhinderte der permanente Konsum mittels Spannungsentzug und Gewöhnung an Scheinrealitäten die Entwicklung innerseelischer und zwischenmenschlicher Realitäten. Damit entstand Leere, die eben durch die gleichen Kon-

sumgüter kompensiert wird. Jede Kompensation aber macht,
da sie nur die scheinbare Bewältigung eines Problems dar-
stellt, die Schwierigkeit nicht kleiner, sondern größer. Der
Mensch wird damit von dem Füllsel des Konsums – oder
anderer genauso wirkender Ersatzstoffe (wie zum Beispiel die
Ideologie) – abhängig. Auch beim Konsum verstärkt die Wirkung die Ursache.
Noch ein letztes Wort gilt es hinsichtlich der Prägung durch
Konsum zu sagen. Je mehr sich Konsum im Leben ausbreitet,
um so mehr springt die Konsumhaltung auch auf andere
Lebensbereiche über, in denen Konsum keinen Platz hat. Diese
Generalisierung der Konsumenteneinstellung ist in zweifacher
Hinsicht wichtig: zum einen wird die Haltung des Konsumierens auf seelische Bezüge übertragen, denen ihrem Wesen
entsprechend der Konsumvorgang völlig fremd ist. Zum anderen werden alle möglichen Gegenstände, die eigentlich keine
Konsumware darstellen, zu Konsumgütern umgeformt. Von
dieser Generalisierung ist zum Beispiel die Liebe zwischen
den Geschlechtern in der Konsumgesellschaft betroffen. Ihrem
Wesen nach hat Liebe mit Konsum nichts zu tun. Im Konsum
hat man – wie erwähnt – Empfindungen, ohne von einem
personalen Geschehen berührt, bewegt und verändert zu werden. Liebe dagegen ist ein existentieller Akt. Hier öffnet sich
einer dem andern, läßt sich von ihm betreffen und in einen
Prozeß der Wandlung ziehen. Dem aber wirken die Einflüsse
der Konsumgesellschaft entgegen. Die Folge ist: Die »Partner«
kommen zusammen und erzeugen eine Empfindung, die jedem
der beiden Lust, aber keine Betroffenheit einbringt. Liebe
wird bestimmt durch personale Beziehungen und Bindung von
Person zu Person. Konsumliebe ist betont beziehungs- und
bindungslos. Aus dem Liebespartner wird Konsumware. Damit kommen wir zur Frage der Umfunktionierung von Menschen zu Konsumartikeln. Schon die Sprache zeigt den Konsumvorgang an: Der andere wird vernascht – wie eine Pra-
line. Man hat einen großen Männer- oder Frauenverschleiß –

genauso wie man einen Verschleiß von Bekleidungsstük-
ken hat.

Die Generalisierung der Konsumentenhaltung trägt auf ihre
Weise noch einmal dazu bei, daß es im Konsumenten seelisch
leer und zwischen ihm und dem anderen einsam wird. Kon-
sumgenuß läßt eben seelisch kalt, gibt keine seelische Erfüllung, schafft keine neuen seelischen Wirklichkeiten, sondern
behindert sie im Gegenteil. Umgang mit Menschen als Konsumartikel ergibt gerade keine Gemeinschaft von Mensch zu
Mensch, sondern erzeugt Entfernung und Isolation. Leere und
Einsamkeit waren die Hauptmotive in der Entstehung der
analysierten Störungen und Grundelemente der Befindlichkeit
unserer Jugend. Eine weitere wichtige Ursache für dieses Übel
haben wir damit in der Konsumgesellschaft gefunden. Der
Einzelne krankt an der Gesellschaft. In diesem Falle erweist
sich die Konsumgesellschaft als kranke Gesellschaft. Mit alledem behaupte ich nicht, daß Konsum im Prinzip krankhaft
wäre. Konsum ist erfreulich und begrüßenswert, sofern er
überwiegend – eine klare Trennung von natürlichen und
künstlichen Bedürfnissen ist ohnedies nicht möglich – der Erfüllung von natürlichen Bedürfnissen dient. Unnatürlich, un-
normal, krankhaft wird er dagegen, sofern er an die Stelle
seelischer Wirklichkeiten materielle Wirklichkeiten setzt. Indem auf diese Weise dem Menschen Stück um Stück seine
Seele weggenommen wird, macht ihn die Konsumgesellschaft
krank.

Man erwidere nicht, bei den bescheidenen Einkünften, die der
Durchschnittsbürger in der Bundesrepublik habe, sei Konsumgesellschaft noch gar nicht möglich. Beim Konsum, der künstliche Bedürfnisse »stillt«, kann man zwar viel Geld aufwen-
den, aber auch mit wenig Geld schon viel erreichen. In wieviel
Familien steht zum Beispiel nicht das Gerät, welches zwar
sehr schöne Möglichkeiten jenseits der Befriedigung künstlicher Bedürfnisse bietet, das aber überwiegend zu Konsumzwecken – im üblichen Wortverständnis – benutzt wird: der

Fernseher? Wieviel Geld kostet eine Zigarette, wieviel eine
Flasche Bier? Wieviele Haushalte haben noch kein Auto?
Woher kommt die Konsumgesellschaft? Nur von den bösen
Kapitalisten? Die so oft erteilte Antwort ist einseitig. An wen
sollten denn die bösen Kapitalisten verkaufen, wenn nicht alle
bereit wären, den süßen Verlockungen der Werbung zu folgen? Wer erhält den Konsum aufrecht: diejenigen, welche an
der Produktion von Konsumgütern Geld verdienen, oder diejenigen, welche die große Konsumverweigerung scheuen, weil
sie unbequem ist und einen um die Konformität bringt? Beide
Teile sind es. Damit sei auch den jungen Konsumkritikern
gesagt, daß ihr Tadel ohne Solidarität der Schuldigen phari-
säerhaft ist. Machen sie es sich selbst nicht auch oft genug zu
leicht, indem sie immer wieder den bequemen Weg des Konsums wählen? Wieviele verzichten denn bewußt auf eine
Flasche Cola oder eine Flasche Bier, um sich daran zu gewöhnen, daß nicht sofort jedes kleine Bedürfnis gestillt und
jede kleine Unlust besänftigt werden muß? Wieviele ver-
kneifen sich eine Zigarette, wenn sie nervös sind, sich unsicher
fühlen oder aus sonst einem Grunde den Impuls haben, »eine
zu rauchen«? Wer verzichtet darauf, um sich nicht an Konsum
zu gewöhnen, sich ständig mit Radiomusik vollaufen zu lassen?
Wer selbst an der Ausbreitung des Konsums mitwirkt, darf
nicht so tun, als seien nur die anderen schuld. Selbstverständlich hat die Konsumgesellschaft ihre eigenen Gesetze. Selbstredend weist sie Tendenzen und Zwänge auf, welche die Freiheit des Bürgers, nicht zu konsumieren, beengen. Natürlich
ist Konsumgesellschaft Ausdruck einer bestimmten politischen
Ordnung. Und zugleich ist das andere richtig: Wir alle sind
Konsumgesellschaft. Wir alle werden durch sie krank und wir
alle tragen dazu bei, daß sie krank macht. Ob es Möglichkeiten gibt, aus diesem Teufelskreis herauszukommen, werden
wir im letzten Teil dieses Buches untersuchen.

Verbildung durch unser Bildungssystem

Von einer letzten Ursache der Entfremdung junger Menschen unserer Zeit sei nun die Rede, es handelt sich um unser Bildungssystem. Ich stelle die Behauptung auf, daß es den Menschen mehr verbildet als bildet. Unter Bildung verstehe ich dabei Hilfe zur Selbstverwirklichung. Aufgrund eines falschen Ansatzes, der auf die von ihr vorausgesetzte, wenn auch nicht bewußt durchreflektierte Anthropologie zurückgeht, trägt sie dazu bei, daß junge Menschen sich selbst verfehlen. Die Anthropologie, die bei uns in Pädagogik umgesetzt wird, ist die des Rationalismus. Man wird einwenden, daß unserem Bildungswesen in der pluralistischen Gesellschaft gar keine Anthropologie zugrunde liege. Weil Pädagogik zielgerichtete Bemühung um den Menschen darstellt, kann sie nicht umhin, Elementarstrukturen einer Anthropologie zu implizieren, auch wenn sie in der Formulierung von Bildungszielen, welche die Anthropologie explizieren würden, zurückhaltend ist. Bei alledem, was früher über den Zeitgeist des Rationalismus ausgeführt wurde, ist es nur folgerichtig, daß diese geistige Strömung auch in unserer Konzeption von Bildung ihren Niederschlag fand.
Betrachtet man die Wirklichkeit von Schule und Hochschule, so kommt man zu dem Ergebnis: Weitaus das meiste, was hier geschieht, ist Übermittlung von Information. Sehr oft handelt

es sich dabei um Detailwissen. In bescheidenem Umfang wird versucht, intellektuelle Funktionen, wie methodisches Denken, Urteilen und ähnliches, zu schulen. Die Ausbildung in Methoden tritt jedoch ganz hinter der Anreicherung mit Wissen zurück. Entfaltung der unbewußten Schichten des jungen Menschen mittels musischer Erziehung und Werken geschieht kaum. Leibeserziehung erfolgt im allgemeinen ein- bis zweimal in der Woche an der Schule, auf der Universität für die Allgemeinheit der Studenten überhaupt nicht. Dieser faktischen Bildung steht jedoch eine ganz andere Realität des Menschen gegenüber. Der Mensch ist überwiegend – man erinnere sich an Freuds Eisbergvergleich – ein unbewußtes Wesen. Sein Bewußtsein macht nur den kleinsten Teil der Gesamtpsyche aus. Genauso wie der Mensch ein seelisches Wesen ist, stellt er ein Körperwesen dar. Aus dieser Gegenüberstellung geht hervor, daß die von uns betriebene Bildung in keiner Weise der Wirklichkeit des Menschen gerecht wird. Gebildet wird im wesentlichen nur ein kleiner Ausschnitt des Menschen, alles andere wird vernachlässigt.

Was ist der Grund, was sind die Folgen? Man kann seit der Erfindung der Buchdruckerkunst durch Johannes Gutenberg – und das ist schon lange her – als Ursache der Informationsbefrachtung des jungen Menschen nicht mehr angeben, es gäbe keine anderen Datenträger. Zur Erklärung dieses sonst weder technisch noch historisch verstehbaren Phänomens läßt sich wohl nur auf unseren Glauben an das Wissen verweisen. Wir meinen, wenn wir einen Begriff von einer Wirklichkeit und ein Wort dafür besäßen, so hätten wir seine Wahrheit erfaßt und könnten damit umgehen. Mit den Informationen sollen offenbar die Ideen als das wahre Sein erschlossen werden. Wir glauben, Wissen sei Macht, und wer viel weiß, sei gebildet. Auch der andere Glaube dürfte eine Rolle spielen: Vollständige Information führe zu richtigem Verhalten. Wenn rationale Fähigkeiten geschult und emotionale Möglichkeiten kaum erschlossen werden, muß man daraus folgern, daß das Emotionale für unser Bildungswesen offenbar von weit geringerer Bedeutung ist als das Rationale. Wieder stoßen wir auf das Mißverständnis des Rationalismus.

Mit dieser Kritik will ich in keiner Weise zum Ausdruck bringen, daß ich gegen Entwicklung rationaler Potenzen Einwände hätte. Im Gegenteil, sie kommt viel zu kurz. Einübung in Methoden bei Schwerpunktinformation wäre nötig – verbunden jedoch mit einer angemessenen Bildung des Unbewußten und des Somatischen. Das freilich geschieht nicht. Das Gegenteil ist der Fall. Infolge der einseitigen Anregung des Bewußtseins kommt es in diesem Bereich zu einseitigem Wachstum. Die ungenügende Anreizung der emotionalen Schichten bewirkt demgegenüber eine unzureichende Entfaltung jener Möglichkeiten. Auf diese Weise wird die angelegte Harmonie zwischen den menschlichen Seinsschichten gestört; das Ergebnis ist Neurotisierung. Wenn ich von einseitigem Wachstum des Bewußtseins spreche, meine ich damit nicht eine hervorragende Entwicklung der Intelligenz – das ist auf jenem Wege in der Regel nicht möglich –, sondern eine überhohe Form von Bewußtheit. Als Produkt unserer Bildung erzeugen wir häufig Menschen, denen es schwerfällt, abzuschalten, also einmal nicht auf intellektuelle Weise zu leben und zu reflektieren. Sie sind nicht mehr und noch nicht wieder imstande, unbewußt zu existieren, wo Unbewußtes hingehört. Alles muß über den Kopf laufen. Andere seelische Fähigkeiten – wie zum Beispiel das Gefühl – werden dabei an die Wand gedrückt. Jene Intellektuellen und Pseudointellektuellen sind oft nicht mehr in der Lage, unmittelbar zu erleben, zu empfinden und sich zu äußern. Weil wir fast ausschließlich intellektuelle Bildung vermitteln, fördern wir das Mißverständnis, das ohnedies in der Luft liegt, der Mensch sei ein nur-rationales Wesen. Das unterstützt die Neigung des jungen Menschen unserer Zeit, sich ausschließlich mit seinem Bewußtsein zu identifizieren. Durch die einseitige intellektuelle Bildung wird der junge Mensch dazu verleitet, in seinem Bewußtsein aufzugehen.

Die Gleichsetzung von Menschsein und Bewußtsein zieht
zwangsläufig einen Verlust an Übereinstimmung mit dem Unbewußten und an Identifikation mit der leiblichen Seite des
Menschen nach sich. Man *hat* nunmehr einen Körper, den man
als Werkzeug benutzt. Dagegen kann man nicht nachvoll-
ziehen, daß man ein Leib *ist*; man ist unfähig, als Leib zu
leben. Das Unbewußte fungiert für den so geprägten Menschen weit mehr als die Ablagestätte von Erinnerungen und
als Schuttabladeplatz von Unbewältigtem. In Wirklichkeit
stellt das Unbewußte demgegenüber – auf diesen Tatbestand
hat C. G. Jung mit seinen Arbeiten über das kollektive Unbewußte immer wieder hingewiesen – viel stärker Keimschicht
des Lebens, Kraftreservoir und Sitz der Archetypen dar. Die
Abspaltung vom Unbewußten erzeugt einen verstärkten
Drang dieser Wirklichkeiten, als Störfaktoren dennoch ins
Bewußtsein einzudringen. Um so mehr muß sich jetzt das
Bewußtsein seinem unbewußten Untergrund gegenüber ab-
kapseln und sich von ihm distanzieren.
Damit geht dem Menschen Entscheidendes verloren. Weil das
Unbewußte die Wachstumsschicht darstellt, aus der Selbstwerdung – Individuation, wie Jung das nennt –, Reifung,
Wandlung gespeist wird, ist Verkümmerung oder gar Abbruch
der seelischen Entwicklung die Folge. Von einem Zuwachs
an bewußten Erfahrungen und Verhaltensweisen abgesehen
kommt es also nicht, beziehungsweise kaum mehr zur Bildung
neuer seelischer Wirklichkeiten im Menschen. Auch auf diese
Weise entsteht das innere Nichts, dem wir jetzt schon so oft
begegnet sind. Aus dem Unbewußten strömt jedoch nicht nur
Leben und Lebensgefühl, es versorgt den Menschen mit Kraft.
Wir sprachen schon mehrfach von der Kraftlosigkeit unter der
Jugend und gaben einige Erklärungen dafür an. Ein weiterer
Grund ist die intellektuelle Absperrung von dem kraftspen-
denden Untergrund. Sehr viele junge Menschen unserer Zeit
leiden unter der Unfähigkeit, fühlen zu können. Wie sollten
ihnen auch Gefühle möglich sein, wenn sie nur intellektuell

wahrnehmen, blasse Gedanken hin- und herwälzen, wenn sie sich also von ihrem affektiven Grundstock abgelöst haben? Öfters war die Rede von mangelnder Naturhaftigkeit junger Mütter im allgemeinen und ihrer Instinktlosigkeit im besonderen. Im Unbewußten gibt es mehr an Instinkt und Intuition, als mancher Biologe glaubt. Wenn dem modernen Menschen seine Tiefendimension abhanden kommt, geht ihm auch seine vorrationale Orientierung verloren. Damit sind jedoch nicht nur Instinkt und Intuition gemeint. Mit seinem Begriff der »Archetypen« beschreibt Jung Einstellungen, Orientierungen, Führungshilfen, die sich in der Auseinandersetzung mit immer wiederkehrenden Situationen auf dem Wege der Geschichte des Menschengeschlechtes gebildet haben. Die Archetypen stellen Verdichtungen von Problemlösungen, von hilfreichen Erfahrungen dar, durch die Menschen in die Lage versetzt wurden, in jenen Situationen, die es immer wieder zu bestehen galt – alles Typische wiederholt sich – einen für sie und ihre Umwelt guten Weg zu finden. Im Verlust der Archetypen liegt sicher ein Grund für die heutige Orientierungslosigkeit, Unsicherheit und Hilflosigkeit. Energetisch betrachtet haben wir es mit einem gefährlichen Gefälle zwischen Bewußtsein und Unbewußtem zu tun. Einem von Kraft, Impuls, Initiative, Schwung, Stimmung, Empfindung, Gefühl, Phantasie, Selbstbewußtsein entleerten Bewußtsein (die Stimmung der Leere) steht ein angestautes Unbewußtes gegenüber. Hier drängen sich alle Energien, Regungen, Potenzen, Affekte, die nicht auf dem Wege über das Bewußtsein erlebt, ausgedrückt und in Taten umgesetzt werden. Der Affektstau im Unbewußten hat mehrere Gründe: Den ersten haben wir bereits kennengelernt, die Abkapselung des Bewußtseins nämlich, die eine Aussperrung des Unbewußten nach sich zog. Der nächste: Unbewußte Inhalte verlieren ihre Energie, indem sie ihren Ausdruck finden. Als Ausdruck dienen Erleben, Tat, Sprache und eine Fülle anderer Äußerungsmittel wie Lachen, Weinen, Mimik, Gestik, Spielen, musische Gestaltung und so weiter.

Seit Jahrzehnten läßt jedoch das Ausdrucksvermögen des
Menschen nach. Eine Ursache der letzten Zeit ist das rational-
technische Denken. An der gleichen Stelle greift noch einmal
unser Bildungssystem ein. Es schlägt in dieselbe Kerbe. Durch
seine Prägungen wird die Fähigkeit zum Ausdruck des Unbewußten zusätzlich verringert. Auf folgende Weise geschieht
das: Echter Ausdruck ist spontan, unmittelbar. Durch die Verabsolutierung des Kopfes geht die Unmittelbarkeit verloren.
Der Verstand als Kontroll-, Filter-, Ordnungs- und Steue-
rungsorgan wird dazwischengeschaltet. Jetzt gibt es weder
einen unmittelbaren Eindruck (siehe die Empfindungsleere
der Drogenabhängigen) noch einen unmittelbaren Ausdruck.
Selbst Äußerungen aus dem Intimbereich des Menschen haben
oft mehr die Funktion einer Information über eine Sachlage,
als daß sie unmittelbare Äußerung einer Emotion darstellen
würden. Was bietet die Schule diesem Notzustand gegenüber
als Hilfe zum affektiven Ausdruck? Fast nichts.
Ein weiterer Grund für den Stau im Unbewußten ist der
Rückstau aus dem Körperlichen. Was tagaus tagein an unseren
Schulen getrieben wird, entspricht in keiner Weise dem natürlichen Bedürfnis und den natürlichen Gegebenheiten des jungen Menschen. Aufgrund seiner motorischen Anlagen müßte
er sich oft und intensiv bewegen. Was darf er in der Schule?
Einen halben Tag stillsitzen. Er möchte seine Affekte zum
Teil mit lauter Stimme herausbringen. Was muß er? Ruhig
sein und nur reden, wenn er gefragt wird. Er möchte mit
seinen Händen etwas anfangen, etwas gestalten. Was darf er?
Seine Hände ruhig halten und nur zum Führen des Feder-
halters benutzen. Und so geht das mindestens neun Jahre, in
vielen Fällen dagegen mehr als neunzehn Jahre.
Was wird aus den ganzen Energien? Sie lösen sich nicht in
nichts auf. Sie stauen sich aus dem Körper in das Unbewußte
zurück. Da sie auch hier keinen Ausdruck auf dem Wege über
bewußtes Leben finden, drängen sie zum Teil wieder in den
Körper hinein. Dieses Geschehen verschärft sich aus einem

weiteren Grunde. Die in der Tiefe der menschlichen Psyche enthaltenen Aggressionen lassen sich zum erheblichen Teil durch Muskelbetätigung ableiten. Diese Muskelbewegung findet jedoch nicht statt. Auch in unserem Bildungssystem, das einen großen Teil der Zeit des jungen Menschen mit Beschlag belegt, hat sie keinen Platz. Weil sich Aggressionen in einer Gesellschaft, die so eng aufeinander lebt und so sehr auf Kooperation angewiesen ist, nicht in ihrem rohen Urzustand äußern dürfen, werden sie einfach zurückgedrängt.

Der Affektstau wird somit ergänzt durch einen Aggressionsstau. Was passiert mit den Energien, denen kein erlaubter Ausdruck zur Verfügung steht? Sie suchen sich andere Wege der Äußerung. Ein großer Teil der sogenannten Disziplinschwierigkeiten, die dem Lehrer das Leben schwermachen, geht auf jenen Stau zurück. Vor allem aber erzeugt der Stau anstelle des natürlichen Ausdrucks den krankhaften Ausdruck in Gestalt neurotischer Symptome. Daß junge Leute in ihrer Konzentration gestört sind, wenn sie unter einem solchen Druck stehen, liegt auf der Hand. Konzentrationsstörungen sind aber nur das erste Glied in einer langen Kette von Folgeproblemen. Weitere Folgen des Staus sind verschiedenartige innerpsychische und zwischenmenschliche Störungen und in zunehmendem Umfang Störungen des vegetativen Nervensystems. Vegetative Störungen sind jedoch Schrittmacher psychosomatischer Erkrankungen. Deren Äußerungen werden in der psychosomatischen Medizin unter anderem als Organsprache verstanden, zu der der Organismus Zuflucht nimmt, wenn ihm die ursprünglichen Äußerungswege versperrt sind.

Der Affekt- und Aggressionsstau kann sich individuell äußern, er vermag aber auch kollektiv durchzubrechen. Der sich ausbreitende Vandalismus unter Jugendlichen – meistens in Gruppen begangen – ist eine solche Form. Daß in den Gymnasien vandalistische Ausbrüche häufiger auftreten als an Grundschulen, dürfte nach dem, was bislang über Bildung gesagt wurde, verständlich sein. In ideologischen Gruppen gelangt der Stau ideologisch motiviert zum Ausbruch. Dennoch muß gesagt werden: Was wir bislang von jenem Stau des Unbewußten erfahren haben, ist nur ein Hauch im Unterschied zu dem Sturm, der losbrechen würde, wenn die vollen Energien des unterdrückten Unbewußten entbunden würden. Die Bedingungen, unter denen das möglich ist, kennen wir aus der Geschichte. Die Macht der Energien, die heute im Unbewußten zusammengepreßt sind, dürfte noch größer sein als etwa die Gewalt freigesetzter unbewußter Energien im Dritten Reich. Der Grund liegt unter anderem – neben einer Reihe weiterer Bedingungen – in einer nicht menschgemäßen und darum Menschwerdung erschwerenden Bildung.

Unser Bildungswesen trägt jedoch nicht nur zu den innerseelischen Schwierigkeiten junger Menschen bei, es verstärkt auch deren zwischenmenschliche Probleme. Mehrere Faktoren wirken wieder zusammen. Unter dem Einfluß des rationalistischen Zeitgeistes und der von dem gleichen Zeitgeist geprägten Hochschullehrer, deren Vorbild ihn formte, ist der Lehrer in seinem Unterricht weit stärker stoff- als menschbezogen. Letztlich liegt dem zugrunde der Glaube an die Macht und Wahrheit des Wissensstoffes. Man glaubt – wie gesagt –, wenn man dem jungen Menschen die richtigen Informationen beibringt, so würden diese im Menschen ihr übriges tun. Man glaubt, Mitteilung rationaler Wahrheit durch Lehre würde erleuchten, verwandeln, kräftigen. Der Lehrer muß sich also in erster Linie um den Stoff bemühen. Der Lehrer fungiert als Vermittler des Stoffes, der Schüler wird zum Abnehmer des Stoffes gemacht. Die Bildungskonzeption, die hinter diesem Verfahren steht, ist eindeutig. Nicht die Begegnung mit der Person des Lehrers bildet den Schüler, sondern die Begegnung mit dem Stoff. Diese rationalistisch-idealistische Vorstellung hat in Deutschland eine lange Geschichte. Im letzten Sinne knüpft sie an an uralte religiöse Traditionen der Wandlung des Menschen durch Erleuchtung mit dem Licht der Mystiker auf der einen Seite und dem rationalen Licht der

Gnosis auf der anderen Seite. Schließlich mündet sie ein in das Weltverständnis der Magie. Auf den letzten Kern reduziert lautet somit die Frage: Was bildet in der Bildung, Wortund Wissensmagie oder Begegnung von Person zu Person?

In unserem Bildungssystem besteht zwischen Lehrer und Schüler – modern gesprochen – das Verhältnis eines Informationssenders zu einem Informationenempfänger. Auf die Person des Informationssenders kommt es gar nicht an. Sein Lehren des Stoffes hat nichts mit seiner Existenz zu tun. Wissensvermittlung und personale Existenz sind voneinander getrennt. Ungeachtet der Person des Lehrers wirkt die Belehrung wie im katholischen Meßsakrament aus sich selbst unter Umgehung der Person, um es mit dem Fachausdruck zu sagen, »ex opere operato«. Erneut stoßen wir damit auf ein im Letzten magisches Bildungsverständnis. Jene Einstellung des Lehrers erzeugt natürlich seelisch einen entsprechenden Abdruck im Schüler. Auch bei ihm kommt es daher nicht zu einer Verbindung von Kopfwissen und Existenz. Erneut wird damit seine personale Entwicklung, die ja auf Integration, auf Eins- und Ganzwerdung abzielt, gestört.

Diese Einstellung des Lehrers zum Schüler kann nicht als pädagogische Haltung bezeichnet werden. Es handelt sich bei ihr um die Einstellung des Wissenschaftlers. Der Wissenschaftler bemüht sich um Distanz gegenüber seinem Erkenntnis- und Lehrgegenstand. Er objektiviert sein Gegenüber und analysiert es. In der gleichen Weise legt der Lehrer Distanz zwischen sich und dem Schüler. Damit macht er ihn ebenfalls zum Objekt. Selbstverständlich benötigt der Lehrer Abstand zum Schüler. Es muß sich hierbei jedoch um den Abstand einer Ich-Du-Beziehung handeln. Für die meisten Lehrer unserer gegenwärtigen Bildungspraxis stellt der Schüler demgegenüber jedoch ein Lehrobjekt dar, dem er seinen Wissensstoff beizubringen hat. Durch all dies wird der Schüler in eine passive, rezeptive Rolle gedrängt. Seine Aufgabe ist es, zu hören und aufzunehmen. Ihm wird kaum Gelegenheit zuteil, sich mitzuteilen, aktiv zu werden, die Initiative zu ergreifen, den Unterricht mitzugestalten. Durch diese Struktur unseres Schulbetriebs wird erneut die Prägung des Menschen in der Konsumgesellschaft verstärkt. Dem Konsumenten fällt, wie erwähnt, die Rolle zu, passiv und rezeptiv zu verbrauchen. Dabei gehen ihm Aktivität, Engagiertheit, Initiative, Kreativität verloren. In der Schule passiert noch einmal das gleiche. Auf diese Weise trägt die Schule dazu bei, daß der Typ von Mensch entsteht, den David Riesman als Informationssammler und Informationskonsument beschrieben hat. Beim Informationskonsumenten kommt es nicht zum Existenzbezug. Wandlung durch Information – falls es so etwas überhaupt gibt – wird hierdurch gerade vermieden.

Das Subjekt-Objekt-Verhältnis zwischen Lehrer und Schüler macht den jungen Menschen einsam. Aufgrund von anderen bereits beschriebenen Einflüssen, die unter anderem auch aus unserem Bildungssystem herrühren, fällt es ihm ohnedies schon schwer, in soziale Kommunikation zu treten. Er ist, wie wir feststellten, von seinen seelischen Kraftquellen abgeschnitten. Er ist ich-schwach und fühlt sich entsprechend leicht bestimmbar. Der junge Mensch befürchtet, wenn er sich zu echter Kommunikation öffnen würde, daß er sich aus der Hand verlöre. Er befürchtet, er könne nunmehr von den Einflüssen des Gegenübers völlig bestimmt werden. Der mit seinem Bewußtsein identifizierte Mensch vermag zwar kontaktfähig zu sein, zu personaler Kommunikation ist er unfähig. Dieses Unvermögen wird noch tiefer ausgeformt durch die Subjekt-Objekt-Beziehung von Lehrer zu Schüler und umgekehrt, welcher der junge Mensch neun Jahre und mehr ausgesetzt ist. Zwischen Subjekt und Objekt kann es zwar rationale Kommunikation geben, aber keine personale Gemeinschaft. Häufig ersetzt die rationale Beziehung die personale. Damit wird das Entstehen von personaler Gemeinschaft erschwert. Die Schule bahnt also der Kommunikation durch Information den Weg. Die Fähigkeit zu personaler Kommunikation wird dagegen abgebaut. Personale Kommunikation ist nur möglich zwischen zwei Personen, die als Personen miteinander umgehen. Zwischen Lehrer und Schüler gibt es aber kaum Ich-Du-Beziehung, sondern meistens nur ein Ich-Es-Verhältnis.

Erneut wird damit die apersonale Struktur unseres Bildungswesens deutlich. Der Mensch ist jedoch Person. Personwerdung ist ihm zur Selbstverwirklichung aufgegeben. Bildung als Hilfe zur Selbstverwirklichung müßte folglich personal sein. Das bedeutet, sie müßte in Gestalt eines Begegnungsprozesses zwischen der Person des Lehrenden und der Person des Lernenden stattfinden. Ihr Ausdruck und ihr Vollzugsmittel wäre dann nicht der Monolog des Lehrers, sondern der Dialog. Auf diese Weise würde der junge Mensch in seiner Personwerdung unterstützt. Wenn zwischen ihm und dem Lehrer laufend dialogische Gemeinschaft vollzogen würde, wäre dies ein Beitrag, ihn gemeinschaftsfähig zu machen. Davon ist nun leider wenig zu finden. Es besteht sogar die Tendenz zu weiterer Entpersonalisierung der Schule mit noch stärkerer Vereinsamung des Schülers. Früher war wenigstens in der Volksschule der Lehrer zunächst einmal Pädagoge und danach erst Fachlehrer. Heute hat sich der Rationalismus bereits in der Ausbildung der Grund- und Hauptschullehrer durchgesetzt. Er beginnt, nunmehr auch die Lehrpläne der Grundschule zu bestimmen. Professoren an Pädagogischen Hochschulen sind um den Nachweis ihrer Wissenschaftlichkeit bemüht und praktizieren eine dementsprechende Form von Lehre. Im Prinzip wäre auch bei Grund- und Hauptschullehrern nichts einzuwenden gegen eine stärkere Fachausbildung, wenn dabei nicht der Bezug zum Menschen verlorenginge.

Ein wesentlicher Grund der Apersonalisierung an unseren Schulen und Hochschulen ist natürlich das Massenproblem. Selbst wenn ein Lehrer personal erziehen und unterrichten wollte, wäre er in einer Klasse von vierzig Schülern oder in einem Seminar von einhundert Studenten dazu nicht in der Lage. Hier kann es nur unpersönlich zugehen, und eben das muß Entpersönlichung hervorrufen. Die soziale Isolation betrifft aber nicht nur das Lehrer-Schüler-Verhältnis, sondern in gleicher Weise die Beziehungen von Schülern und Studenten untereinander. Eine Großklasse kann kein lebendiger Sozialkörper sein. Sie ist vielmehr eine Masse mit Cliquen, die Anpassung und Konformität erzeugen und individuelle Gemeinschaft von Person zu Person erschweren. In der Schule mögen die Verhältnisse zum Teil noch erträglich sein, auf den Hochschulen sind sie meistens trostlos. Theoretisch wissen wir, daß der Mensch ein Sozialwesen darstellt. Praktisch wird ihm in unserer Bildung kaum geholfen, ein solches zu sein und zu einem Sozialwesen heranzureifen. Im Gegenteil, die Masse drängt ihn in die Einsamkeit. Das betrifft vor allem die jungen Menschen, die aufgrund ihrer Begabung aus dem Durchschnittsgruppenprofil herausragen, die eigentlich dazu befähigt wären, den Konformierungsprozeß in unserer Gesellschaft zu unterbrechen und zu bremsen.

Man kann im Hinblick auf die Massen an den Bildungsstätten mit den Achseln zucken und darin etwas Unabwendbares erblicken. Ich bin nicht dieser Meinung. Wenn wir schon nicht das Geld aufbringen wollen oder können, um eine sinnvolle Lehrer-Schüler-Relation zu erhalten, dürfen wir nicht ständig noch zusätzlich die Schulzeit verlängern. Zuerst kam das neunte Schuljahr; jetzt wird das zehnte Schuljahr sowie Vorschulerziehung ins Auge gefaßt. Verlängerung der Schulzeit ohne eine ausreichende Anzahl von qualifizierten Lehrern muß die Schulschäden der Schüler verstärken. Wenn wir in der gegenwärtigen Situation zu einer günstigeren Lehrer-Schüler-Relation und damit zu besserer Bildungsqualität gelangen wollen, kommen wir nicht umhin, den Stoff zu konzentrieren und die Schulzeit zu verkürzen. Acht Jahre Gymnasium wären bei intensiver Interaktion zwischen Lehrer und Schüler in jeder Hinsicht ergiebiger als der jetzige Zustand.

Unsere Schulrealität trägt also dazu bei, daß die Einsamkeit des jungen Menschen, in die er durch Zeitfaktoren, Familie,

Konsumgesellschaft gedrängt wird, noch zunimmt. Aufgabe der Schule sollte es hingegen sein, Lebenshilfe zu geben. Dazu ist sie praktisch nicht imstande. Im Gegenteil, sie verschärft die Probleme, an deren Lösung sie arbeiten sollte. Dem einzelnen Lehrer kann man aus diesem Tatbestand keinen Vorwurf machen. Er ist nur ein Teil des Systems und vollzieht das System mit. Das Bildungs*system* ist krank. Wer aber ist das Bildungssystem? Sind es Kultusminister? Ist es die berühmt-berüchtigte Ministerialbürokratie? Sind es die parlamentarischen Bildungsexperten oder ist es die unheimliche Lobby in den Wandelgängen? Unser Bildungssystem ist so beschaffen wie der Zeitgeist und wie die ganze Gesellschaft. Gesellschaft aber sind wir alle. In unserer Hand steht es, die Gesellschaft zu verändern und für ein menschengerechtes Bildungssystem zu sorgen. Was im einzelnen auf dem Gebiet der Bildung geschehen sollte, werden wir später sehen.

Unser Aufriß von Ursachen und Entstehungsweisen der Krise unter der Jugend hat uns gezeigt, was anders werden muß, damit jene Störungen, sowie die Miß- und Mangelzustände, die ihnen zugrunde liegen, überwunden werden können. Die Gesellschaft und der Einzelne leiden an tiefgreifenden Störungen im geistigen Gefüge unserer Zeit, an kranken Familien, an enthumanisierenden Konsumstrukturen sowie an einem Bildungssystem, das Menschwerdung mehr erschwert als ermöglicht. Auf diesen vier Gebieten muß folglich die Erneuerung einsetzen. Wie sie beschaffen sein muß, ergibt sich in Ansätzen bereits aus der Analyse der krankmachenden Umstände. Wir wollen jene Ansätze nunmehr aufnehmen und versuchen, Umrisse neuer Wirklichkeiten zu entwerfen, die in der Lage wären, die Genesung einzuleiten und ein weiteres Umsichgreifen der Krankheit zu verhindern. Zuerst gilt es, neue geistige Wirklichkeiten zu schaffen.

THERAPIE

Neue geistige Wirklichkeiten

Es wurde dargelegt, daß die krankmachenden Veränderungen gesellschaftlicher und wirtschaftlicher Art, auch wenn sie auf ihn zurückwirken, bedingt sind durch einen tiefgreifenden geistigen Umbruch. Die Wandlung der Gesellschaft in Richtung größerer Humanität muß folglich aus diesem Bereich ihren Anfang nehmen.

Grundzüge einer neuen Ethik

Eines der wichtigsten Elemente einer geistigen Erneuerung ist es, zu einem neuen Verständnis von Ordnung und Freiheit hinzufinden. Die Folgen der Freiheitstrunkenheit zwingen uns zu einer nüchternen Einschätzung der Wirkung von Freiheit. Wir müssen derzeit beobachten, daß Freiheit den von früherer Unfreiheit verformten Menschen weder auf wunderbare Weise von seiner Entfremdung erlöst, noch daß ein Optimum von Freiheit den darin aufwachsenden jungen Menschen vor Frustrationen und daraus resultierenden Verbildungen bewahrt.

Die Natur des Menschen verfügt zwar über helfende und
heilende Kräfte. Deren Wirkung ist jedoch nicht unbegrenzt.
Weder ist totale Erneuerung durch sie möglich noch sichere
Selbstfindung allein im Vertrauen auf sie. Das soll nun nicht
bedeuten, daß der Natur des Menschen zu mißtrauen wäre.
Ein dialektisches Verhältnis zu ihr ist angezeigt. Auf der einen
Seite kann und muß Vertrauen in sie gesetzt werden. Damit
ist weniger Vertrauen auf die Macht der Ratio gemeint, denn
diese kann – wie unsere aufklärungsbesessene Zeit demonstriert – unter dem Einfluß abgespaltener, blinder Affekte
gründlich in die Irre geführt werden. Vertrauen sollte man
auf die seelischen Mächte des Unbewußten setzen, die C. G.
Jung mit dem Begriff »Archetypen« gekennzeichnet hat. Wer
in ein offenes Verhältnis zu ihnen gelangt, wird erfahren, daß
sie an der Integration von Bewußtsein und Unbewußtem
arbeiten. Störungen und Fehlhaltungen werden dabei abgebaut. Durch eine entsprechende Zuordnung des emotionalen
Untergrundes wird die Ratio auf der einen Seite in ihre Grenzen verwiesen und auf der anderen Seite gerade dadurch in
ihre Rechte gesetzt. Wie das im einzelnen geschieht und geschehen soll, werden wir später sehen.
Aber auch das Zutrauen zu diesen regenerierenden und füh-
renden Kräften des Unbewußten darf nicht zu dem Glauben
verleiten, die menschliche Natur sei ausschließlich gut. Zunächst gibt es einmal im menschlichen Wesen eine letzte Macht
der Destruktivität, die nicht, wie die meisten anderen Teile
menschlicher Aggressivität und Destruktivität, auf ungünstige
Bedingungen im Leben des Einzelmenschen und der Gesellschaft zurückgeführt werden kann. Freud hat seine diesbezüg-
lichen Erfahrungen in der leider mythologisch formulierten
Todestriebhypothese zusammengefaßt. Jene Aussage Freuds
hat von seiten der Psychoanalyse Zustimmung wie Ablehnung
erfahren. Meine eigenen analytischen Beobachtungen haben
mir zum Verständnis vieler Phänomene die Folgerung nahegelegt, daß im Menschen eine originäre Macht der Vernich-

tung am Werke ist. (Zur näheren Begründung s. R. Affemann, Aggressivität als tiefenpsychologisches, soziologisches
und theologisches Phänomen, in: Ärzteblatt Baden-Württem-
berg, Heft 5, Mai 1973.)
Ferner sind die Möglichkeiten des Menschen, aus seiner infantilen Selbstverliebtheit und Verflochtenheit in sich selbst frei-
zukommen, beschränkt. Auch bei günstigen äußeren wie
inneren Bedingungen erbringt Reifung nur partielle Liebe
zum Du anstelle von Selbstliebe und nur bruchstückhaftes
Erkennen wie Anerkennen von Realität, die nicht mit den
Idealvorstellungen und Wünschen des Menschen in Einklang
steht. In gewissem Umfang bleibt der Mensch seinem Ideal-
Ich derartig verhaftet, daß er seine Wirklichkeit, die von der
idealen Selbstverkennung abweicht, nur bedingt einzusehen
vermag. Im Zusammenhang damit ist der Mensch auch nur
beschränkt fähig, an die Stelle des Lustprinzips das Leben
nach dem Realitätsprinzip treten zu lassen. Aus all diesen
Gründen liegt der Mensch im Widerstreit mit sich und seiner
Umwelt. Auf der einen Seite ist zwar ein Stück Überwindung
seiner Widersprüchlichkeit zugunsten von Ganzheit und Gemeinschaft möglich. Auf der anderen Seite bleibt jedoch ein
Einzelmensch und Gesellschaft störender und zerstörerischer
»Rest« erhalten. Bei aller Notwendigkeit und Möglichkeit
einer die positiven Seiten des Menschen erschließenden Bildung
muß mit jenem letzten Kern, in dem der Mensch sein eigener
Feind und Feind der Gesellschaft ist, gerechnet werden.
Aus diesem Grunde ist also totale Freiheit weder heute noch
in einer am Horizont verschwimmenden Zukunft möglich.
Mensch und Gesellschaft müssen daher vor den negativen
Seiten des Menschen geschützt werden. Allerdings ist nur so
viel an Gesetz vonnöten – und daher berechtigt –, wie unbedingt erforderlich, um Einzelmensch und menschliche Gemeinschaften in Schutz zu nehmen. Die Gesellschaft sollte nicht aus
Enttäuschung über die negativen Folgen der Liberalisierung
und aus Angst vor der Freiheit erneut zu doppelter und drei-

facher Sicherung durch das Gesetz Zuflucht nehmen. Ferner
muß das Gesetz mit dem Zuwachs an Mündigkeit des Bürgers,
der vor allem durch eine humanisierende Bildung erfolgt,
Schritt halten. Es muß in dem Maße – aber nur in dem
Maße – abgebaut werden, wie Mensch und Gesellschaft es
nicht mehr zu ihrer Sicherung bedürfen. Beide Gefahren sind
also zu bedenken: die gegenwärtig noch akutere der Freiheits-
gläubigkeit sowie die andere Gefahr, die näher liegt, als es
scheint: eines Rückfalls in die Konservierung einer die Entfaltung von Mensch und Gesellschaft behindernden Gesetzeswelt.
Ordnungen müssen sich somit an Mensch und Gesellschaft
orientieren. Sie dürfen allerdings nicht allein auf Übereinstimmung im Bewußtsein von Mehrheiten in der Gesellschaft
gegründet sein. Zum einen kann nicht übersehen werden, daß
der Mensch dazu neigt, es sich leichtzumachen. Lustgewinn
ist ihm meistens lieber als Selbstverwirklichung, die zuerst mit
Unlustgefühl erkauft werden muß. Ferner ist es eine Illusion
zu übersehen, daß viele Menschen nicht wissen, was ihnen gut-
tut. Sie sind bislang einfach noch nicht mündig genug, um das
beurteilen zu können. Ordnungen müssen demnach mehr sein
als Spiegelungen des Bewußtseins der Allgemeinheit. Ordnung
muß zwar mit dem Menschen der jeweiligen Zeit in Einklang
stehen, aber so, daß sie als Forderung an ihn, als Herausforderung seiner realisierbaren Menschwerdung ihm gegenübersteht. Die Notwendigkeit eines Gegenübers von Mensch
und Ordnung ergibt sich aus dem Wesen des Menschen. Der
Mensch *ist* nicht ein Mensch, er kann immer nur dabei sein,
Mensch zu *werden*. Menschsein stellt folglich keinen Besitz,
sondern Aufgabe dar, die in Gestalt aller möglicher konkreter
Anforderungen, so zu sein und sich so zu verhalten, vor ihm
steht. Der Mensch wird sich oft gegen diese Herausforderung
aufbäumen, weil sie ihm zu unbequem ist. Dennoch gilt es, sie
aufrechtzuerhalten, damit Anreiz und Richtung erhalten
bleiben, Mensch zu werden. Wer diese Ordnung und die jene

Ordnung konkretisierenden und aktualisierenden Anforderungen aufgibt, lähmt damit Menschwerdung.

Freilich müssen Ordnungen erfüllbar sein. Der Mensch muß in sie hineinwachsen können. Dabei darf er gerade nicht durch sie von sich entfremdet werden, sondern muß sich durch sie gewinnen. Ordnungen müssen somit zugleich als Ausdrucksmittel menschlichen Lebens dienen. Leben vollzieht sich nun einmal, wenn es sich überhaupt vollziehen soll, in Formen. Mit der Abschaffung der Form haben wir den Lebensinhalt, der ohne Form nicht bestehen kann, zerstört. Darum benötigen wir lebendige Formen, in denen sich das Leben auszugestalten vermag.

Ordnungen fungieren jedoch nicht nur als Wachstumsreiz, als Anreiz, um die Trägheit des primitiven Lustprinzips zu überwinden, als Bahnungen, die es dem Leben leichter machen, seine Bahn zu finden, als Ausdrucksmittel, auf die das Leben angewiesen ist, sondern auch als Stütze des schwachen Lebens. An diesem Punkte müssen wir eingestehen, daß unser Gesellschaft in hybrider Weise Lebendigkeit und Lebenskraft des Menschen überschätzt. Unser Leben ist viel schwächer und instabiler, als wir uns zugeben. Es bedarf darum der Stütze durch Normen, an die man sich hält und die es aufrecht halten. Wer diesen Tatbestand übersieht, leistet einem Gegenschlag der Restauration Vorschub, in der Gesetz und Ordnung autoritär überhöht werden, die damit aus Hilfe für den Menschen Behinderung des Menschen werden läßt.

Ich habe vorhin den gefährlichen Satz gesagt, sehr viele Menschen wüßten nicht, was ihnen guttue. Wer soll denn die notwendigen neuen Ordnungen geben? Eine Elite? Durchaus nicht. Der bisherige Gang der Überlegungen dürfte schon deutlich gemacht haben, woher die Ordnung genommen werden kann und wer sie nehmen soll. Die Ordnungen sollen dem Menschen bei der Entfaltung des in ihm angelegten Lebens helfen. Da Selbstverwirklichung nicht im luftleeren Raum geschieht, müssen sie die Konflikte zwischen den einzelnen Men-

schen so regeln, daß für alle Teile ein möglichst großer Raum
zur Menschwerdung geschaffen wird. Die Entfaltung des einen
darf nicht auf Kosten des anderen gehen. Ferner müssen Ordnungen verhindern, daß der einzelne Mensch seinen Freiheits-
spielraum zuungunsten der Gemeinschaft ausdehnt. Täte er
es, so würde er gerade sein Menschsein verfehlen. Ordnungen
haben letztlich die Gesellschaft so zu gestalten, daß sie optimale Bedingungen menschengerechter Entfaltung für alle Be-
teiligten gewährleistet. Das Maß der neuen Ordnung ist
folglich der Mensch, und zwar nicht irgendein Mensch, sondern
der Mensch des Jahres 1973 in unserem Kulturkreis.
Zu fragen ist, wie dieser Mensch beschaffen sei – nicht nur,
wie sich dieser Mensch subjektiv empfindet und welche bewußte Meinung er von sich hat. Zu klären ist ferner, welche
konstanten Elemente Menschwerdung für diesen Menschen in
sich trägt. Damit könnte formuliert werden, wie die Ordnungen auszusehen hätten, die den Menschen zu sich selbst
herausrufen. Wenn sich neue Ordnungen am Menschen orientieren sollen, so ist Aufschluß zu geben, woher die Hilfen zum
Finden der Ordnungen zu nehmen sind. Die Antwort lautet:
von den empirischen Wissenschaften vom Menschen. Schon
unsere grundsätzlichen Erwägungen zum Verhältnis von Freiheit und Ordnung haben wohl erkennen lassen, daß tiefenpsychologische Erkenntnisse weitreichende Antworten zu
geben haben. In der gleichen Weise kann Punkt um Punkt
jede Erkenntnis: »So ist der Mensch« in lebenserschließende
und lebenserhaltende Ordnungen umgesetzt werden.
Ohne eine neue Ethik wird unsere Gesellschaft nicht gesunden.
Im Gegenteil, wenn wir uns nicht sehr bald – trotz allem
Pluralismus – über einen festen Satz von Werten einigen, die
trotz aller übrigen Verschiedenheiten für jeden verbindlich
sind, wird die Gesellschaft weiterhin zerfallen und der Einzelmensch mit ihr. Eine neue Ethik kann auf dem Boden der
Humanwissenschaften und vor allem auf den tiefenpsychologischen Aussagen über den Menschen aufgebaut werden. Der

Einwand ist möglich, daß die Übereinstimmung gerade in der Tiefenpsychologie, wie der ständige Schulstreit zeige, doch reichlich gering sei. Das stimmt nur begrenzt. Die einzelnen Schulen reden in der Auseinandersetzung mit den anderen von dem Trennenden. Das Gemeinsame wird nicht erwähnt, aber es besteht. Gewiß gibt es nur fundamentale Gemeinsamkeiten, aber sie genügen als Pfeiler einer neuen Ethik. Und im übrigen sollte sich ja eine neue Ethik gerade nicht in Details einer Kasuistik verhärten. Ihre Aufgabe stellt es vielmehr dar, Leitlinien aufzuzeigen, an denen der Mensch feststellen kann, ob er sich auf dem Wege zu sich und damit zu anderen Menschen befindet oder ob er von seinem Kurse abweicht. Diese Leitlinien müssen allerdings verbindlich gemacht werden. An ihnen gilt es alle Prozesse in der Gesellschaft zu messen. Zu fragen ist ständig, ob jene Prozesse der Humanisierung dienlich sind oder ob sie den Menschen von seinem Ziel abbringen. Von dem anthropologischen Ansatz aus wollen wir fortfahren, die Frage nach neuen geistigen Wirklichkeiten zu beantworten. Es sind also Wirklichkeiten, die dem Menschen hier und heute gemäß sind und ihm helfen, in allen Freiheiten und trotz aller Gefährdungen Mensch zu werden.

Lustgewinn und Lustverzicht

Bei der Analyse der geistigen Veränderungen unserer Zeit wurde deutlich, daß die moderne Lustvergottung und Lustmaximierung Leben und Glück zerstören. Ich fasse noch einmal zusammen, auf welche Weise das geschieht.
Erstens: Streben nach absolutem Lustgewinn trachtet danach, zu möglichst rascher und möglichst häufiger Lust zu gelangen. Dadurch werden die als unlustvoll empfundenen Spannungen, die Voraussetzung der Entwicklung von Leben darstellen,

teils in schnelle Lust umgesetzt und teils vermieden. Weil damit Reifung von Leben unterbunden wird, kommt auch die Erlebnisfähigkeit nicht zur Entfaltung. Am Ende des Weges, der im Zeichen des totalen Lustgewinns begann, stehen Erlebnisunfähigkeit und damit gerade die Unlust.

Zweitens: Lustanbetung führt zur Gewöhnung. Lust, an die man sich gewöhnt hat, schmeckt schal. Auch der Ausweg, sich auf Abwechslung in den Lustempfindungen zu verlegen, bringt nur einen kleinen Zeitaufschub. Danach hat sich der Lustkonsument auch an die Lust der Abwechslung gewöhnt. Die Reizsteigerung verschafft noch einmal eine Atempause. Jeder Eskalation folgt jedoch die Reizabstumpfung. Das Resultat des Bemühens um ständige Lust ist also noch einmal die Unfähigkeit, Lust zu empfinden.

Drittens: Wer nur der Lust nachrennt und die Unlust unterschlägt, betrügt sich um das Ergebnis seiner Bemühung. Die Lust gewinnt ihre Tiefendimension nur vor dem Hintergrund der Unlust. Ohne Schwarz gibt es kein Weiß. Wer dem Durchlaufen der Gegensätze von Weiß und Schwarz aus dem Wege geht, handelt sich statt permanenter Lust dauernde Farblosigkeit und Fadheit ein.

Viertens: Wird in der Welt nichts als Lust gesucht, so führt dies geradlinig zum Rückzug aus der Welt. Die Welt beinhaltet nämlich wenigstens genausoviel Unlust wie Lust. Wer die Unlust der Welt vermeiden will, wird damit gezwungen, die Welt mit ihrer Unlust zu meiden.

Fünftens: Wie wir sahen, ist ein zentrales Element der Vermeidung von Unlust die Verdrängung des Todes. Der Tod ist der Inbegriff des Nicht-Seins. Wer ihn aus dem Leben verbannen will, ist gezwungen, auch seine Vorboten mitten im Leben zu übergehen. Gemeint sind hiermit alle Formen menschlichen Nicht-Seins. Menschsein heißt aber immer zugleich Sein und Nicht-Sein. Menschsein wird erlangt wie verfehlt. Verschließt man die Augen davor, wie oft man sich in seiner Geschichte selbst verfehlt hat, wie sehr man zu jeder

Zeit an sich vorbeiläuft, wie wenig man der Mensch ist, der man sein könnte und sein müßte, so verschließt man sich vor seiner eigenen Realität. Menschsein vermag sich jedoch nur in der Offenheit gegenüber sich selbst zu verwirklichen. Verleugnung des Nicht-Seins führt also nicht nur zu Scheinlösungen des Lebens, zum Leben an der Oberfläche, sondern letztlich zur Aufhebung des Lebens. Gerade indem man den Tod in allen seinen Formen verneint, schafft man ihn. Auch dieser Versuch der Negierung intensivster Unlust hinterläßt Unfähigkeit zur Lust.

Wir kommen folglich nicht darum herum, von der Maxime der Gegenwart, Leben sei ausschließlich Lusterwerb, Abschied zu nehmen. Das bedeutet selbstredend nicht, daß hier aus einem modernen Lustüberdruß die Lust gering geschätzt werde oder gar zu verachten sei. Gerade weil, um der Lust willen, dieser naheliegende und zum Teil schon sich vollziehende Umkippeffekt vermieden werden soll, muß der Überbewertung der Lust ein Ende bereitet werden. Lust und Unlust müssen als elementare Lebensprinzipien anerkannt und in ein richtiges Verhältnis zueinander gebracht werden. An die Stelle des seitherigen Primates von Lustgewinn muß der Primat von Selbstverwirklichung treten. Nun mag man einwenden, das sei nichts Neues, Selbstverwirklichung sei ja gerade das zentrale Anliegen der Jugend. Es ist richtig, daß »Selbstverwirklichung« eine zentrale Parole der Jugend darstellt. Was aber ist damit gemeint? Selbstverwirklichung wird von den meisten nur angestrebt, sofern sie Spaß macht. Macht sie keinen Spaß mehr, so ist die Mehrzahl geneigt, sie auf sich beruhen zu lassen. Darüber hinausgehend wird von sehr vielen Selbstverwirklichung und Lusterwerb schlichtweg gleichgesetzt. Hier dagegen ist eine Selbstverwirklichung gemeint, die nicht nur realisiert, was Spaß macht, die nicht identisch ist mit dem, was man aus eigenem Gutdünken will, sondern die zu realisieren versucht, was an humanen Potenzen im Menschen angelegt ist und zur Entfaltung gebracht werden *soll*.

Bei solcher Selbstverwirklichung hat der Mensch zwar auch oft seinen Spaß, oft jedoch das genaue Gegenteil davon. Und häufig muß er zu Beginn neuer Versuche der Selbstverwirklichung Unlust investieren, damit später Glück herauskommt. Zusätzlich unlustvoll wird diese Geschichte dadurch, daß man ja nie weiß, ob man das Ziel seiner Investitionen auch noch erlebt. Zu einem solchen Leben, bei dem mit Unlust in eine ungewisse Zukunft investiert wird, braucht der Mensch folglich Hoffnung. Wenn es nicht gelingt, einer Generation, die – wie wir sahen – ein gebrochenes, skeptisches Verhältnis zur Zukunft hat, Hoffnung zu machen, ist jener neue Lebensentwurf für sie nicht akzeptabel. Hoffnung aber macht man nicht mit billigem Optimismus und auch nicht mit wohlgesetzten rationalen Argumenten. Hoffnung ist eine Qualität, die von Mensch zu Mensch vermittelt werden muß. Hoffnung ist eine Erziehungsaufgabe.

Nun könnte fast der Eindruck entstehen, als müßte der junge Mensch am Anfang seines Lebens in erster Linie Unlust auf sich nehmen, um dann im Alter Früchte seines Glücks zu ernten, die ohnedies nicht mehr schmecken, da er inzwischen zu alt zur Lust wurde. Das Verhältnis von Lust und Unlust sieht jedoch auch schon beim jungen Menschen anders aus. Wenn sich Leben entfalten soll – und das ist ja mit Selbstverwirklichung gemeint –, darf ihm nicht nur grundsätzlich ein Recht auf Glück zugebilligt werden. Von Grundsätzen allein hat der Mensch nichts. Konkret muß der Mensch schon als Kleinkind erfahren, daß Leben mit Lust verbunden ist. Macht er diese Erfahrung zu wenig, oder besteht gar in der frühen Kindheit ein ausgeprägtes Mißverhältnis von Unlustgefühlen zu Lustgewinn, so will er verständlicherweise erst gar nicht in dieses Leben hinein.

Der Mensch ist also nur imstande, auch Unlustgefühle in Kauf zu nehmen und sich zunehmend auf unangenehme Empfindungen einzulassen, wenn bei ihm ein Grundstock lustvoller Erfahrungen aus der frühesten Zeit vorhanden ist. Diese Erfahrungen werden ihm zuteil in der Beziehung zu den zentralen Bezugspersonen jener Epoche, nämlich Mutter und Vater. Erneut zeigt sich, daß auch die Fähigkeit und Bereitschaft, mit Unlust zu leben und sich so selbst zu finden, von Schlüsselerlebnissen abhängt, welche die Eltern dem Kind vermitteln. Bei unseren Ausführungen über die Familie werden wir an diesen Punkt noch einmal anknüpfen.

Das Vermögen, Lustempfindungen auf sich zu nehmen, wird auf der einen Seite erworben durch Lustgewinn, auf der anderen Seite aber ist Erziehung zur Fähigkeit des Lustverzichtes und zur Annahme von sinnvoller Unlust nötig. Der Säugling ist zwar ein Wesen, das ausschließlich nach einem kurzschlüssigen Lustprinzip reagiert und nur eine geringe Toleranzbreite zum Aushalten von Unlustspannungen besitzt. Dennoch müssen die Anfänge einer dosierten Erziehung zum Triebverzicht und zur Fähigkeit, Unlust zu ertragen, bereits in jener Zeit liegen. Ein kleines Maß zum Aufschub von Bedürfnisbefriedigungen steht auch dem Säugling zur Verfügung, und diese Spanne muß benutzt werden, damit er von früh an mit der Zweiheit des Lebens, Lust und Unlust, vertraut gemacht wird. Werden ihm die Erfahrungen der Unlust zu spät zuteil, so hat der kleine Mensch Schwierigkeiten, sie zu akzeptieren.

Hat der Säugling oft genug bemerkt, daß er trotz kleiner Wartezeiten dennoch das bekommt, was er braucht, so gerät er immer mehr in die Lage, auch längere Zeiten zu überbrücken oder ganz auf Wünsche zu verzichten. Das muß allerdings durch die Erziehung systematisch eingeübt werden. Mit zunehmenden Belastungen steigt auch hier die Belastbarkeit. Die Zumutung von Triebaufschub und Triebverzicht muß sich jedoch genau an dem Vermögen des kleinen Kindes ausrichten und muß die Belastungen wohl dosieren. Dabei ist jeweils zu überprüfen, wem der Lustverzicht und die Erziehung zu ihm dient, den Bedürfnissen des Kindes oder denen der Eltern. Selbstverständlich muß das Kind lernen, sich in seine Umgebung einzufügen. Überwiegend hat jedoch die Erziehung zum Lustverzicht den Entwicklungsnotwendigkeiten des Kindes zu gelten.

Die Frage stellt sich nunmehr, aus welchen Motiven das Kind bereit sein sollte, Lustgewinn gegen Lustverzicht einzutauschen. Zunächst bietet es sich an, daß das Kind, um nicht die Liebe der Eltern einzubüßen, einem Wunsch entsagt. Angst vor Liebesentzug läßt sich in der Erziehung kaum ausschalten, auch wenn man diesen schlechten pädagogischen Hebel so wenig wie möglich benutzen will. Auf gar keinen Fall darf Angst der Hauptgrund des Verzichtes sein. Solange das Kind den Sinn von Verzicht und Unlust noch nicht einsieht – das ist lange Zeit der Fall und hört nie ganz auf –, muß es lernen, um der Eltern willen zu verzichten. Zwei wichtige Beweggründe sind hier zu nennen: Im Vertrauen darauf, daß die Eltern es gut mit ihm meinen, kann und soll das Kind lernen, einen Verzicht zu leisten, obgleich ihm das eigentlich »gegen den Strich geht«.

Diese Erziehung zum Vertrauen muß jedoch – wenn das Kind nicht am Ende der Dumme sein soll – wichtige Vorausetzungen von seiten der Eltern enthalten. Über sie wird zu reden sein, wenn wir den Beitrag untersuchen, der von der Familie zur Erneuerung von Mensch und Gesellschaft zu leisten ist. Das zweite Motiv, das ein Kind zum Triebverzicht bewegen kann, heißt Liebe zu den Eltern. Den Eltern zuliebe vermag ein Kind auf einiges zu verzichten. Auch ohne daß es die Notwendigkeit eines Verzichtes begreift, ist es in der Lage, Unlust in Kauf zu nehmen, um den Eltern eine Freude zu machen. Erziehung zum Verzicht ist also auch ohne die frühere autoritäre Erziehung möglich.

Auf keinen Fall wird die antiautoritäre Erziehung imstande sein, beim Kind die Fähigkeit zum Verzicht, der um seiner selbst und um der Gemeinschaft willen notwendig ist, zustande zu bringen. Das ist schon deshalb nicht möglich, weil sie ja gerade davon ausgeht, daß Frustrationen, Triebversagungen also, vermieden werden müssen. Es kann nun keinesfalls bezweifelt werden, daß Frustrationen, die über ein gewisses Maß hinausgehen, die Entwicklung schädigen. Auf der anderen Seite aber trifft es nicht zu, daß Triebversagungen den letzten Kern allen Übels darstellen. Hinter dem pädagogischen Entwurf, der möglichst ohne Triebversagungen auskommen will, steckt wieder ein optimistisch unrealistisches Menschenbild. Man glaubt, wenn alle kindlichen Bedürfnisse abgesättigt werden, würden sich die sozial nicht wertvollen Verhaltensweisen von selbst überleben und die sozial wertvollen weiterentwickeln. So einfach ist der Mensch leider nicht. Schon C. G. Jung sagte: »Wenn man alles wachsen läßt, wächst Unkraut am besten.« Und daß Triebbefriedigung in dem vom Kind subjektiv erwünschten Ausmaß Reifung bewirkt, ist ebenfalls ein Aberglaube. Im Gegenteil, die Frustrationsideologie macht das Kind unfähig zum notwendigen Triebverzicht.

Erziehung zum Lustverzicht und zur Übernahme der im Leben notwendigen Unlust hat jedoch nicht nur in der Kindheit zu geschehen. Sie muß fortgesetzt werden durch alle Erziehungsträger. Auch auf diesem Sektor fällt der Schule eine wichtige Erziehungsaufgabe zu. Jene Erziehung darf aber nicht nur durch andere und bei anderen erfolgen. Jeder von uns muß damit bei sich selbst beginnen. Wir alle sind Bürger einer Zeit, die versucht, Unlust, Schmerz, Leid durch Lust aufzuheben. Unmerklich haben wir uns alle daran gewöhnt, dem Unangenehmen – auch wenn es zum Leben gehört – möglichst aus dem Wege zu gehen. Auch hier liegt sicher ein Grund, warum das Scheinleid der Neurose – um einen Ausdruck Mitscherlichs zu gebrauchen – so weit verbreitet an die Stelle des echten Leides getreten ist. Wir alle müssen uns zu einer neuen Haltung der Bereitschaft zu der Unlust, den Schmerzen und dem Leiden umerziehen, die notwendig sind, wenn wir für ein simples Luststreben nicht den Preis eines Verlustes an Selbstwerdung bezahlen wollen.

Die gegenwärtig übliche Haltung ist die des Laufen-Lassens. In dieser Einstellung befindet sich gewiß ein sinnvolles Element. Weil jedoch die eine Wahrheit des Lassens nicht mit der anderen des Zügelns verbunden wird, schlägt sie um in Sinnlosigkeit. Wir müssen es also neu lernen, uns zu zügeln – wo Zügeln hingehört. Ich trete nicht dafür ein, daß wir zu der übertriebenen Selbstbeherrschung zurückkehren sollten, mit der im Dritten Reich so viel Unfug getrieben und so viel Unheil gestiftet wurde. Ein Stück neuer Selbstdisziplin gilt es jedoch wieder zu lernen. Die ältere Generation, die mehr Verantwortung trägt als die Jugend, muß damit beginnen. Tut sie es, so hat sie das Recht, aber auch die Pflicht, bei den jungen Menschen, für die ältere Menschen jeweils Verantwortung tragen, dafür einzutreten, daß auch Kinder und Jugendliche es lernen, disziplinierter mit sich selbst umzugehen. Man muß der älteren Generation den Vorwurf machen, daß sie dem Trend des Laufenlassens, des Sichgehenlassens unter der Jugend zu wenig entgegentrat. Man hatte nicht den Mut, den – am Anliegen eines solchen Widerstandes völlig vorbeigehenden – Vorwurf der Altmodischkeit auf sich zu nehmen. Man wollte nicht unmodern, unpopulär sein und wurde mitschuldig.

Allerdings muß nochmals daran erinnert werden, wie mächtig die Prozesse sind, die den Menschen zum Laufen-Lassen beeinflussen. Der wichtigste von ihnen ist – wie wir sahen – das Verkaufsinteresse der Konsumgüterindustrie. Eine Haltung, die Bedürfnisverzicht leistet, ist verbrauchsunfreundlich. Wenn man davon ausgeht, daß die Konsumentenhaltung modern ist und nur einer, der möglichst viel Lust durch möglichst viel Kauf und Konsum erwirbt, als angepaßt akzeptiert wird, so gelangt man zu der Feststellung, daß Selbstdisziplin, Triebverzicht, Offenheit gegenüber sinnvoller Unlust weder modern noch gesellschaftskonform sind. Auch hier muß sich der Mensch entscheiden: Will er sich selbst verwirklichen und dafür den Geruch von Altmodischkeit und Unangepaßtheit auf sich nehmen, oder ist er gewillt, sich um der Übereinstimmung mit der Konsumgesellschaft willen selbst aufzugeben?

Das Problem ist jedoch schwieriger, als daß es allein durch eine Entscheidung des Einzelmenschen für sich selbst zu lösen wäre. Mit dem Verlust der gesellschaftlichen Konformität isoliert sich der Mensch, der gegen den Strom der Konsumgesellschaft schwimmt. Ein erwachsener Mensch mag die Stärke besitzen, das für seine Person durchzuhalten. Hat er aber das Recht, die gleiche Vereinsamung seinen Kindern zuzumuten? Nicht nur der Einzelne muß sich folglich ändern, auch die Konsumgesellschaft muß verändert werden. Die Lust- und Kaufdiktatur muß aufgehoben werden. Die freie Entfaltung der Geschäftsinteressen von Einzelnen behindert durch Kauf- und Konformitätssuggestion die freie Entfaltung von sehr vielen anderen Menschen. Damit es den vielen Einzelmenschen möglich ist, den Triebverzicht zu leisten, der um ihrer Reifung und um der Reifung der anderen willen nötig ist, müssen die Strukturen der Konsumgesellschaft gewandelt werden. Was mit diesem Satz gemeint ist, und wie das geschehen kann, werden wir in dem Kapitel untersuchen, das sich mit einer Neuordnung der Konsumgesellschaft befaßt.

Die bisherigen Ausführungen zum Thema Lustgewinn und Lustverzicht mögen das Gefühl aufkommen lassen, daß hier in rigoristischer Weise das Glück einer Selbstverwirklichung geopfert würde. Weit gefehlt. Zu fragen ist nur, worin denn Glück bestehen soll. Ich bestreite, daß Glück nur auf Konsum aufgebaut sein muß und daß Glück neben einem Konsum, der zum alleinigen Lebensinhalt wurde, überhaupt noch möglich ist. Um die vielfältigen Möglichkeiten von Glück ohne den Konsum von Industriegütern erleben zu können, muß der Mensch allerdings seelisch lebendig sein. Die tausend Möglichkeiten zum Beispiel, durch Erleben der Natur Glück zu empfinden, setzen wache, empfindsame, vertiefte Erlebnisfähigkeit voraus. Sie wird durch Selbstwerdung zuteil. Selbstfindung durchläuft viele Stationen von Unlust und Leid. Und dennoch ist auch hierbei ein bestimmtes Gefühl, das an Glück erinnert und manchmal Glück ist, vorhanden. Einer, der sich dem Schmerz

stellt, der auf dem Wege zu sich selbst fällig ist, befindet sich,
auch wenn er leidet, in Übereinstimmung mit sich. Aus diesem
Bei-sich-Sein erwächst das eben angedeutete Gefühl. Es hat
etwas von Frieden, trotz Zerrissenheit, von Glück, auf seiner
Spur zu sein, auch wenn man weiß, daß eigentlich und unter
anderen Bedingungen die Spur ganz anders verlaufen wäre.
Wahrscheinlich handelt es sich hier um das einzige Glück,
das auch im Sterben noch Bestand hat: um das Glück, dabei
gewesen zu sein und dabei zu sein, Mensch zu werden.

Alter Individualismus und neuer Gemeinschaftsbezug

Unsere Überlegungen hinsichtlich der Notwendigkeit von
Lustverzicht haben uns schon in unmittelbare Nähe zu unserem nächsten Thema gebracht, zu der Frage nämlich, worauf
der durch Emanzipation vom Gesetz befreite moderne Mensch
bezogen ist und worauf er bezogen sein soll. Die Analyse von
geistigen Leitmotiven der Gegenwart zeigte, daß in den letzten Jahrzehnten bei allem Reden von Gesellschaft und Gemeinschaft faktisch ein neuer Individualismus praktiziert
wurde. Bei dem vielen Reden von Gesellschaft äußert sich ein
einseitiger Bezug des modernen Menschen. Er empfindet sich
zwar stark als Teil der Gesellschaft und sieht sich von der
Gesellschaft weitestgehend bestimmt. Er schiebt ihr ferner
auch da Schuld in die Schuhe, wo er seine Freiheit gebrauchte,
um höchstpersönlich zu versagen. Von der Gemeinschaft erwartet er alles mögliche an Zuwendungen für sich selbst, zum
Beispiel soziale Sicherheit, Bildungschancen, genügend Straßen, Reinhaltung der Umwelt, in der er sich befindet, und so
weiter. Der Mensch unserer Zeit lebt also von der Gesellschaft
her. Er lebt jedoch nicht auf sie hin. Seine Bürgerpflicht erschöpft sich in der Regel im Zahlen von Steuern und in Wahl-

gängen. Im übrigen lebt er für sich selbst. Die Gemeinschaft – das heißt die anderen – soll die Voraussetzung dafür schaffen, daß er möglichst unbehindert seinem Leben des Lusterwerbs nachgehen kann.

Nun wird vielleicht darauf hingewiesen, daß diese Auskünfte auf die Jugend nicht zutreffen. Vielleicht wird man an ihr starkes politisches Interesse, an ihr Engagement für Unterdrückte, an ihr Eintreten gegen den Vietnam-Krieg, Rassismus und so weiter erinnern. Das beweist leider nicht, daß die Jugend im höheren Maße als die Älteren gemeinschaftsbezogen lebt. Viele der jungen Leute, die sich in Demonstrationen und Diskussionen für die Entrechteten einsetzen, lassen in ihrem unmittelbaren Lebenskreis nicht erkennen, daß sie bereit sind, ihre Privatinteressen hinter denen ihrer Nächsten zurückzustellen. Eine große Zahl von Kindern nimmt die Vorteile der – von ihnen oft abgelehnten – Familie hin, ohne auch nur zu einem kleinen Verzicht zugunsten der übrigen Familienmitglieder, besonders der Eltern, bereit zu sein. Selbstverständlich wird das Ganze rational begründet. Rücksichtnahme, beispielsweise auf den Wunsch der Eltern nach Tischsitten, wird abgelehnt, weil es sich dabei um leere, beengende Formen handle. Oder in der Schule läßt man selbstverständlich seiner Unruhe freien Lauf, stört dabei die anderen und merkt zumeist noch nicht einmal, daß man sich gemeinschaftsfeindlich verhält. All das geschieht im Zeichen von Freiheit, Selbstbestimmung und Selbstverwirklichung. Diese jungen Leute hatten aber in Gestalt ihrer Eltern oft die entsprechenden Vorbilder. Die Eltern benahmen sich häufig genauso rücksichtslos ihren Kindern gegenüber, wie es später auf sie zurückfällt, nur in anderer Weise. Man hatte nicht genügend Zeit, Kraft und Ruhe für die Kinder, weil man arbeiten oder dieses und jenes erledigen mußte.

Auch im größeren Rahmen der Gesellschaft finden wir die gleiche Einstellung wieder, in Gestalt des Gruppenegoismus. Jede Gruppe geht von ihrem Standpunkt beim Betrachten

einer Angelegenheit aus. Man fragt sich nicht, was wohl der
Standpunkt der Allgemeinheit wäre. Besonders deutlich wird
der Gruppenegoismus bei Lohn- und Preiskämpfen. In der
Regel – von kleinen Abstrichen abgesehen – erzwingt man
den Lohn und den Preis, den der Markt hergibt. Appelle wie
Maßhalten wirken bei diesen verhärteten Einstellungen, die
fast an Mechanismen erinnern, komisch. Denn wie sollen die
Einzelnen maßhalten, wenn sie nicht sicher wissen, ob es auch
die anderen tun. Die Gemeinschaft nimmt durch die Egoismen
Einzelner und von Gruppen Schaden. Eine Gemeinschaft muß
auf die Dauer zerstört werden, wenn sich jeder so viel Platz
ohne Rücksicht auf die anderen erobert, wie ihm nur irgend
möglich ist.

Deshalb muß die Richtung, die der moderne Mensch beim
Gebrauch seiner Freiheit eingeschlagen hat, geändert werden.
An die Stelle des unbeschränkten Selbstbezuges muß ein neuer
Gemeinschaftsbezug treten. Ein neues Bewußtsein für die Gemeinschaft, in der man lebt, muß entwickelt werden. Sinnvoller Vollzug der Freiheit ist ihre Inanspruchnahme zum
Zwecke der Selbstverwirklichung. Selbstverwirklichung bedeutet jedoch nicht, seine immer größer werdende Reife und
Fülle auf einer Insel sitzend narzißtisch zu genießen. Selbstverwirklichung kann auch nicht dadurch geschehen, daß man
auf Kosten anderer lebt und sich im übrigen nicht um sie
kümmert. In der Selbstverwirklichung erfährt der Einzelmensch zwar einen Zuwachs an sich selbst. Dieser Zuwachs
darf aber nicht, wenn man sich nicht aufs neue verfehlen
will, zum Selbstgenuß mißbraucht werden. Das wachsende
Selbst muß vielmehr anderen Menschen etwas bedeuten.

Ein integrierender Bestandteil von Selbstverwirklichung ist
die Selbstbescheidung. Das bedeutet, daß einer, der dabei ist,
er selbst zu werden, um der anderen willen auf Möglichkeiten
für sich selbst verzichtet. Er steckt seine Grenzen so ab, daß
er anderen etwas sein kann, ohne ihnen den Platz wegzu-
nehmen, den sie zu ihrer Selbstwerdung benötigen. Selbstver-

wirklichung heißt weiterhin Dienst am anderen. Man kann
Selbstfindung daran ablesen, wieviel für die Mitmenschen dabei herauskommt. Hierbei sind nicht die Fernsten in Vietnam,
in Südamerika und an anderen Orten der Not zuerst gemeint,
sondern zunächst die Menschen, die der betreffenden Person
am nächsten stehen, die Nächsten also. Weil der Mensch ein
duhaftes Wesen und ein Gesellschaftswesen darstellt, kann er
seine Eigenart nur entwickeln, indem er mit ihr anderen und
der Gemeinschaft dient. Dadurch wird er zu einer Individualität, ohne in Individualismus auszugleiten.

Ähnlich wie anhand des Themas Lustverzicht festgestellt,
muß auch hier konstatiert werden, daß es sich bei dem Erschließen eines neuen Gemeinschaftsbezuges um ein Erzie-
hungsproblem handelt und daß die Erziehung zur Gemein-
schaftsfähigkeit bereits beim kleinen Kind beginnen muß.
Unsere Gesellschaft ist von merkwürdigen Widersprüchen
beherrscht: Einerseits stellt sie vielen Kindern derartig ungünstige Lebensbedingungen bereit, daß man sie als kinder-
feindlich bezeichnen muß. Andererseits lassen heute viele
Eltern ihren Kindern in einem Ausmaß freien Lauf, daß darunter die berechtigten Ansprüche der Umwelt diesen Kindern
gegenüber leiden. Jene Haltung, welche die Kinder ohne Rücksicht auf die Umgebung weitgehend gewähren läßt, scheint auf
den ersten Blick äußerst kinderfreundlich zu sein. Auf weite
Sicht gesehen, handelt es sich dabei aber nicht um Kinder-
freundlichkeit. Das Kind wird durch das zu großzügige Ge-
währenlassen unterfordert, in seiner Fähigkeit, mit anderen
zusammenzuleben, beeinträchtigt und damit in seiner Gemein-
schaftsfähigkeit behindert.

Der falsch verstandene Liberalismus in der Erziehung bereitet
den späteren unsozialen Individualismus vor. Erziehung zum
Gemeinschaftsbezug hat folglich hier anzusetzen. Dabei ist
nicht an eine Dressur im alten Stil oder an eine die Eigenart
des Kindes verwischende Anpassung an die Gesellschaft gedacht. Im Gegenteil. Bereits im Kindesalter soll Erziehung die

Eigenart des Kindes herausarbeiten, ihm folglich schon zu dieser Zeit zur Individualität verhelfen. Zugleich jedoch muß das Kind schon zu diesem Zeitpunkt lernen, daß es sich um der anderen willen zu beschränken hat und daß es auch im Geben seinen Beitrag zum Zusammenleben leisten muß. Erstes und wichtigstes Erlebnis- und Übungsfeld, auf dem Gemeinschaftsbezug und Gemeinschaftssinn entstehen, ist die Familie.

Die Familienerziehung muß von allen anderen Erziehungsträgern auch in dieser Hinsicht ergänzt und fortgesetzt werden. Wieder einmal ist festzustellen, daß auch hier der Schule ein entscheidend wichtiger Erziehungsauftrag zufällt. Beide Seiten dieses Prozesses muß sie im Auge behalten: Selbstverwirklichung und Selbstbescheidung. Noch einmal muß gesagt werden, daß das eine das andere nicht einschränkt, sondern bedingt. Selbstverständlich kann sich die Schule hier nicht auf Unterricht, also auf das Übermitteln von Kenntnissen über Erziehung und Selbstwerdung zurückziehen. Eine Theorie der Erziehung ersetzt die Erziehung nicht, und einer, der vieles über Selbstfindung weiß, ist deshalb noch lange nicht imstande, sich in jenes Geschehen hineinzugeben. Vergleicht man mit dieser Forderung die Wirklichkeit der Schule, so ist das Ergebnis niederdrückend. Von dem, was für den jungen Menschen und die Gesellschaft mit am wichtigsten ist, geschieht am wenigsten. Also muß die Wirklichkeit der Schule so verändert werden, daß sie ihrem Erziehungsauftrag nachzukommen vermag. Näheres wird zu diesem Thema in dem Kapitel, das der Neuwerdung des Bildungswesens gewidmet ist, gesagt werden.

Mut zur Verschiedenartigkeit

Beim Durchleuchten der geistigen Kräfte unserer Zeit, die das Klima für Einzelmensch und Gesellschaft bestimmen, stießen

wir auf die Gleichheitsparole. Es wurde deutlich, welch
störende und zerstörende Wirkungen von dem Streben nach
Gleichheit ausgehen. Eine geistige Neubesinnung muß folglich
das Leitziel der Gleichheit aufgeben. An seine Stelle hat
gerade umgekehrt Bemühung um Verschiedenartigkeit zu treten. Auch dieser Austausch von Leitlinien ergibt sich von
unserem Grundansatz her, nämlich aus dem Versuch, auf dem
Boden von empirischen anthropologischen Erkenntnissen Zielvorstellungen zu entwerfen. Eine der wichtigsten Aussagen
zum Wesen des Menschen ist – wie wir sahen – die seiner Individualität. Weil jeder Mensch ein absolut einmaliges, unaustauschbares Wesen darstellt, muß jede Hilfe, die zu seiner
Menschwerdung beitragen soll, zur Entfaltung seiner Individualität beitragen. Alle Strukturen in der Gesellschaft sind
unter anderem daran zu messen, ob sie diese einmalige Ausgestaltung von Menschsein fördern oder hemmen.

Von dem Gleichheitsgedanken muß eindeutig gesagt werden,
daß er so geartete Humanisierung – und eine andersartige
gibt es nicht – be- oder sogar verhindert. Werden die Menschen einander angeglichen, so nimmt man ihnen ihre Einzig-
artigkeit. Gleichstellung aller Menschen aus dem Streben nach
sozialer Gerechtigkeit ist inhuman. Denn im Zuge der Gleichstellung werden ihre Unterschiede nivelliert. Entindividuali-
sierung, Entpersonalisierung sind die Folge. Unmenschlich ist
ferner das Streben moderner technisch-bürokratischer Systeme
nach Austauschbarkeit des Menschen. Um des möglichst rei-
bungslosen und ungestörten Funktionierens von Abläufen
willen ist man daran interessiert, daß ein Mensch ohne weiteres durch einen anderen ersetzt werden kann. Wird dieser
Gesichtspunkt der Austauschbarkeit zu einem Leitgedanken
bei der Erziehung des Menschen, so wird erneut Menschsein
zerstört. Austauschbare Menschen sind Ersatzteile einer gesellschaftlichen Maschine. Der Mensch ist jedoch mehr als ein
Ersatzteil, gleich wozu dieses benutzt wird. Alle politischen
Bemühungen müssen folglich auch darauf abzielen, dem Men-

schen ein Höchstmaß von – sagen wir es provokatorisch hart –
Ungleichheit, von Unaustauschbarkeit, von Individualität zu
erschließen.

Wir dürfen uns bei dieser Neuorientierung nicht davor scheuen,
moderne Tabus zu brechen und heilige Kühe der Gesellschaft
zu schlachten. Ich möchte nur ein Beispiel nennen: die Chan-
cengleichheit in der Bildung. Welch ein Unsinn ist es, jedem die
gleichen Bildungschancen einräumen zu wollen. Es gibt wohl
keine Hausfrau, die jeder ihrer Zimmerpflanzen die gleiche
Menge Wasser und das gleiche Licht geben würde. Versucht
sie es, so wird sie durch das schnelle Ende der Pflanzen darüber belehrt, daß diese Lebewesen verschiedene Bedingungen
zum Wachstum brauchen. Kein Kind wird auf die Idee kommen, daß man in einem Zoo jedes Tier in den gleichen Stall
stecken müßte, dem Elefanten wäre ein Hamsterkäfig zu klein
und dem Hamster ein Elefantengehege zu groß. Die Parole
der Bildungsgleichheit muß darum durch das Modell einer
Bildungsgerechtigkeit ersetzt werden. Nicht jeder braucht die
gleiche Chance, sondern jeder braucht *seine* Chance. Die
Chance muß ihm gemäß sein, sie muß ihm auf den Leib ge-
schnitten sein. Ein Hochbegabter benötigt einen anderen Maß-
anzug als ein von Natur aus Schwachbegabter. Maßanzüge
brauchen jedoch beide. Nur durch auf den Einzelmenschen
optimal abgestimmte Bildungsbedingungen ist es möglich, ihm
mittels Bildung zu einer optimalen Erschließung seiner persönlichen Eigenart, auch seiner individuellen Begabungen zu
verhelfen.

Bei diesem Umdenken müssen wir uns auch von einem Verständnis von Gerechtigkeit lösen, das sich in den letzten Jahrzehnten eingeschlichen hat, ich meine die Gleichsetzung von
Gerechtigkeit und Gleichheit. Gleiche Behandlung aller ist –
weil alle verschieden sind – gerade nicht gerecht, sondern ungerecht. Gerecht ist eine Behandlung und sind Bedingungen,
wenn sie dem Menschen gerecht werden, das heißt, wenn sie
ihm angemessen und ihm gemäß sind. In diesen Formulierun-

gen steckt das Wort »Maß«. Jeder Mensch hat jedoch sein eigenes Maß. Um Gerechtigkeit handelt es sich folglich, wenn jeder *sein* Maß erhält. Daß jeder Mensch sein Maß mit auf die Welt bringt, ist nicht Menschenwerk. Der Mensch muß sich von der Illusion frei machen, er könne die genetisch angelegten Grenzen des Menschen verschieben, ohne den Menschen zu zerstören. Jeder Einzelne hat zu lernen, daß er nur bis an die ihm gesetzte Grenze vordringen, aber nicht – wenn er sich nicht selbst durcheinanderbringen will – über sich hinausstreben darf. Aufgabe der Gesellschaft ist es nicht, Maße zu verändern, sondern jedem zu helfen, daß er sein Maß voll erfüllen kann. Herauszufinden, wo die Grenzen liegen und was das Maß ist, bringt jedoch erhebliche Schwierigkeiten mit sich. Meistens sieht man die Grenzen erst, wenn man ihnen ziemlich nahe gekommen ist. Das bedeutet für die Gemeinschaft, niemanden von vornherein – ganz gleich aus welchen Gründen – auf etwas festzulegen, sondern ihn in eine Bewegung auf seine Grenze hin zu bringen. Aber wohlgemerkt: Jeder auf *seine* Grenze hin.

Orientiert sich ein Handeln, das die Gesellschaft gestalten will – wenn sie human werden soll, darf man sie nicht irgendwelchen Eigengesetzlichkeiten überlassen, sondern muß sie politisch gestalten –, am Menschen, so haben wir es am Ende bei ihr mit einem vielfältig gegliederten Organismus zu tun. Das Ziel ist also gerade nicht Uniformität der Gesellschaft, sondern Multiformität. Das Modell einer multiformen Gesellschaft besitzt Vor- und Nachteile. Reden wir zuerst von den Nachteilen. Verschiedenartigkeit zwischen Menschen verleitet dazu, damit Verschiedenwertigkeit zu verbinden. Ein Generaldirektor ist geneigt, sich für wertvoller zu halten als einen Mann von der Müllabfuhr. Dazu besteht jedoch keine Veranlassung. Erstens: Eine lebendige Gesellschaft benötigt Generaldirektoren ebenso wie Müllmänner. Eine moderne Gesellschaft könnte ohne Müllabfuhr nicht existieren. Sie würde in ihrem eigenen Dreck ersticken. Sie kann aber genauso wenig

ohne Top-Manager auskommen. Sie würde sonst kopflos
durcheinandergeraten. Das hier erwähnte Argument, kein
Teil eines Organismus dürfe sich für wertvoller und unent-
behrlicher halten als andere, weil Leben des Organismus auf
alle seine Teile angewiesen ist, ist übrigens nicht neu. Schon
Paulus hatte sich mit dem Hochmut einiger Christen herum-
zuschlagen und machte ihnen ihren Stellenwert anhand des
Vergleiches von Kirche und Körper klar. An der Aktualität
seiner Beweisführung hat sich nichts geändert. Die Grundaus-
sage bleibt: Verschiedene Funktionen sind verschiedenartig,
aber gleichwertig. Sie beziehen ihren Wert aus der Einbettung
in das Ganze.

Zum zweiten: Der Generaldirektor kann nichts dafür, wenn
er – um das einmal so verkürzt auszudrücken – mit mehr
Verstand auf die Welt kam als der Mann von der Müllabfuhr.
Wenn er mehr aus seinen Anlagen machte als der Müllmann,
dann ist das nur sehr bedingt sein eigenes Verdienst. Vieles
geht auf das Konto besserer Umstände. Und was an Verdienst
übrigbleibt, sollte ihm nicht in den Kopf steigen. Er lebt in
vieler Hinsicht angenehmer als ein Müllmann, so daß er neben
dieser Art von Lohn für sein Verdienst nicht noch den eines
erhöhten Wertgefühls benötigt. – Drittens: Auch eine multi-
forme Gesellschaft kennt kein starres Gefüge. Sie muß sich
offenhalten und mobil bleiben. Das heißt, wenn der Müllmann das Zeug zum Generaldirektor mitbringt, muß es ihm
die Gesellschaft ermöglichen, daß er durch entsprechende Weiterbildung auch auf diesen Posten gelangen kann. Und wenn
der Generaldirektor nicht mehr taugt, muß er von seinem
Posten entbunden werden. Der eine muß aufsteigen und der
andere absteigen können.

Nun zu den Vorteilen einer auf Verschiedenartigkeit und
Vielgestaltigkeit abzielenden Gesellschaft. Aus der Analyse
einer nivellierenden Gesellschaft ergibt sich bereits der Vorteil
des gegensätzlichen Modells. Spannung entsteht, wie wir mehrfach feststellten, nur aufgrund von Verschiedenartigkeit.

Wachstum, Wandlung erfordert Spannung. Verschiedenartigkeit erzeugt somit die Dynamik, welche wirkliches Leben beim Einzelmenschen und in der Gesellschaft auszeichnet. Ein elementarer Bestandteil in der Verfassung des modernen Menschen ist – wie wir sahen – die Leere in ihm und in seinen zwischenmenschlichen Beziehungen. Ihn ödet die Monotonie des »Lebens« in ihm und um ihn an. Verschiedenartigkeit reizt und regt Leben an, bringt Fülle zustande, die Leere schwindet, andere Menschen werden interessant, das Leben beginnt zu locken und wird faszinierend. Andersartigkeit des anderen ist ferner eine ständige Hilfe, sich in Frage zu stellen und in Frage gestellt zu werden. Auch hierdurch wird gewährleistet, daß der Prozeß auf das ferne Ziel hin in Gang bleibt, auf das Ziel der Humanisierung beim Einzelnen und in der Gesellschaft.

Finden der seelischen Ganzheit

Das Ziel, zu dem Neubesinnung hinführen soll, heißt, wie gesagt, Menschwerdung. Damit stellt sich erneut die Frage: Wer ist dieser Mensch? Die von uns beschriebenen Symptome zeigen an, daß wir dabei sind, auf eine für die moderne Welt spezifische Weise unser Menschsein zu verfehlen. Wenn wir es gewinnen wollen, müssen wir aufs neue die empirische Anthropologie um Antworten auf jene Frage nach dem Menschen bitten. Bei der Suche nach den krankmachenden Ursachen erkannten wir, daß der Mensch wesentlich auch deshalb dabei ist, sich selbst zu verlieren, weil er einen Teil seiner seelischen Wirklichkeit leugnet und sich von ihr trennt. Er bestreitet die Existenz von Nichtrationalem und negiert besonders die irrationalen Schichten seines Unbewußten. Der Rationalismus unserer Tage setzt den Menschen mit dem rationalen Ausschnitt seiner selbst gleich. Dem steht die Erkenntnis der Tiefenpsychologie gegenüber, daß der Mensch ein überwiegend unbewußtes Wesen darstellt, dessen Unbewußtes von autonomen, also von den Regeln des Bewußtseins abweichenden und unabhängigen Gesetzen bestimmt wird. Vor allem C. G. Jung wies darauf hin, daß dieses Unbewußte eine eigenständige, dem Rationalen gegenüberstehende und es komplettierende Wirklichkeit besitzt.

Es wird höchste Zeit, daß das allgemeine Bewußtsein von diesem – zugegebenermaßen für die Ratio unangenehmen – Tatbestand Kenntnis nimmt. Der Rationalismus, der den gegenwärtigen Zeitgeist so nachhaltig prägt, stimmt mit den Aussagen dieses Zweiges der Wissenschaft nicht überein. Folglich muß jene rationalistische Position revidiert werden. Es könnte nun eingeworfen werden, mit dem Gedanken eines nicht rationalen Unbewußten, also einer Seinsschicht des Menschen von eigenem Charakter, könne man sich schon befreunden, was aber spräche für das Vorhandensein nichtrationaler Realität außerhalb des Menschen? Mit empirischen Mitteln wird man kaum das Bestehen solcher Wirklichkeiten beweisen können. Auf alle Fälle läßt sich auch nicht das Gegenteil beweisen, sondern nur – wie es im Rationalismus geschieht – behaupten. Wenn aber die Existenz einer irrationalen Seinsschicht im Menschen zugegeben wird, was steht dann dem Gedanken im Wege, daß es auch noch anders geartete Wirklichkeitsbereiche nichtrationaler Natur außerhalb des Menschen geben könne?

Woher nimmt man beispielsweise den Mut, mit solcher Sicherheit zu erklären, Gott sei nur die Projektion von innerseelischen Inhalten? Daß Gott *auch* eine Projektionsfigur darstellt, kann überhaupt nicht bestritten werden. Mit welchem Recht will man jedoch daraus schließen, er sei *nur* eine Projektion? Wir sind offenbar weithin so töricht anzunehmen, nur das, was unsere Sinnesorgane und unsere Ratio als Wirklichkeit wahrnehmen, sei Wirklichkeit überhaupt. Dabei liegt der andere Gedanke so nahe, daß man mit anders gebauten Wahrnehmungsorganen und mit einem anders strukturierten Verstand die Wirklichkeit in jedem Falle anders – vielleicht aber auch anders geartete Wirklichkeiten neu – erfahren würde. Auf alle Fälle müssen wir uns aus dem Käfig rationalistischer Gleichsetzung von Rationalem und Sein befreien. Unser Wissen darf uns nicht zur Voreingenommenheit veranlassen; wir müssen vielmehr zu einer neuen Offenheit neuen Erfahrungen gegenüber hinfinden. Wenn diese Öffnung zustande kommt, ist es durchaus möglich, daß alte Wirklichkeit neu erfahren und bisher unzugängliche Wirklichkeit erlebt wird. Was das für viele Menschen unserer Zeit bedeuten würde, liegt auf der Hand, denn bei unserer Analyse wurde ja immer wieder gezeigt, wieviel an moderner Gestörtheit Ausdruck innerer Leere darstellt.

Mit diesen Sätzen plädiere ich nicht für einen neuen Irrationalismus. Der Bereich des Rationalen wird nicht gering geachtet und ebenfalls wird nicht die Wirklichkeit des Irrationalen als die wahre Realität gepriesen. Das Rationale stellt einen Teil der Wirklichkeit dar, und innerhalb seiner Grenzen besitzen seine Gesetze Gültigkeit. Das Rationale darf allerdings nicht verabsolutiert werden. Gerade weil die Verabsolutierung im Laufe der Zeit eine Gegenbewegung des Irrationalismus erzeugt, sollten wir rechtzeitig eine Integration von Rationalem und Nichtrationalem versuchen. Manches deutet darauf hin, daß in unseren Tagen das verstoßene Irrationale seine Faszination auf den dürren Intellekt wieder einmal auszuüben beginnt. Unter der Jugend gibt es manche Anzeichen, daß ein neuer Irrationalismus möglich wäre. Ja zum Teil durchdringen schon völlig irrationale Strömungen – etwa im Bereich der Ideologie – die scheinbar so klare rationale Welt. Einen neuen Irrationalismus kann sich eine hochgradig technisierte Zivilisation in keiner Weise leisten. Ein neuer Gegenschlag der Romantik wäre 150 Jahre nach der ersten Gegenreaktion auf die Aufklärung weit gefährlicher als damals.

Es geht folglich darum, Rationales und Nicht-Rationales zu einer neuen Ganzheit zu vereinigen. Gelingt das, so wären die Gefahren von Separierungen und Verabsolutierungen nach beiden Seiten hin gebannt. Damit wäre das Rationale geistig und das Irrationale vernünftig. Die Spannung, die dennoch aus der Verschiedenartigkeit jener Schichten entstünde, würde den Menschen in Bewegung halten und für Wandlung auf das ferne Ziel hin sorgen, das immer vor ihm steht, das seiner Menschwerdung.

Auch die andere Erkenntnis der Tiefenpsychologie, die vorhin geäußert wurde, muß für das öffentliche Bewußtsein fruchtbar gemacht werden, die der Autonomie des Unbewußten. Andere Wirklichkeiten besitzen andere Gesetze. Es wäre sinnlos, diese Wirklichkeiten mit den im Bewußtsein gültigen Gesetzen in den Griff bekommen zu wollen. Wenn das möglich wäre, könnte jeder zum Beispiel mit Verstand und Willen so erfolgreich gegen seine Ängste und Depressionen vorgehen, daß sie nicht an anderer Stelle und in anderer Gestalt erneut zum Vorschein kämen. Unser Bewußtsein ist unter dem Einfluß des Zeitgeistes bestimmt durch Streben nach Zweckhaftigkeit, Nützlichkeitsdenken, Handeln nach der Relation von Aufwand und Ertrag. Da wir diese durch die Aufklärung so sehr in den Vordergrund unseres Denkens geschobenen Einstellungen auf unser gesamtes Leben übertragen, müssen die aus dem Unbewußten gespeisten Anteile unseres Lebens absterben. Die ganze Welt der Gefühle gehorcht zum Beispiel nicht jenen Kategorien. Emotionen sind oft nicht von Nutzen, sondern für jenes Denken von Nachteil. Wer also nur Nutzen ohne Nachteil haben will, zerstört seine Emotionen. Liebe gehorcht in keiner Weise der Regel von Zweckhaftigkeit. Vieles, was man aus Liebe tut, ist zwecklos, sinnlos und dumm. Weil wir das zu wenig in Kauf nehmen, schwindet die Fähigkeit zur Liebe. Wird eine zwischenmenschliche Beziehung unter dem Gesichtspunkt aufgebaut: »Was stecke ich hinein, was kommt heraus?«, so kann sie sich von vornherein nicht entfalten. Diese Art von Beziehungen sind keine menschlichen, sondern Geschäftsbeziehungen.

Jeder prüfe sich anhand des Beispiels, ob nicht auch er angekränkelt ist von jenem Trachten der Gegenwart, Gesetze, die auf dem einen Sektor gültig sind, auf den anderen zu übertragen und so Leben zu beherrschen. Von der Beantwortung dieser Frage wird vieles in der Zukunft abhängen, ob wir nämlich – wie es in der Vergangenheit geschah – nicht nur die unbelebte Natur, sondern auch den Menschen – den anderen und uns selbst – total beherrschen wollen, oder ob wir in unserem Planen und Handeln Freiräume lassen, damit sich das nach seinen eigenen Gesetzen entfalten kann, was nicht in die Schemata des Rational-Technischen hineinpaßt. Im einen Fall entsteht vielleicht eine perfekt funktionierende Gesellschaft, welche die Teile ihres Systems mit Lust versorgt. Der Mensch stirbt dabei. Im anderen Falle werden wir zwar auch planen, zugleich aber den Mut zur Lücke, den Mut zum Spielraum haben. Mit dieser ungeplanten Freiheit nehmen der Einzelne und die Gesellschaft Risiken und Gefahren auf sich. Der Mensch wird sich hierbei jedoch in einer Weise entfalten können, wie es der in ihm angelegten und ihm zur Verwirklichung aufgegebenen Ganzheit entspricht.

Auf der Suche nach dem Sinn

Der unser Bewußtsein immer noch beherrschende Rationalismus mußte den Weg zum Sinn versperren. Er erlaubt nämlich nur, nach Kausalität zu fragen, also ausschließlich die Frage nach dem Warum zu stellen. Die Frage nach dem Wozu, nach dem Ziel, nach dem Sinn wurde als unwissenschaftlich abgetan. Damit kam es im Bereich der Wissenschaften vom Leben, die ja auch unter den Einfluß des rationalistischen Wissenschaftsbegriffes gerieten, zu abenteuerlichen Verrenkungen. So wurde selbst in einer Disziplin, die so stark auf ein Ziel – das des Heilens – ausgerichtet ist, in der Medizin nämlich, zielbezogenes, also teleologisches Denken als unwissenschaftlich verworfen.

Ich gebe dafür ein Beispiel: Die so nahe liegende Frage, wozu die Herzklappen dienen, bezeichnete man als unwissenschaftlich. Statt dessen wurde – um die Frage nach dem Wozu durch die Frage nach dem Warum zu ersetzen – das Bestehen der Herzklappen mit komplizierten entwicklungsgeschichtlichen Ableitungen erklärt.

Im Prinzip läßt sich gegen die Kausalbetrachtung in der Wissenschaft – auch in den Wissenschaften des Lebens – nichts einwenden. Diese Art, sich Phänomenen zu nähern, ergibt jedoch nur *eine* Auskunft. Um zu einem ganzen Bild zu gelangen, muß sie häufig von der finalen Betrachtungsweise ergänzt werden. Je mehr sich die Wissenschaft im Bereich des Lebenden bewegt und je mehr sie sich dabei den höchsten Formen des Lebendigen, dem Menschen, und hier wieder zentralen psychischen Realitäten nähert, um so wichtiger wird die teleologische Betrachtungsweise. Leben kann eben nicht nur chemisch und physikalisch definiert werden; Leben ist zugleich ein Prozeß auf ein Telos, auf ein Ziel hin. Eine Wissenschaft vom Menschen wird ihrem Erkenntnisgegenstand demnach in keiner Weise gerecht, wenn sie die Frage nach dem Sinn des Lebens, nach dem Ziel der Menschwerdung ausklammert. Aber eben das wurde und wird heute noch weitgehend getan.

Die empirischen Humanwissenschaften – ich denke besonders wieder an die tiefenpsychologische Anthropologie – können nun fundamental wichtige Auskünfte über den Menschen geben und damit wesentliche Aussagen machen über die Ziele, auf die sich der Prozeß, Mensch genannt, hinbewegt. Bei dieser Schau des Menschen spielt der Entwicklungsgedanke eine wesentliche Rolle. Was angelegt ist, soll sich so entfalten, daß es verwirklicht wird. Neu ist diese Art, den Menschen zu sehen, freilich nicht: »Werde, der du bist.« Ich möchte nur anhand einiger beispielhafter Aussagen deutlich machen, wie weit jene anthropologischen Einsichten reichen, und daß sie tatsächlich Lebenssinn zu formulieren imstande sind.

Der Mensch ist ein Du-haftes Wesen. Auf der einen Seite wird er nur in dem Ausmaß Mensch, in dem sich ein menschliches Du mit ihm verbindet. (Siehe das zentrale menschliche Phänomen des Urvertrauens, das, wie es scheint, im Menschen angelegt ist, sich aber erst in festen und tiefen Beziehungen zu den Eltern entfaltet.) Auf der anderen Seite erschließt sich sein Menschsein nur insoweit, wie er sich selbst einem Du verbindet. Oder um es mit Freud zu sagen: Aus Ichlibido soll Objektlibido werden. Sinn des Lebens ist es folglich, personal zu lieben, das heißt unter anderem, sich in ähnlicher Weise festzulegen und zu binden, wie es am Anfang von wirklichem Leben durch die Mutter exemplarisch geschah.

Der Mensch ist ferner ein Gesellschaftswesen. Seine Entwicklung zielt somit nicht allein auf Zweierbeziehung ab, sondern auf Leben in sozialen Gruppen. Sinn des Lebens ist es also, zum Leben in der Gemeinschaft fähig zu werden, und das bedeutet, nicht nur von ihr zu nehmen, sondern ihr ebenfalls zu geben. Der Mensch ist schließlich, um das noch einmal zu wiederholen, eine Individualität. Liebe zum Du und Leben im sowie für das Gemeinwesen soll demnach auf die absolut einmalige Weise geschehen, die im Einzelmenschen angelegt ist. Sinn des Lebens stellt es also endlich dar, dieser einmalige Mensch zu werden, der man sein kann. Der Mensch ist, um noch eine zweite anthropologische Aussage Jungs zu erwähnen, eine Ganzheit. Individuation heißt Ganzwerdung. Nichts soll abgespalten bleiben, alles ist zu integrieren.

Damit stellt sich jedoch ein Sinnproblem, das meines Erachtens durch die Empirie nicht mehr lösbar ist. Freuds Erkenntnis, der Mensch sei ambivalent und ambitendent, also von Natur aus zwiespältig, trifft zu. Der im Menschen angelegten Liebe

zum anderen Menschen entspricht der Haß auf ihn. Ganzwerdung beinhaltet, auch den Haß nicht zu verdrängen, sondern ihn in die bewußt erlebte psychische Ganzheit mit hinein-
zunehmen. Wie geht es dann aber weiter? Sollen Liebe *und*
Haß nach außen gerichtet und ausgelebt werden? Sollen sie
sich in der Beziehung zu einer Person neutralisieren? Sollen
Liebe und Haß in dieser Beziehung einander abwechseln? Soll
der eine Mensch geliebt und der andere dafür gehaßt werden?
Oder soll man nur die Liebe ausleben, aber nicht den Haß?
Empirisch gesehen ist es nicht zwingend einzuschen, warum
man nicht auch hassen, wenn man schon lieben soll. Der Haß
steht nur als Beispiel für manches andere im Menschen, was
zu sozial wertvollen Seiten im Widerspruch steht. Es muß
folglich eine Auswahl getroffen werden, was zum Realisieren
zugelassen wird und was als beherrschter Impuls im seelischen
Binnenraum verbleibt. Letztlich geschieht diese Auswahl von
einem Wertgefüge aus, das jenseits der Empirie liegt, dessen
aber die Empirie bedarf. Philosophie, Theologie, Religion,
christliche Verkündigung sind – je nach dem Standpunkt
dessen, der seine Entscheidung zu treffen hat – gefragt.
Die Wissenschaften vom Menschen sind folglich in der Lage,
Teilauskünfte auf die Frage nach dem Wozu, nach dem Sinn
menschlichen Lebens zu geben. Vieles müssen sie offenlassen.
Dennoch verlangt das Leben, wenn es sich verwirklichen soll,
auch hier nach Antworten. Es handelt sich dabei übrigens
nicht nur um die Problematik des Einzelmenschen, sondern in
gleicher Weise um die der Gesellschaft. Der Gesellschaft stehen
heute dank des Fortschrittes von Naturwissenschaft und Technik ungeheure Möglichkeiten zur Verfügung, Bestehendes zu
verändern. Dabei stellt sich die Frage, was geändert wird und
in welcher Richtung es geändert werden soll. Ich möchte ein
naheliegendes sehr aktuelles Beispiel aus der Medizin nennen:
Mit den Methoden der medizinischen Technik sind wir heute
in der Lage, den Tod in vielen Fällen hinauszuziehen. Ist es
aber sinnvoll, körperliches Leben künstlich zu verlängern,

ohne, wie heute üblich, zugleich mitzubedenken, wie sich die
Verlängerung des körperlichen Lebens auf das seelische Leben
des Menschen auswirkt? Zu fragen wäre, wie der Betroffene
dazu steht, ob er mit diesem Aufschub etwas anfangen kann,
oder ob wir ihm nur – wie es in vielen Fällen den Anschein
hat – sinnlose Qualen aufbürden. Auf zahlreichen Gebieten
stellt sich heute die Frage, ob Wissenschaft und Technik die
vielen Möglichkeiten, die sie besitzen, auch wahrnehmen
sollen. Was ist sinnvoll? Unter welchen Zielvorstellungen
kann und muß ausgewählt werden?

Wie gesagt, es handelt sich dabei nicht nur um Fragen von
Wissenschaft und Technik, sondern um ein Problem der Gesellschaft überhaupt. Heute wird allerorts von Lebensqualität
gesprochen. Was Lebensqualität sei, konnte bislang nicht be-
friedigend definiert werden. Dennoch wäre es verfehlt, daraus
abzuleiten, es würde sich bei »Lebensqualität« um eine zum
Schlagwort gewordene Leerformel handeln. Jene Wortschöp-
fung entstand aus einem weit verbreiteten Unbehagen an
unserem derzeitigen Leben. Die Väter von »Lebensqualität«
erkannten, daß unsere Gesellschaft nicht nur quantitatives,
sondern vor allem qualitatives Leben haben will. Was also ist
Lebensqualität? Relativ periphere Inhaltsangaben, wie saubere
Umwelt, sind zwar nicht unrichtig, reichen zur Bestimmung
jedoch nicht aus. Letztlich werden diejenigen, die durch ihr
politisches Handeln dem Bürger Lebensqualität vermitteln
wollen, nicht umhin können, ein Bild zu gewinnen, was
menschliches Leben sei, worauf es abziele, was sein Sinn ist.
Um auf diese Weise die Gesellschaft gestalten zu können, muß
erneut die Frage nach dem Sinn beantwortet werden. Auch
hier können die empirischen Humanwissenschaften Hilfen anbieten. Die letzten Interpretationen des Menschen müssen freilich aus Bereichen jenseits der Empirie bezogen werden.

An dieser Stelle ist nun allerdings davor zu warnen, nicht
empirisch bezogene Sinngebungen zu früh anzubieten. Wird
zum Beispiel bei einem depressiv entleerten Menschen christ-

liche Sinngebung vorgenommen, so ist nur ideologische Kompensation von Lebensverlust die Folge. Der Mensch wird zwar durch den neuen Sinn aufgerichtet und belebt; dennoch kommt dabei das Leben nicht aus ihm selbst, sondern aus einem an ihn herangetragenen und übergestülpten Gedankensystem. Lebenssinn ist primär so zu erschließen, daß das im Menschen angelegte Leben freigesetzt und in Bewegung gebracht wird. Vermittlung von Lebenssinn stellt vordringlich Hilfe dar, Leben auf die als sinnvoll ausgewiesenen Ziele hin vollziehen zu können. Ich erinnere in diesem Zusammenhang noch einmal an die Hilfen der tiefenpsychologischen Anthropologie zur Sinnfindung. Erst wenn diese Art von Sinnfindung und Sinnvollzug auf ihre Grenzen stößt, ist Sinnübermittlung aus dem Raum von Philosophie oder Glauben erlaubt. Wie im einzelnen konkret zur Verwirklichung des Sinnes beigetragen werden soll, versuche ich nunmehr in exemplarischer Weise zu verdeutlichen anhand der Bereiche Familie, Konsumgesellschaft und Bildungswesen. Hier sollen Bedingungen aufgezeigt werden, die dazu helfen können, daß Sinn erschlossen und menschliches Leben verwirklicht wird.

Familie wohin?

Es zeigte sich, daß in der Familie der Gegenwart wesentliche Ursachen der Störungen vieler junger Menschen liegen. Welche Strukturen muß die Familie aufweisen, damit jene Störungen möglichst vermieden werden? Wie muß Familie beschaffen sein, damit in ihr die Fundamente gelegt werden, auf denen die Selbstverwirklichung des Menschen aufbaut? Auch in diesem Abschnitt unserer Überlegungen können wir die Ansätze zu Antworten wieder aufnehmen, welche sich aus der Analyse der Krankheitsentstehung und der krankmachenden Ursachen ergaben. Sprechen wir zuerst von dem Beitrag, den die Frau zu leisten hat. Sie befindet sich, wie dargelegt, in einer Konfusion verschiedener Prägungen von Frausein und in einem Widerstreit verschiedener Rollen, Frausein zu vollziehen. Zum Teil widersprechende Verhaltensmuster gehen bei ihr durcheinander. Die Frau löst die Verwirrung nicht, indem sie sich bewußt mit einer bestimmten Prägung identifiziert, sich an ihr festhält und die anderen Prägungen dabei verdrängt. Denn die verdrängten Verhaltensschemata – etwa die im Bewußtsein verneinte Art der eigenen Mutter, Frau zu sein – wirken im Unbewußten weiter. Die verdrängten Muster erzeugen Unausgewogenheit in Stimmung und Verhalten. Wenn man aber versucht, sich gegen seine Stimmung abzudichten, so zahlt man oft den Preis der emotionalen Verarmung. Auch

hier muß das Unbewußte der bewußten Persönlichkeit integriert werden. Die Widersprüchlichkeit der Muster muß bewußt durchgelebt, durchgestanden und zum Teil durchgelitten
werden. Auf diese Weise verlieren Prägungen der Vergangenheit an Kraft. Eine neue Einheit der früher auseinanderklaf-
fenden Einstellungen kommt zustande. In einem lang anhal-
tenden Prozeß der emotionalen Auseinandersetzung mit sich
selbst wird es damit der Frau möglich, bis in die Tiefe ihres
Unbewußten hinein, auf eine bestimmte Weise – auf ihre
jeweilige Weise – Frau zu sein. Dieses Geschehen ist ein wichtiger Beitrag zur Individuation bei der Frau.

Jenseits der Thesis, die den Schwerpunkt des Lebens der Frau
auf die Rollen Ehefrau, Mutter, Hausfrau legte, und der
Antithesis, welche die Berufsrolle an die erste Stelle setzt,
lautet die Synthesis, daß alle Rollen gleichwertig sind. Sie
können freilich nicht alle gleichzeitig und gleich intensiv ausgelebt werden. Wer das versucht, erreicht das eine auf Kosten
des anderen. Nicht ein volles Nebeneinander, sondern ein ab-
gestuftes Nacheinander der Rollen ist anzustreben. Vor der
Ehe stellt der Beruf die wichtigste Rolle dar. In der Ehe vor
der Mutterschaft hat sich die Berufsrolle in ihrer Bedeutung
mit den anderen Rollen zu teilen. Mit der Mutterschaft rückt
die Berufsrolle in den Hintergrund, und an ihre Stelle tritt
die Mutterrolle. So lange, bis das jüngste Kind vier bis fünf
Jahre alt ist, muß um des Kindes willen auf Berufsausübung
verzichtet werden. Danach ist Teilzeitarbeit möglich. Die volle
Berufsausübung sollte jedoch erst wieder erfolgen, wenn die
Mutterrolle, da die Kinder der Mutter nicht mehr so bedürfen,
von selbst ihre Bedeutung weitgehend verloren hat.

Der Frau wird folglich an dieser Stelle ein wichtiges Opfer
abverlangt. Bei der in diesem Buch immer wieder betonten
Wichtigkeit der Mutter-Kind-Beziehung der frühen Kinder-
jahre ist jedoch jener Verzicht unumgänglich. Auf der anderen
Seite aber bringt die Frau nicht nur ein Opfer. Denn es wurde
ja bereits darauf hingewiesen, daß die Mutterschaft eine ganz

wesentliche Möglichkeit darstellt, sich als Frau zu finden und
intensivstes Glück zu erleben.

Die Berufsrolle darf freilich in dieser Zeit nicht völlig unter-
gehen. Wenn die Frau den Anschluß an ihren Beruf behalten
will, muß sie sich ständig weiterbilden. Das ist nötig, weil –
wie bekannt – die beruflichen Kenntnisse und Methoden immer schneller veralten. Die Gesellschaft muß darum mittels
Weiterbildungsprogrammen der Frau helfen, daß sie auch als
Vierzigerin, im Falle einer Scheidung oder in einem anderen
Notfall wieder eine vollwertige Berufsposition erhält. Bei
dieser ständigen Fortbildung der Mutter muß das Fernsehen
in weit größerem Umfang als bisher eingesetzt werden. Eigene
Bildungsprogramme sind für diesen Teilnehmerkreis zu entwickeln.

Der Verzicht auf Berufstätigkeit der Frau hat eine wichtige
finanzielle Seite. Die Motive für Berufsausübung der verheirateten Mutter sind gemischt. Selbstverwirklichung ist nur
ein Motiv, Flucht aus der Leere der Ehe oder aus der Resigna-
tion in der Erziehung der Kinder sind andere Motive. Viele
Mütter sind aber einfach gezwungen, zu arbeiten, weil der
Verdienst des Mannes auch ohne große Konsumansprüche
nicht reicht. In manchen Großstädten der Bundesrepublik
müssen für den Wohnbedarf einer vier- bis fünfköpfigen
Familie oft vierhundert und fünfhundert Mark Miete gezahlt
werden. Jeder kann sich ausrechnen, daß bei solchen Mieten
das Einkommen des Durchschnittsverdieners nicht ausreicht,
um die Familie mit dem Notwendigen zu versorgen. Hunderttausende von Frauen müssen folglich – auch wenn sie lieber
bei ihren Kindern blieben – Geld verdienen. Wenn Gesellschaft und Staat nicht inhuman sein wollen, muß ein Familien-
lastenausgleich vorgenommen werden, der garantiert, daß
keine Mutter kleiner Kinder, um den Lebensbedarf zu sichern,
hinzuverdienen muß. Was der Staat hier investiert, wird er
später in vielfacher Weise sparen; denn wie viel es kostet,
Sozialschäden zu versorgen – oder in den meisten Fällen zu

verwalten –, wurde ja an manchen Stellen dieses Buches angedeutet.

Die Emanzipationsbewegung möchte die Frau aus der Abhängigkeit dem Manne gegenüber befreien. Ein wesentliches
Element der Abhängigkeit stellt das Geld dar. Inwiefern ist
die Frau überhaupt vom Manne unabhängig, wenn sie von
dem Geld, das er nach Hause bringt, abhängt? Kann sie sich
überhaupt frei entfalten, wenn sie nicht im Besitz ihres eigenen Geldes ist? Ein Mann mag normalerweise der Frau die
Verwendung des von ihm verdienten Geldes überlassen. Wenn
es in einer Eheauseinandersetzung jedoch hart auf hart geht,
wird er geneigt sein, das Argument ins Feld zu führen, daß
die Frau von seinem Gelde lebe und dieses wie jenes nicht
machen könne, wenn er es ihr nicht finanziell ermöglichen
würde.

Diesen letzten, wichtigen Rest der Unfreiheit dem Mann
gegenüber gilt es zu beseitigen. Ich halte es für utopisch, von
seiten des Staates ein Hausfrauengehalt zu erwarten. Ein
Hausfrauengehalt, das den Verzicht der Frau auf Berufsausübung honoriert, eine Anerkennung ihrer Arbeit in der Familie darstellt und ihr eine gewisse finanzielle Unabhängigkeit
verleiht, ist jedoch notwendig. Also muß es auf privatem
Wege aufgebracht werden. Ich schlage vor, daß von dem Einkommen eines jeden Ehemannes ein bestimmter Teil abgezogen
und der Ehefrau als Hausfrauengehalt zu ihrer freien Verfügung überwiesen wird. Weiterhin sollte der Mann für die
soziale Sicherung seiner Frau, die nicht mehr ihrem Beruf
nachgeht, aufkommen. Ihre Sozialversicherung sollte von dem
Mann weitergeführt werden. Die Beiträge dazu müßten zusammen mit seinen anderen Abgaben automatisch von seinen
Einnahmen abgebucht werden. Diese Kombination von beruf-
licher Weiterbildung, Hausfrauengehalt und sozialer Sicherstellung verleiht der Frau in der Ehe so viel Sicherheit, daß
sie – ich schneide ein wesentliches Problem des liberalisierten

Ehescheidungsrechtes an – nicht, um für den Fall einer Scheidung sichergestellt zu sein, weiterhin im Beruf bleiben muß.

Um eine befriedigende seelische Entfaltung der Kinder zu
gewährleisten, genügt es allerdings nicht, wenn die Frau nur
äußerlich zu Hause weilt. Ihre äußere Anwesenheit ist zwar
wichtig, entscheidende Bedeutung hat jedoch die Qualität
ihrer Gegenwart. Den Müttern ist darum zu helfen, daß sie
auf die Weise mütterlich zu sein vermögen, wie es die Kinder
brauchen. Die Frau muß ihre emotionale Sicherheit zurück-
gewinnen. Das ist wesentlich auch eine Erziehungsaufgabe.
Den Frauen, die bereits verheiratet sind, wird man bei ihren
Erziehungsproblemen und bei den eigenen Schwierigkeiten,
die hinter ihrem Fehlverhalten den Kindern gegenüber stek-
ken, durch ein vermehrtes Angebot von Beratungsstellen,
Mütter- und Elternschulen Hilfen bieten müssen. Dazu ist die
Ausbildung einer weit größeren Anzahl qualifizierter Fach-
leute nötig, als heute zur Verfügung steht. Vor allem muß
sich die Gesellschaft darum bemühen, daß den kommenden
Müttern, also den Kindern und Jugendlichen von heute, eine
Bildung zuteil wird, die im Gegensatz zur heutigen Schulbildung nicht intellektualisiert und vom emotionalen Untergrund entfremdet, sondern die zur Integration des Emotionalen beiträgt.

Wir sagten, daß die Mutterrolle eine wichtige Rolle, aber
nicht die einzige Rolle einer Frau darstellt, die Kinder hat.
Die Frau von heute und morgen darf somit nicht wie ihre
Schwester von gestern in der Mutterrolle aufgehen. Das wäre
auch für die Selbstfindung der Kinder von Übel. Ein Kind
benötigt zwar auch die Mutter, muß jedoch schon bald lernen,
daß es ein eigenes Wesen ist, das eigenständig sein darf und
bewußt von den Eltern zur Unabhängigkeit von ihnen erzogen
wird. Ein Zuviel an Mutter wäre für das Kind genauso schädlich wie für die Mutter selbst. Aufgabe des Mannes ist es, mit
darauf zu achten, daß sich die Frau nicht total mit ihrer

Mutterrolle, aber auch nicht mit der Rolle als Ehefrau und Hausfrau identifiziert.

Von allen diesen Rollen unabhängig ist die Frau Privatmensch. In jenen Rollen und durch den Vollzug ihrer Rollen hindurch hat sie sie selbst zu werden. Dazu ist die Partnerschaftsbeziehung zu ihrem Mann von größter Bedeutung. Ist diese Beziehung zu wenig erfüllt und wird der Mann seiner Frau zu wenig seelisch gerecht, so weicht die Frau nach einiger Zeit automatisch in andere Rollen aus: Sie wird mehr Hausfrau als nötig oder mehr Mutter als gut, beziehungsweise sie flüchtet in den Beruf. Der Mann, der kritisiert, daß seine Frau zu sehr in diesen Teilbereichen lebt, lege sich die Frage vor, ob nicht auch er eine Ursache dieses Verhaltens darstellt. Nur zu oft ist das Problem der Frau eine Spiegelung der Probleme des Mannes. Damit sind wir also beim Mann angelangt. Im Hinblick auf ihn und sein Verhalten in der Familie muß einiges Grundsätzliche gesagt werden.

Genauso wie bei der Frau gilt auch für ihn, daß keiner seiner Rollen ein Primat zukommt. Die bisherige Wirklichkeit sieht freilich anders aus. Für den Mann steht der Beruf in der Regel an erster Stelle, und alles andere wird dem untergeordnet. Die Folgen dieser Einseitigkeit haben wir kennengelernt. Tritt der Mann in neue soziale Bezüge wie Ehe und Vaterschaft ein, so entstehen damit neue wichtige Rollenverpflichtungen. Dem Denken, das noch in den Vorstellungen der Produzentengesellschaft verfangen ist, fällt es schwer, daraus die Konsequenz zu ziehen, welche die vor uns liegende Freizeitgesellschaft allerdings nahelegt: Die Rollen des Mannes im Beruf, in der Ehe und in der Beziehung zu den Kindern sind gleichwertig. Es handelt sich bei dieser Feststellung nicht nur um ein grundsätzliches Werturteil; sie hat praktische Konsequenzen. Die Folge muß sein, daß die Notwendigkeiten von Beruf, Ehe und Familie gleichberechtigt miteinander in Einklang zu bringen sind. Selbstverständlich wird es bei den meisten Männern Perioden geben, in denen der berufliche Aufbau verlangt, auch noch einiges der Zeit, die eigentlich der Familie gehört, für den Beruf aufzuwenden. Das muß jedoch Ausnahme bleiben und darf nicht zum Dauerzustand werden. Jeder, der den Beruf vorübergehend an die erste Stelle setzt, sollte auf der Hut sein, daß sich dabei nicht die Beziehungen zu Frau und Kindern entleeren. Wenn ein bestimmter Punkt verpaßt ist, fällt es ungemein schwer, und wird bisweilen unmöglich, in entleerte zwischenmenschliche Beziehungen neues Leben hineinzubringen.

Von den jüngeren Vätern ist zu sagen, daß sie diese Gleichstellung der Rollen weitgehend bereits praktizieren. Es ist erfreulich, wie viel Zeit sie sich für ihre Kinder nehmen. (Schon dieser uns so geläufige Ausdruck zeigt an, wie wenig selbstverständlich es immer noch ist, für die Kinder einfach Zeit zu haben.) Die jungen Väter der Gegenwart befassen sich viel mit ihren Kindern, sie spielen beispielsweise oft mit ihnen. Daß sie so viel Zeit für die Kinder haben, ist begrüßenswert. Allerdings fragt sich, *wie* sie für ihre Kinder da sind. An dieser Stelle muß Kritik geübt werden. Die Väter versuchen zumeist, die älteren Brüder ihrer Kinder zu sein. Als Gegenreaktion auf den Patriarchalismus ist das verständlich. Dennoch ist eine solche Einstellung den Erfordernissen des Kindes nicht angemessen. Außerdem entspricht sie auch, was den Vater anlangt, nicht den Realitäten. Der Vater ist nun einmal, ob er sich dessen bewußt wird oder nicht, eine andere Generation, die ältere Generation eben. Das Kind benötigt, um reifen, älter werden und um alt werden zu können, eine Identifikationsgestalt, die verkörpert, wohin sein Weg führen wird und führen soll. Stellt der Vater nur älterer Bruder dar, wie soll es ein Kind lernen, selbst ältere Generation zu werden? Der junge Mensch muß sich darum gegen das Altwerden sträuben und versuchen, seine Jugend festzuhalten. Hier liegt sicher ein wesentlicher Grund, warum heute viele Jugendliche die Empfindung haben, wenn sie nicht mehr jung seien – und das ist bei ihnen spätestens mit dreißig oder gar schon mit fünfundzwanzig der Fall –, hätten sie nichts mehr vom Leben zu erwarten. Da sie sich gegen das Altern sperren, müssen sie auch das zum Altern führende Reifwerden verweigern.

Der Vater soll ihnen als Vertreter der anderen Generation nicht allein den Zugang zum Altwerden und Reifwerden erschließen. In seiner Gestalt hat er dem Kind bei diesem Prozeß eine Hilfe zu geben. Durch sein So-Sein zeigt er ihm an, wohin Reifung abzielt. Mittels Identifikation mit dem Vater erhält das Kind Orientierung und Halt auf diesem Wege. Der Vater muß den Mut aufbringen, bewußt Orientierungsmarken, von denen er meint, sie seien dem Kind dienlich, zu setzen. Er muß Grenzen ziehen, um den jungen Menschen zu schützen und seine Entwicklung nicht zu gefährden. Selbstverständlich darf es beim Vater ebensowenig wie bei der Mutter ein »Overprotecting« geben. Zuviel an Führung, Fürsorge, Schutz durch den Vater ist genauso schädlich wie Zuviel an Geborgenheit und Wärme durch die Mutter. Selbstverständlich muß man dem Kind vieles an Freiheiten lassen, damit es seine Grenzen selbst herausfinden kann. Durch eigene Erfahrungen lernt man am besten. Einige Erfahrungen schaden jedoch derartig, daß sie durch die Autorität verhindert werden müssen.

Grenzen sind nicht nur nötig, um zu großen Schaden zu vermeiden. Grenzen sind einerseits erforderlich, um den Sublimierungsvorgang ursprünglicher Triebenergie, ohne den Reifung nicht geschieht, in die Wege zu leiten, und andererseits, um vor Angst zu bewahren. Angst bricht nämlich aus, wenn man sich einer grenzenlosen Weite, auch der Weite unübersehbarer seelischer Möglichkeiten gegenübersieht. Grenzen verleihen Schutz. Je kleiner das Leben ist, um so mehr muß es geschützt werden. Die Grenzen der kindlichen Freiheit stellen jedoch für das Kind auch eine Herausforderung dar. Es muß sich mit Grenzen und dem, der Grenzen setzt, auseinandersetzen können. Die Auseinandersetzung mit der Autorität ist ungemein wichtig für die Ausbildung eines starken Ichs. Beide ist gleich schädlich: die fehlende Auseinander-

setzung infolge überstarker Autorität – das war in der patriarchalischen Zeit der Fall – und die fehlende Auseinandersetzung mit der nicht vorhandenen Autorität – das ist heute
weithin der Fall. Auch die Spielregeln der Auseinandersetzung
werden hierbei erworben. Wie will man als erwachsener
Mensch Leben im Konflikt – und ohne das ist Zusammenleben
von Individualitäten sowie Zusammenleben in einer pluralistischen Gesellschaft nicht möglich – realisieren können, wenn
man es nicht bereits in der Kindheit und Jugendzeit gelernt hat?
Die Väter müssen es auf neue Weise lernen, ihre Kinder wieder zu fordern. Die heutige Unterforderung ist genauso von
Übel wie die frühere Überforderung. Die Forderung wirkt
als Wachstumsreiz. Sie vermittelt, wenn sie richtig dosiert ist,
Erfolgserlebnisse. Damit entstehen Selbstvertrauen und die
Freude, zunehmend schwierigere Dinge anzupacken. Selbstverständlich darf das Fordern nicht wieder ins Extrem aus-
schlagen. Die Forderung muß nicht nur, wie schon erwähnt,
genau auf das spezielle Leistungsvermögen, das Leistungs-
bedürfnis und die Leistungsfreude des jungen Menschen ab-
gestimmt sein; sie ist vielmehr zu kombinieren mit der gegen-
läufigen pädagogischen Haltung des Lassens.
Wenn verlangt wird, Forderung habe auch die Leistungsfreude
des jungen Menschen im Auge zu behalten, dann heißt das
nicht, Forderung solle nur geschehen, wenn die Sache auch
Spaß macht. Wir erkannten, wie wichtig es ist, Leben in Lustverzicht und Leben mit sinnvoller Unlust zu lernen. Eben das
hat bereits in der Kindheit zu geschehen. Hier liegt eine wichtige Erziehungsaufgabe der Eltern. Systematisch müssen sie
dem Kind abverlangen, daß es auf Dinge, die ihm Spaß
machen, auch verzichten lernt und daß es dazu fähig wird,
sich auch Unangenehmem zu unterziehen.
Damit erhebt sich die Frage: Wie sollen die Eltern diese Forderung begründen? Sofern das Kind begreift, auch ohne es
verstandlich zu überfordern, ist zu erklären. Wenn das nicht

der Fall ist, sollte von dem Kind erwartet werden, daß es der
Forderung nachkommt, weil es seinen Eltern vertraut und
weil es sie liebt. Bei der Analyse der pathogenen Familien-
strukturen wurde bereits aufgezeigt, daß ausschließlich rationale Begründung eine frühzeitige Intellektualisierung in Gang
bringt und die zentralen menschlichen Kräfte wie Vertrauen
und Liebe unentwickelt läßt. Auch Vertrauen und Liebe werden nur stark, wenn man sie fordert und wenn sie durch gute
Erfahrungen bestärkt werden. Die Voraussetzung zur Forderung von Vertrauen und Liebe ist es freilich, daß die Eltern
vertrauenswürdig und liebenswert sind, weil sie das Kind
lieben. Darin liegt für die Eltern eine hohe Verpflichtung.
Zunächst müssen sie prüfen, ob und inwieweit sie ihr Kind
tatsächlich lieben. Gilt ihre Liebe nur scheinbar dem Kind, in
Wirklichkeit aber, da das Kind eine Funktion für *sie* darstellt,
ihnen selbst? Oder geht es in dieser Liebe darum, dem Kind
zu helfen, daß es der werden kann, der es ist? Auch die Ver-
trauenswürdigkeit muß hinterfragt werden. Nicht jeder ist
schon deshalb vertrauenswürdig, weil er es gut meint. Ein
Kind ist ein kompliziertes Wesen und Erziehung ein schwieriges Unterfangen. Verstehen die Eltern genügend von beidem, um dem Kind abverlangen zu können, daß es sich ihnen
unter Umständen auch blind anvertraut? Erneut ist zu fordern, daß den Eltern die Fähigkeiten und das Wissen zuteil
werden, die sie hierfür benötigen. Menschenkunde und Erzie-
hungskunde sollten bereits in der Schule erfahren und erworben werden.

Wenn die Eltern dem Kind bei der Selbstfindung helfen wollen, müssen sie die Entstehung von kindlichem Individualismus verhindern. Schon der junge Mensch muß lernen, daß er
sich um der anderen willen zurückzunehmen hat und daß er
um der Gemeinschaft willen auf das Ausleben der Bedürfnisse
verzichten muß, welche die Gemeinschaft stören. Das Kind
besitzt Rechte, die von den Eltern und von der Gesellschaft
einzulösen sind. Es hat jedoch auch Pflichten der Familie und

dem Teil der Gesellschaft gegenüber, mit dem es zu tun hat. Sie müssen genauso wie die Rechte wahrgenommen werden. Leute, die sich für besonders kinderfreundlich halten, treten für die Gleichberechtigung von Kind und Eltern ein. Diese Forderung ist unsinnig, denn Eltern und Kind sind verschieden. Sie üben verschiedene Funktionen innerhalb des Familienverbandes aus, also haben sie auch verschiedene Rechte wie Pflichten. Wenn ein Elternteil über ein bestimmtes Recht verfügt, so besitzt das Kind und der Jugendliche deshalb noch lange nicht das gleiche Recht. Und umgekehrt, wenn Eltern bestimmte Pflichten haben, bedeutet das in keiner Weise, daß von dem Kind genausoviel und genau das gleiche zu erwarten wäre. Auch auf das Eltern-Kind-Verhältnis trifft die Formel »Verschiedenartig, aber gleichwertig« zu.

Entscheidend dafür, ob die Entfaltung des Kindes in unsozialen Individualismus abgleitet, wird sein, ob zwischen den Eltern und ihm echte personale Beziehungen bestehen. Wenn die Eltern ihren mangelnden personalen Bezug zum Kind ausgleichen wollen, indem sie es mit Konsumartikeln abspeisen, können sie nicht erwarten, daß das Kind bereit ist, für die Gemeinschaft persönliche Opfer zu bringen. Ersatz der personalen Beziehungen durch Konsuminhalte ist eigentlich – auch wenn nach außen hin noch alles gut aussieht – bereits das Ende der Familie. Das trifft in gleicher Weise auf das Eltern-Kind-Verhältnis zu wie auf die Beziehungen der Ehegatten untereinander.

Am Ende der Analyse der Störfaktoren in der modernen Familie wurde die Frage aufgeworfen, ob die heutige Familie, die vielfach schon weitgehend zu einer Konsumgenossenschaft wurde, noch in der Lage sei, eine Personalisierung ihrer zwischenmenschlichen Beziehungen herbeizuführen. Wenn das Ziel einer Personalisierung der Familie erreicht werden soll, müssen die einzelnen Familienmitglieder zunächst einmal kritisch durchleuchten, wieviel an echten menschlichen Verbindungen bereits durch Konsumwaren und Konsumvorgänge

ersetzt worden sind. Der nächste Schritt wäre dann ein all-
mählicher, fortschreitender Verzicht auf den Menschenersatz-
konsum. Dabei werden die Familienangehörigen bereit sein
müssen, manches an Leere, die seither durch gemeinsamen
Konsum zugedeckt wurde, durchzustehen und manchen Konflikt, der mit Konsum eingewickelt worden war, offen aus-
zutragen. Immer wenn Abwehrmittel der Realität gegenüber
aufgegeben werden – der Konsum dürfte in der Gegenwart
eines der wichtigsten Abwehrmittel sein –, ist zunächst ein
höheres Maß an Unlust und Leid die Folge. Aus der offenen
Konfrontation mit der Realität, dem Durchleiden der Wirklichkeit und immer neuen Gesprächen, in denen einer den
anderen sucht, kann jedoch auch in entleerte Familien neues
Leben einziehen. Es fragt sich allerdings, wieviele Familien
fähig und bereit sind, diesen Weg zu gehen.
Freilich wäre es töricht, den einzelnen Familien und dem
Einzelnen in der Familie die volle Verantwortung dafür auf-
zubürden, ob die Konsumkontakte zugunsten personaler
Kommunikation überwunden werden. So viel Freiheit besitzt
weder der Einzelmensch noch eine einzelne Gruppe, wie die
Familie. Personalisierung wird zum großen Teil davon abhängen, ob die Konsumgesellschaft in dem gleichen Ausmaß
wie bisher – oder sogar noch verstärkt – den einzelnen Menschen und Gruppenbeziehungen auf Konsumfunktionen reduziert. Eine totale Konsumgesellschaft würde das Ende der personal verstandenen Familie mit sich bringen. In dieser Gesellschaft können und wollen ihre Mitglieder nicht mehr auf das
Lustgefühl des Konsums verzichten, die Unlust des Leidens
an sich selbst und am anderen auf sich nehmen in der un-
sicheren Hoffnung, daß daraus echte menschliche Gemeinschaft
entsteht.
In diesem Buch wurde mehrfach gesagt: »Gesellschaft sind wir
alle.« Diese Aussage gilt nach wie vor. Dennoch soll damit
nicht in Abrede gestellt werden, daß es in der Gesellschaft den
Einzelnen übergreifende Tendenzen und Zwänge gibt, die

Einzelmenschen allein durch Änderung ihres Verhaltens im Privatbereich nicht zu ändern in der Lage sind. Die Strukturen in der Gesellschaft müssen verändert werden. Wenn das nicht geschieht, sind die Versuche von Einzelmenschen und sozialen Gruppen, wie der Familie, zu einer Änderung des Verhaltens zu gelangen, auf die Dauer zum Scheitern verurteilt. Ob es gelingt, die freien Räume, die durch den Zerfall der früheren formalen Familienbeziehungen entstanden sind, mit echten zwischenmenschlichen Beziehungen zu füllen, oder ob die Leere mit Konsum ausgestopft wird, hängt wesentlich davon ab, welchen Fortgang die Konsumgesellschaft nimmt. Wenn die Familie also jungen Menschen zum Sinnvollzug durch Selbstverwirklichung verhelfen soll, muß eine Gesellschaft, deren wichtigstes Kennzeichen alles überwuchernder Konsum ist, überwunden werden (Näheres zu den in diesem Kapitel angeschnittenen Themen in Rudolf Affemann, Geschlechtlichkeit und Geschlechtserziehung in der modernen Welt, Gütersloher Verlagshaus Gerd Mohn, 1970).

Überwindung der Konsumgesellschaft

Bei der Untersuchung der Einwirkungen der Konsumgesellschaft auf den Menschen wurde deutlich, daß sie auf mancherlei Weise die Menschwerdung des Einzelnen behindert und Sozialkörper im Kleinen und Großen enthumanisiert. Eine Gesellschaft, die dem Menschen optimale Bedingungen zu seiner Selbstfindung bieten will, muß damit von äußeren und inneren Konsumzwängen befreit werden. Jede Art von Konsum gilt es abzuwehren, die seelische Wirklichkeit verdrängt, den Menschen an Leben in Illusionen gewöhnt und durch permanente Ableitung von Spannung die Entfaltung des Menschen unterbindet. Diese Haltung ist durchaus nicht konsumfeindlich. Sie führt nur den Konsum zu seiner eigentlichen Bedeutung als Teilfunktion des Menschen unter vielen anderen Funktionen zurück. Indem der Götze Konsum fällt, entsteht Platz für die Entfaltung der Ganzheit des Menschen.

Wie kann dieses Ziel erreicht werden? Meines Erachtens ist der Hebel an einigen Punkten anzusetzen. An erster Stelle steht die Umerziehung des einzelnen Menschen zu einem neuen Konsumverhalten. Schon das kleine Kind muß lernen, daß Konsum nur zur Befriedigung natürlicher Bedürfnisse dasein sollte. Für die Eltern bedeutet das, daß sie nicht mit dem Ersatz von seelischer Wirklichkeit in ihrer Beziehung zum Kind anfangen und auf diese Weise das Kind auf den Geschmack der billigen Konsumlösung bringen. Widerstehen die Eltern der Versuchung, sich durch Konsumangebote beim Kind loszukaufen, so haben sie auch das Recht, der Konsumverführung des Kindes durch die Überflußgesellschaft entgegenzutreten. Hier muß ein mühsamer Kleinkrieg geführt werden. Auf das Betteln des Kindes nach einem Eis, wenn es die Mutter beim Einkaufen begleitet, muß oft nein gesagt werden. Verwandte und Bekannte, die dem Kind beim Besuch Spielsachen mitbringen, müssen gebeten werden, dies zu lassen. Das Kind wird sonst durch die Unmenge seiner Spielwaren zum Konsumieren von Spielzeug verleitet und dem schöpferischen Spielen entwöhnt. Die Fernsehzeiten sind zu rationieren.

Bei alledem entsteht natürlich ein Konflikt mit der Konsumgesellschaft. Es wurde schon angedeutet, daß man bei der Erziehung zur Konsumenthaltsamkeit auch diejenigen zum Mitmachen gewinnen muß, die das Kind mitbeeinflussen. Großeltern müssen beispielsweise dazu gebracht werden, daß auch sie dem Kind gegenüber hart bleiben. Oft werden die Eltern bei solchen Bemühungen in ihrer Umwelt auf Verständnislosigkeit stoßen. Manche Menschen der Umgebung werden gegen sie sein, weil sie sich durch das Beispiel der anderen in ihrem Konsumtrott gestört fühlen. Ihr schlechtes Gewissen wegen des Konsumschwindels überspielen sie dann mit Aggression. Schlimmer als der Konformitätsverlust der Eltern ist die Isolation des jungen Menschen, der ja nach kurzer Zeit schon nicht mehr ausschließlich in der Familie, sondern auch in konsumorientierten Gruppen lebt. Ein Jugendlicher, der an dem Konsum der Gesellschaft nicht teilnimmt, wird zum Außenseiter. Schon daraus ergibt sich, daß die Umerziehung zum veränderten Konsumverhalten nicht allein von einzelnen Familien getragen werden kann. Eine Umerziehung der Gesellschaft ist notwendig.

Erziehung zum neuen Konsumverhalten erschöpft sich jedoch nicht in Hilfe zum Konsumverzicht. Je stärker der Produzent

Waren herstellt, die künstlichen Bedürfnissen dienen, um so mehr kann er es sich leisten, auf die Herstellung qualitativ hochwertiger Güter zu verzichten. Oft verlangt sogar die Stillung künstlicher Bedürfnisse, daß qualitativ Minderwertiges, also Kurzlebiges produziert wird. Ich möchte das anhand eines Beispiels klarmachen: In dem Konsumbürger, der nicht durch ständige Wandlung neu wird, besteht ein starkes Bedürfnis, der Monotonie seines gleichbleibenden Lebens zu entrinnen, indem er sich durch Erwerb neuer Güter das Gefühl des Neuen gibt. Weil dieser künstliche Reiz des Neuen schnell abgenutzt ist, braucht er schon nach kurzer Zeit ein anderes Konsumgut, das, weil es neuer ist als das alte, ein neues Gefühl des Neuen erzeugt. Kurzum, Gesichtspunkte des Verkaufs und psychologische Gegebenheiten des entleerten modernen Menschen wirken zusammen im Bedürfnis nach Mode.

Wenn ein Konsumgut raschen modischen Wechsel mitmachen soll, dann braucht es nicht nur nicht qualitativ hochwertig zu sein, sondern es muß gerade umgekehrt rasch verschleißbar sein. Wäre es nämlich haltbar, so würde im Verbraucher ein schlechtes Gewissen entstehen, daß er einen Gegenstand, der ja noch so gut erhalten ist, wegen seinem Verlangen nach etwas Neuem wegwerfen soll. Genauso wie nun ein kurzlebiger, auf raschen Verschleiß gemachter Konsumartikel ungeeignet ist zur Befriedigung natürlicher Bedürfnisse – etwa des Bedürfnisses, sich mit einem Auto leichter fortzubewegen –, genausowenig taugen qualitativ hochwertige Güter zum raschen Wechsel der Erfüllung künstlicher Bedürfnisse. Damit ist dem Verbraucher ein Mittel in die Hand gegeben, mit dem er gegen die Produktion von Massengütern zur Deckung des künstlichen Bedarfs vorgehen kann. Kauft der Verbraucher bewußt nur qualitativ Hochwertiges, sofern es ihm überhaupt zur Verfügung gestellt wird, und wehrt er sich gegen das Angebot qualitativ minderwertiger Waren, so wird auf den Hersteller ein Druck ausgeübt, mehr Güter zum langfristigen Bedarf – also zur Erfüllung natürlicher Bedürfnisse – und weniger Güter zum kurzfristigen Bedarf – also zur Erfüllung künstlicher Bedürfnisse – anzubieten.

Erziehung zum veränderten Verbraucherverhalten geschieht folglich auch in Form von Erziehung zum Qualitätsbewußtsein und zum kritischen Kauf. Hier spielt ebenfalls das Vorbild der Eltern eine große Rolle. Am ehesten wird ein Kind in eine solche Käuferhaltung eingeführt, wenn es an den Einkäufen der Eltern teilnimmt und hier Qualitäts- und Preisbewußtsein miterlebt. Vieles der elterlichen Haltung geht automatisch auf das Kind über. Eine wichtige Erfahrung stellt es für das Kind dar, den Protest seiner Eltern gegenüber minderwertigen Konsumgütern zu erleben. Wollen die Eltern bei ihren Kindern erreichen, daß diese fähig werden, sich gegen schlechte Qualität von Waren zu wehren, so müssen sie selbst aus ihrer Untertanenhaltung gegenüber dem Hersteller und Verkäufer heraustreten. Bislang ist es jedenfalls bestürzend, was sich der angeblich mündige Bürger alles an minderwertigen Konsumprodukten zumuten läßt.

Selbstverständlich ist Erziehung zu verändertem Konsumverhalten nicht allein Auftrag der Familie. Die Schule hat hier eine ganz wesentliche Erziehungsaufgabe. Wenn es stimmt, daß Konsumgesellschaft enthumanisiert, darf sich die Schule nicht entziehen, auch wenn sie darüber klagt, bei der jetzt schon zu großen Stoff-Fülle könne sie nicht noch neue Erziehungsaufgaben übernehmen. In der Schule muß der junge Mensch die Zusammenhänge der Konsumgesellschaft durchschauen lernen. Er muß erfahren, was für ihn auf dem Spiele steht, wenn er sich nicht dem allgemeinen Konsumtrott entzieht. Bei der Kritik an der Konsumgesellschaft nur auf die Industrie abzuheben, die mit der Produktion Geld verdient, ist einseitig und bringt keine Änderung im Verhalten des Verbrauchers zustande. Im Gegenteil: Er hat nun seinen Sündenbock und kann auf die Kapitalisten schimpfen, anstatt mit sich selbst kritisch ins Gericht zu gehen.

Wichtig ist es auch, die Wirkmechanismen der Werbung zu erhellen. Es wäre jedoch eine rationalistische Illusion zu glauben, allein dadurch eine Änderung im Konsumverhalten erzielen zu können. Denn das Konsumgut hat ja in der Befriedigung der künstlichen Bedürfnisse eine psychologische Ersatzfunktion. Solange die seelische Lücke bleibt, ist der Mensch auf den Ersatz durch Konsum oder auf andere Surrogate angewiesen. Die Schule muß demnach durch ihre Bildung dazu beitragen, daß echte seelische Wirklichkeiten entstehen. Nur in dem Ausmaß, in dem das geschieht, kann auch das rationale Wissen um die Konsumgesellschaft fruchtbar gemacht werden.

Ich möchte diesen Gedanken anhand eines Beispieles konkretisieren: Es läßt sich einem Schüler unschwer klarmachen, daß die Mode dazu dient, mangelnde seelische Neuwerdung durch Neuheiten in der äußeren Aufmachung auszugleichen. Aufklärung allein bringt jedoch nicht viel. Man erreicht vielleicht, daß sich der junge Mensch von dem Modezauber der Konsumgüterindustrie abwendet. Er sucht sich dabei aber nur ein neues Feld, um sich das Ersatzgefühl, daß er neu ist und neu wird, zu beschaffen. Dazu eignen sich alle möglichen Formen von Modernität. Konsummode kann ohne weiteres durch die Mode politischer Progressivität ersetzt werden (manchmal findet man auch beides kombiniert). Ich sage damit nicht, daß Progressivität und Modernität in jedem Fall nur eine Modeerscheinung darstellen und den gleichen psychologischen Bedingungen unterliegen wie Konsummode. Ich sage nur, daß das so sein kann und oft so ist. Diesen Trick zu durchschauen, daß man dabei nur dasselbe in Grün treibt wie der Bürger oder die Bürgerin mit dem Konsum von industriell gefertigten Gütern, ist schwierig. Erst wenn dem jungen Menschen geholfen wird, in einen seelischen Prozeß des Neuwerdens zu gelangen, ist er in der Lage, auf den Erwerb von materiellen und anderen Novitäten zu verzichten.

Es wurde schon erwähnt, daß die ganze Gesellschaft zu einer veränderten Konsumeinstellung gebracht werden müsse. Für diesen Erziehungsvorgang der Massen kommen nur die Massenmedien in Frage. Besonders eignet sich hierzu das dritte Programm des Fernsehens. Es dürfte allerdings nicht leicht sein, die Sendungen so gut zu machen, daß der an Konsum gewöhnte Bürger bereit ist, seinen liebgewordenen Konsum – und das heißt sich selbst – in Frage zu stellen sowie einiges davon aufzugeben für etwas, das er noch nicht hat und von dem er oft nur eine vage Vorstellung besitzt. Auch dem Staat fallen bei der Aufgabe, den sich verabsolutierenden Konsum einzudämmen, wichtige Funktionen zu. Die Arbeit der Verbraucherverbände ist von ihm zu fördern. Dem Ausstoß von qualitativ unzureichenden Produkten, die allen möglichen modischen Firlefanz aufweisen, ist mit umfassenden Warentests und mit intensiver Information des Verbrauchers über deren Ergebnisse zu Leibe zu rücken.

Ich will mit diesen Forderungen selbstverständlich nicht behaupten, daß es jene Aktivitäten der Schule und des Staates noch nicht gäbe. Ich bin allerdings der Meinung, was auf diesem Gebiet geschieht, genügt nicht. Außerdem kommt manches – ich denke zum Beispiel an die Beschäftigung der Schule mit den Gegenständen Konsumgesellschaft und Werbung – reichlich spät. Manches ist gut gemeint, aber nicht fundiert. Es reicht zum Beispiel nicht aus, nur den Konsum industrieller Güter ins Visier zu nehmen und den gleichen psychologischen Vorgang beim Konsum politischer Ideen dabei zu übersehen.

Wir stellten fest, daß durch qualitätsbewußten Kauf auf den Hersteller ein Druck ausgeübt wird. Nun kann keineswegs damit gerechnet werden, daß mangelnde Nachfrage infolge von Konsumverzicht und veränderte Nachfrage infolge qualitätsbewußten Kaufens direkt und sofort eine Einschränkung beziehungsweise eine Veränderung der Produktion nach sich zögen. Daß auf dem Markt in derartig simpler Weise die Nachfrage das Angebot regelt, ist leider nicht der Fall. Bei

verringerter Nachfrage verringert sich nicht das Angebot, die
Werbung wird vielmehr größer. Und als Folge der Werbung
steigt in der Regel die Nachfrage. Erst auf diese Weise regu-
lieren Nachfrage und Angebot den Markt. Wir haben gesehen,
daß auf dem Wege der Werbung die ursprünglich seelischen
Bedürfnisse für die Konsumgüterindustrie in künstliche Bedürfnisse umgewandelt werden. Will man die Konsumgesellschaft überwinden, so muß man der Werbung beikommen.
Das aber ist ein außerordentlich schwieriges Unterfangen.
Denn neben der Werbung, die künstliche Bedürfnisse produziert, die sich somit menschenunfreundlich verhält, gibt es eine
sehr sinnvolle informierende Werbung, die notwendig ist. Oft
aber sind beide Arten kombiniert, wobei freilich die Information meistens nur das Feigenblatt der Verlockung ist. Wie
will man im Einzelfalle beide Arten von Werbung voneinander trennen?
Dennoch müßte überlegt werden, ob sich nicht wenigstens die
gröbsten Auswüchse der Werbung mittels Gesetzgebung be-
schneiden ließen. Man kann sagen, hier würde in die freie
Wirtschaft eingegriffen. Das wäre ein törichtes Argument.
Wo bleibt denn die Freiheit, wenn die Interessen einer sehr
kleinen Gruppe den Interessenkreis einer sehr großen Gruppe
einengen? Die alte Spielregel des Liberalismus stimmt nicht,
daß sich im freien Spiel der Kräfte Freiheit für alle ergebe.
Ein moderner Staat muß – wenn es nicht anders geht, durch
Gesetzgebung – darüber wachen, daß der wirtschaftlich Stärkere nicht seinen Freiheitsraum auf Kosten des wirtschaftlich
Schwächeren ausdehnt.
Die bisher angegebenen Maßnahmen reichen jedoch nicht aus,
um die Konsumgesellschaft zu überwinden. Wenn sich der
Mensch erst einmal so weitgehend an scheinbare Lebenserfül-
lung und -bewältigung gewöhnt hat, wie das im gegenwärtigen Konsum der Fall ist, so sind Einsicht und Bereitschaft
zum Verzicht keine ausreichend starken Motive. Die Erfahrung zeigt, daß der Mensch von solchen Lebensinhalten erst

dann Abstand zu nehmen geneigt ist, wenn ihn diese Art des Lebens in einen Leidensdruck bringt. Das ist aber beim Konsumleben in keiner Weise der Fall. Im Gegenteil, permanenter Konsum ist eine lustvolle Weise, sich selbst zu täuschen. Aus dieser Erkenntnis geht hervor, daß dem Bürger neben allen anderen schon aufgezählten Bemühungen einige der Mittel entzogen werden müssen, die er zum Kauf der Konsumgüter benötigt, nämlich einiges von seinem Geld. Da es sich beim Konsumverhalten vieler Menschen um eine Art Abhängigkeit im medizinischen Sinne handelt, müssen die bislang vorgeschlagenen Maßnahmen zur Umerziehung mit einem teilweisen Entzug der Mittel kombiniert werden. Das läßt sich durch ein gesetzlich verordnetes Pflichtsparen erreichen. Wenn von den Einkommen ständig ein bestimmter Teil zu Sparzwecken abgeführt wird, steht dem Konsumenten weniger Geld zur Verfügung. Damit kann er sich manche Konsummittel nicht mehr leisten.

Ich bin nun nicht der Meinung, daß in der Kaufkraftabschöpfung *der* Schlüssel zur Lösung des Problems zu sehen ist. Bei einem so komplexen und tiefgreifenden Problem wie dem der Konsumgesellschaft gibt es keine Einzellösung, die allein zur Behebung ausreichen würde. Ein ganzes Bündel von Maßnahmen ist nötig, um das Problem anzugehen. Eine davon wäre Kaufkraftabschöpfung durch Pflichtsparen. Man muß damit rechnen, daß der Konsumgewöhnte, wenn ihm weniger Geld zum Konsum verbleibt, auf billigere Konsumgegenstände umsteigt. Dennoch ist es eine gewisse Hilfe, wenn ihm teurere Konsumgüter nicht mehr so leicht zur Verfügung stehen. Gewisse seelische Kompensationseffekte erzielt man mit einfacheren Konsumgütern schwerer als mit aufwendigeren. (Jeder Psychotherapeut weiß aus seiner Praxis, wie leicht Wohlhabende ihre Schwierigkeiten mit Geld verschleiern können.)

Das Pflichtsparen könnte man sich folgendermaßen vorstellen: Die niederen Einkommensklassen werden davon nicht

betroffen, da sie zum Teil noch nicht einmal genügend Geld
für das Lebensnotwendige besitzen. Je nach Höhe des Ein-
kommens steigend wären alle Bürger der Bundesrepublik,
gleich wie die Art ihres Verdienstes ist, zu einer monatlichen
beziehungsweise jährlichen Sparleistung heranzuziehen. Es
sollte ein bestimmter Prozentsatz des Verdienstes – wie gesagt
progressiv gestaffelt – abgeführt werden, dessen Höhe an
den Zuwachs der Produktivität des Vorjahres gebunden wäre.
Auf diese Weise könnte, wenn nicht schon eine Verkleinerung
der Kaufkraft zu Konsumzwecken, dann doch wenigstens
keine Vergrößerung erzielt werden.

Bei diesem Verfahren handelt es sich nicht um eine neue
Steuer, bei der die finanzielle Leistung dem Bürger verloren-
geht, sondern um pflichtweises Sparen. Das Geld bleibt in
seinem Besitz. Er kann nur nicht darüber verfügen. Die angesparte Summe sollte erst ausgezahlt werden, wenn aus
Altersgründen die Einnahmen absinken, also um das 65. Jahr
herum. Das Pflichtsparen verfolgt also neben dem Zweck
einer konsumdämpfenden Kaufkraftabschöpfung die Zusatz-
absicht einer besseren Altersversorgung. Bei plötzlich auf-
tretenden Notfällen, Tod, Invalidität und ähnliches müßte
ebenfalls die Sparsumme entweder ganz oder teilweise aus-
bezahlt werden. Damit die angesparte finanzielle Masse nicht
durch die Geldentwertung ausgezehrt wird, müßte eine entsprechend gute Verzinsung garantiert sein.

Das Pflichtsparen hätte noch einen weiteren für das Gemeinwesen außerordentlich wichtigen Effekt: Die Verwendung der
angesparten Mittel müßte zweckgebunden sein. Sie müßten
Investitionszwecken dienen. Schon in wenigen Jahren kämen
durch das Pflichtsparen außerordentlich hohe Beträge zusammen, die wir zu Investitionen dringend benötigen. Es
zeigt sich seit einigen Jahren immer klarer, daß die öffentliche
Hand wegen mangelnder Finanzkraft außerstande ist, die Investitionen vorzunehmen, die dringend notwendig sind. Ich
nenne nur einige: Bildungswesen und Forschung, Umwelt-

Dennoch liegt es auf der Hand, daß sich motorische Antriebe, die über rund eine Million Jahre hinweg von größter Bedeutung waren, nicht innerhalb von hundert Jahren zurückentwickeln können. Ob das mit der technischen Umwelt, in der er lebt, zusammenstimmt oder nicht, der Mensch ist nun einmal ein motorisches Wesen und muß sich demzufolge, wenn sich seine motorischen Kräfte nicht gegen ihn richten wollen, auch hinsichtlich dieser Seite seines Wesens entfalten.

Der Mensch kommt mit Freude an der Bewegung und mit dem Bedürfnis nach Bewegung auf die Welt. Durch eine bewegungsfeindliche Umwelt werden seine Impulse im Laufe der Zeit gehemmt und gebrochen. Dennoch hat das Kind, wenn es eingeschult wird – falls es nicht zu sehr gestört ist –, noch Spaß am Bewegen und den Drang dazu. Die Schule muß dem entgegenkommen. Sie muß die Bewegungslust erhalten und, indem sie die Möglichkeiten des Sich-Bewegens kultiviert, noch vergrößern. Das ist vor allem im Hinblick auf das Leben nach der Schulzeit von größter Bedeutung. Es ist bekannt, daß viele Zivilisationskrankheiten – wie etwa der ungeheuer weit verbreitete Herzinfarkt – im Bewegungsmangel eine wichtige Teilursache haben. Aber auch schon im Schulalter treten infolge Bewegungsarmut und schlechter Haltung körperliche Schäden auf. Es läßt sich gar nicht absehen, wie groß die Zahl der Menschen mit Bandscheibenschäden sein wird, wenn die Schüler, die heute bereits zum großen Teil Haltungsfehler aufweisen, erst einmal zehn, zwanzig Jahre älter sind.

Unausgelebte Motorik führt, wie wir wissen, zu einem motorischen Stau. Er äußert sich in der sattsam bekannten motorisch-nervösen Unruhe in den Klassen, er kann auf dem Wege über das vegetative Nervensystem Funktionsstörungen innerer Organe bewirken – beispielsweise des Kreislaufs (siehe die heute so oft vorkommende Kreislauflabilität bei Jugendlichen) oder des Magens. Er kann in das Psychische zurückdrängen und hier den Affekt- und Aggressionsstau verstärken. Es wurde ebenfalls schon mehrfach erwähnt, daß sich im jungen Menschen ein Affekt- und Aggressionsstau befindet. Leibeserziehung eröffnet Möglichkeiten, das Auftreten eines Bewegungsstaus zu verhindern und den Affekt- und Aggressionsstau, zum Teil jedenfalls, abzubauen. Der Körper muß als Mittel, um Affekte und Aggressionen mittels Bewegungen auszudrücken und sie abzuleiten, entwickelt werden. Es ist schwer zu begreifen, warum von dieser einfachen Möglichkeit, Affekte und Aggressionen mittels Sport, Spiel, Tanz darzustellen und umzusetzen, so wenig Gebrauch gemacht wird.

Leibeserziehung stellt schließlich eine wertvolle Hilfe zur Erziehung des ganzen Menschen dar. Ich möchte das anhand zweier Beispiele erhellen. Es wurde deutlich, wie wichtig Erziehung zum Aufsichnehmen sinnvoller Unlust ist. Eben diese Fähigkeit kann im Sport erworben werden. Hier muß man sehr viel Triebaufschub und Verzicht auf Lustempfindungen leisten, um einer manchmal kilometerweit entfernten Lustbefriedigung willen. Man mache sich einmal klar, wie viel Härte sich selbst gegenüber nötig ist, um in glühender Sonne 1000 oder gar 3000 Meter zu laufen, und zwar so schnell, wie es einem möglich ist. Jedes anspruchsvolle Training mutet – bei aller Freude an der Bewegung – Unlustgefühle zu. Warum nimmt man sie in Kauf? Hier hat Leibeserziehung zu einer für das Leben im allgemeinen wichtigen Einstellung zu verhelfen: Der Sieg ist zwar schön, im letzten Sinne ist es aber nicht wichtig, andere zu besiegen, sondern an den Rand der eigenen Möglichkeiten vorzudringen. Sporterziehung dient also unter anderem auch dazu, daß der junge Mensch lernt, seine Möglichkeiten voll auszuschöpfen. Wie wichtig diese innere Einstellung in einer Zeit permanenter Unterforderung ist, brauche ich nicht weiter auszuführen.

Das nächste Beispiel: Leibeserziehung ist ein Mittel sowohl der Sozial- als auch der Individualerziehung. Betrachten wir einmal unter diesem Aspekt die erzieherischen Möglichkeiten des Fußballspiels. Hier hat es jeder einzelne der elf Spieler

zu lernen, sich in die Mannschaft einzufügen. Wenn die Mannschaft gewinnen soll, kann sie es sich nicht leisten, daß einer
Starallüren pflegt. Ein guter Trainer und eine gute Mannschaft
werden es einem ichbezogenen Spieler im Laufe der Zeit beibringen, daß er nicht für sich selbst, sondern für das Team zu
spielen hat. Eine so anerzogene und erworbene Einstellung
wirkt jedoch – genauso wie die Bereitschaft zu sinnvoller Unlust – über die Tätigkeit des Sports hinaus, sie wird zur
Charaktereigenschaft. Man könnte nun einwerfen, wenn das
so sei, müßten alle Sportler Muster an Charakter sein. Man
mache sich bei diesem Einwand zuerst einmal von dem Bild
der nicht typischen Repräsentanten des professionellen und
des Spitzensportes frei. Hier verderben Geld und Schaueffekt
oft den Charakter. Dennoch muß zugegeben werden, daß
nicht wenige, die aktiv Sport treiben, von dieser Charakterbildung nicht viel erkennen lassen. Das liegt jedoch nicht an
den mangelnden pädagogischen Möglichkeiten des Sports,
sondern an dem Mangel an gut ausgebildeten Sportlehrern.
Mannschaftssport eignet sich auch als Feld für Individualerziehung. Nehmen wir noch einmal das Beispiel des Fußballs.
Jeder Spieler hat seine spezielle Begabung. Auch heute, wo
die Rollen in einer Fußballmannschaft mobil geworden sind,
wird sich jeder Erzieher bemühen, die speziellen Fähigkeiten
des Einzelnen zu entwickeln, ihn zu seiner Art des Spiels ermuntern und ihn so einsetzen, daß seine Eigenart für die
Mannschaft am besten zum Tragen kommt. Der eine ist technisch begabt, der andere hat die Fähigkeit des Regisseurs, der
dritte ist ein Renner. Alle dürfen sie und sollen sie ihre Individualität in der Mannschaft voll entfalten. Daraus darf, wie
gesagt, kein Individualismus werden, sonst verliert das Ganze
und damit jeder einzelne Teil. Der einzelne Teil muß seine
Individualität der Ganzheit integrieren. Damit sind wir bei
den letzten beiden Hilfen zur Selbstverwirklichung angelangt,
die Schulbildung zu geben hat: Sozialerziehung auf der einen
Seite und Individualerziehung auf der anderen Seite.

Der Mensch ist ein Sozialwesen. Er wird nur insoweit Mensch, als er Zuwendung durch andere Menschen und durch die Gemeinschaft, in welche der Einzelne eingebettet ist, erfährt. Gleichzeitig realisiert er das ihm aufgegebene Menschsein jedoch auch nur so weit, als er sich selbst anderen Menschen und dem Gemeinwesen zur Verfügung stellt. Bei dieser doppelten Art von Menschwerdung hat die Schule dem jungen Menschen behilflich zu sein. Das ist um so nötiger, als er heute infolge von Einwirkungen, die wir kennengelernt haben, in Vereinsamung gerät. Auch in dieser Hinsicht muß die Schule entfremdenden Einflüssen aus der Gesellschaft entgegenwirken. Verstünde sie sich nur als Funktion, als Spiegelbild der Gesellschaft, so würde sie auch an dieser Stelle die durch die Gesellschaft hervorgerufene Krankheit des jungen Menschen noch verstärken. Die Schule muß folglich, was die Gesellschaft anlangt, laufend gegensteuern. Diese Aufgabe ist ungemein schwer zu bewältigen, da die Schule ja auf der anderen Seite tatsächlich einen Teil der Gesellschaft darstellt. Was den Jugendlichen betrifft, so besitzt sie hinsichtlich seiner durch die Gesellschaft bedingten Schäden den Auftrag, Gestörtes wieder herzustellen. Sie hat also nicht allein eine pädagogische, sondern auch eine heilpädagogische Funktion. Aus Gründen, die wir dargelegt haben, muß die Schule damit rechnen, daß der gestörte Schüler in der Zukunft kein Ausnahmefall, sondern der Regelfall sein wird.

In einer doppelten Weise muß der Schüler Gemeinschaft mit anderen Personen, die seine sozialen Kräfte freisetzt, erfahren: zum einen durch den Lehrer, zum anderen durch die Gemeinschaft der Schüler. Von dem Lehrer muß somit ein persönliches Verhältnis zu dem Schüler erwartet werden. Ein Grundelement in dieser personalen Beziehung ist die annehmende Haltung des Lehrers. Schlechte Leistungen des Schülers, störendes Verhalten muß er ablehnen, zugleich dabei aber die Person des Schülers akzeptieren. Das gleiche gilt von der Schülergruppe. Auch wenn sie bestimmte Eigenschaften

der einzelnen Schüler nicht toleriert, muß sie dennoch den
Einzelnen als Glied ihrer Gemeinschaft betrachten. Geschieht
beides, so wird Vertrauen im Schüler wach. Er wagt sich heraus und beginnt nun seinerseits, sich in der Gruppe zu engagieren. Dazu muß er jedoch auch von dem Lehrer ermutigt
und geführt werden. Man sieht, daß es sich auch bei Sozialerziehung um Pädagogik handeln muß, bei der stark auf den
Einzelnen einzugehen ist. Sozialerziehung, die nicht bereit
oder fähig ist, derart zu individualisieren, muß kollektivieren.
Es ist völlig klar, daß diese Art von Bildung nur in kleinen
überschaubaren Gruppen geschehen kann, daß also ein günstiger Lehrer-Schüler-Schlüssel vorhanden sein muß. Um das
zu erreichen, müssen eben die Prioritäten in unserem Schulsystem anders gesetzt werden. Wichtiger als Quantität ist
Qualität.

Die Schülergruppe stellt ein sehr geeignetes Feld für Sozialerziehung dar, denn sie ist ja Gesellschaft im kleinen. Es
wurde ausgeführt, daß Erziehung zum Umgang mit Konflikten erforderlich sei. In Schülergruppen kommt es zu Konflikten. Sie können als Modelle dienen, anhand deren untersucht wird, auf welche typische Weise Konflikte entstehen,
welche Gesetzmäßigkeiten dabei eine Rolle spielen und welche Lösungsmöglichkeiten gefunden werden können. Ferner
sollte man den Schülern, die das wünschen, die Möglichkeit
geben, eigene Konflikte mit ihrer Umgebung vorzutragen.
Auf der einen Seite kann sich die Gemeinschaft der Schüler
daran bewähren, Konflikthilfen zu geben. Auf der anderen
Seite können auch diese Berichte als »Fallstudien« verwendet
werden. Es mag sein, daß manchem Leser diese Art von Hilfe
zu intim erscheint. Es soll noch einmal daran erinnert werden, daß es sich hier ja um ein Angebot der Schule handeln
kann, das niemanden verpflichtet. Gleichzeitig ist aber festzustellen, daß Lebenshilfe, wenn sie persönlich sei soll, eben
manchmal privat wird.

Seit dem Ende des letzten Krieges bemüht man sich an den
Schulen der Bundesrepublik sehr um politische Bildung. Auch
sie erfolgt in der Regel nur informativ. Der Erfolg läßt
meines Erachtens zu wünschen übrig. Es ist zwar unter der
Jugend viel an politischem Bewußtsein entstanden. Ob damit
stabiles politisches Verhalten verbunden ist, möchte ich aus
einigen Gründen bezweifeln. Politische Bildung sollte ebenfalls mehr politische Erziehung als Vermittlung von soziologischem und politischem Wissen sein. Auch hierzu bieten
sich in der Schülergruppe viele Möglichkeiten. Politische Bildung geschieht am besten, indem in der Schule demokratisches
Verhalten eingeübt wird. Dabei ist natürlich zu beachten, daß
die Schule ihrem Erziehungsauftrag zufolge bestimmte Funktionen auszuüben hat. Das bedeutet, daß die Spielregeln des
Verhaltens in der Schule auf diese Funktionen abzustimmen
sind.

Soziale Erziehung kann selbstredend die jeweilige aktuelle
Verfaßtheit der Gesellschaft, innerhalb deren erzogen werden
muß, nicht ausblenden. An der Schule muß demnach untersucht werden, wie die Einwirkung der Gesellschaft auf den
Menschen beschaffen ist und wie der Beitrag des Einzelnen zu
ihrer Humanisierung aussehen könnte. Im Rahmen dieser Bildung findet die Erziehung des jungen Menschen, die der
Überwindung der Konsumgesellschaft gilt, ihren Platz. Hierbei muß dazu verholfen werden, daß jeder einzelne Schüler
seinen Beitrag zur Aufrechterhaltung der Konsumgesellschaft
erkennt. Die Schule hat ihm eine Hilfe zu geben, sein Konsumverhalten zu überwinden. Ferner hat soziale Erziehung im
Auge zu behalten, daß von der modernen Gesellschaft ein
starker Druck in Richtung Vermassung, Nivellierung, Gleichschaltung, Kollektivierung, Konformierung auf den Einzelnen
ausgeübt wird. Auch hier reicht theoretischer Unterricht
alleine nicht aus. Durch Erziehung zur Individualität muß die
Schule gegensteuern.

Bildung als Beitrag zur Selbstverwirklichung muß unter anderem Hilfe zur Entfaltung der Individualität des Menschen sein, weil der Mensch, wie wir sahen, Individualität ist. Individuationshilfe durch die Schule ist um so dringlicher, weil gesellschaftliche Trends der Individuation entgegenwirken. Die Schule hat die Aufgabe, das einmalige, eigenständige Sein des Schülers zur Entfaltung zu bringen, indem sie sich bemüht, seine individuellen Fähigkeiten herauszuarbeiten. Die Schule verfügt über einige Möglichkeiten, das zu tun. Die musische Erziehung bietet sich dazu an. Jeder soll sich selbst darstellen. Dabei wird die Einmaligkeit des Schülers ausgeformt. Auch wenn Kunsterziehung ein festes Thema zur Darstellung aufgibt, muß sich der Erzieher darum bemühen, daß die Schüler nicht versuchen, den Stil des Lehrers zu treffen oder bei der Gestaltung einem Klischee zu folgen, sondern daß sie ihren eigenen Ausdruck versuchen. Zu dem Entdecken der eigenen Form gehört auch das Aufspüren eines persönlichen Geschmacks. Auch damit wird dem nivellierenden Druck der Modediktatur innerhalb der Konsumgesellschaft entgegengetreten. Im Aufsatz steht eine weitere Möglichkeit zur Verfügung, seinen eigenen Stil und damit ein Stück seiner Eigenart zu entwickeln. Auch hier muß der Lehrer mit viel Einfühlungsvermögen beim Finden des eigenen Ausdrucks mitwirken. Selbst im Mathematikunterricht ist Individualität möglich. Eine Aufgabe läßt nur ein Ergebnis zu. Bisweilen sind jedoch verschiedene Wege möglich, die zur Lösung führen.

Bei der Ausgestaltung der Verschiedenartigkeit des Schülers kann der junge Mensch lernen, die Andersartigkeit des anderen zu respektieren. Jeder ist verschieden, alle sind gleichwertig. Genauso wie die Schule der Gefahr der Kollektivierung begegnen muß, hat sie sich aber auch mit der Gefahr des Individualismus auseinanderzusetzen, der beim Entdecken der Individualität und der berechtigten Freude daran naheliegt. Ihre letzte und höchste Aufgabe ist es, mitzuhelfen, daß die Vielfalt der Persönlichkeit des Einzelnen in den Dienst des anderen und der Gemeinschaft gestellt wird. Geschieht all dies, so leistet die Schule ihren Beitrag, daß der Einzelne Mensch werden kann und daß in der Gesellschaft Bedingungen entstehen, die Menschwerdung zu erleichtern.

Ich komme zum Schluß. Auf den hinter uns liegenden Blättern wurde die Krankheit des Einzelnen als Auswirkung der kranken Gesellschaft verstanden. Seine Krankheit wurde also kausal erklärt. Immer wieder wurden in diesem Buche Kausalzusammenhänge aufgezeigt. Wir erkannten jedoch, daß die kausale Betrachtung, die nach Ursache und Wirkung fragt, nur eine mögliche Betrachtungsweise der Wirklichkeit darstellt. Die andere, der es darum geht, zu ergründen, worauf alles hinausläuft, welcher Sinn in allen Vorkommnissen steckt, was das Ziel des Geschehens sei, ist genauso berechtigt und genauso notwendig. Wir fragen somit: Wozu ist die Gesellschaft krank, wozu krankt der Einzelne an ihr, was ist der Sinn der Krankheit? Auf der einen Seite stellt Krankheit Folge dar, auf der anderen Seite ist sie Ausdruck der Entfremdung. Ausdruck der Krankheit im Symptom beinhaltet bereits die auf Heilung abzielende Tendenz. Die Symptome der kranken Gesellschaft und des kranken Einzelnen wollen die verborgene Krankheit anzeigen. Sie üben auf Einzelmensch und Gesellschaft einen Druck aus, um die Überwindung der Krankheit herbeizuführen. Die Krankheitserscheinungen, die wir kennenlernten, wollen somit wachrütteln, daß die hinter ihnen steckende Verfehlung des Humanen angegangen wird.
Soll das nun heißen, die Selbstheilungskräfte dieser auf Heilung abzielenden Erscheinungen seien stark genug, um auf sich selbst gestellt aufgrund irgendeiner immanenten Dynamik der Menschwerdung näherzubringen? Das ist damit nicht gemeint. Auch die Krankheit, die wir beschrieben haben, bedarf der Heilung durch den Arzt. Möglichkeiten, als Arzt die Krankheit bei sich und in der Gesellschaft anzugehen, besitzt jeder von uns. Bei dem einen sind sie groß, bei dem

Bildung als Hilfe zur Selbstverwirklichung bedeutet, daß sich
Erziehung und Unterricht ständig an der jeweiligen Reife der
Schüler orientieren müssen. Auch dieser Grundsatz wird von
der heutigen Schule weithin mißachtet. Daraus wird deutlich,
wie sehr sie selbst von einem Gedankensystem und wie wenig
sie von der Realität des Schülers ausgeht. Im allgemeinen eilt
zum Beispiel die Information der Reife und damit dem Interesse des Schülers weit voraus. Weil das Interesse fehlt, mangelt es an Lernmotivation für den Stoff. Da der Stoff zu
früh angeboten wird, entsteht eine weitverbreitete Haltung
der Abneigung, beziehungsweise des Widerwillens gegen den
Unterrichtsstoff. Ich sage damit nicht, daß die Interesselosig-
keit des Schülers nur auf mangelhafte Phasengerechtigkeit des
Unterrichts zurückgeht. Ein wesentlicher Grund hierfür ist
jedoch die unzureichende Orientierung am Reifezustand. Man
kann natürlich erwidern, daß es *den* Reifegrad in einer Klasse
von vierzig Schülern nicht gebe. Selbstverständlich gibt es ihn
nicht. Aber daraus muß eben die Konsequenz des Unterrichts
in kleinen Gruppen gezogen werden, in diesem Fall in Reife-
gruppen. Die Notwendigkeit des Gruppenunterrichts wird
uns noch an anderer Stelle begegnen. Die Forderung danach
ergibt sich natürlich auch daraus, daß in der Schulstunde nicht
Wissen gelehrt, sondern Gewußtes vertieft und angewendet
werden soll.

Menschengerechte Bildung trägt bei zur Entfaltung der Schichten des Unbewußten. Im Zuge unserer Analyse stellte sich
heraus, wie sehr durch neurotische Störungen des emotionalen
Bereiches die Funktionen des Bewußtseins behindert werden.
Ich nenne noch einmal ein Beispiel: Die Konzentrationsfähigkeit und damit die Fähigkeit des Merkens und Reprodu-
zierens hängt zum erheblichen Teil von emotionalen Faktoren
ab. Ist die Konzentration gehandikapt, so fällt die intellektuelle Leistung trotz guter potentieller Intelligenz unzureichend aus. Gerade um des Lernens im Bewußtseinsbereich
willen muß emotionales Lernen gefordert werden.

Entfaltung der unbewußten Wirklichkeit des Menschen geschieht durch gestaltenden Ausdruck. Viele unbewußten Inhalte können durch das Wort erfaßt, ihre Energie kann durch Verbalisierung geäußert, also umgesetzt werden. Allein die Tatsache, daß ein Mensch sprechen kann, hilft den energetischen Stau des Unbewußten abzubauen. Der Schüler muß in der Schule lernen, sich mitzuteilen. Dadurch wird vieles an Überspannung seines Inneren abgeleitet. Das freie Sprechen in der Schule ist ferner ein wichtiger Beitrag, um den Spontaneitätsverlust beim jungen Menschen zu überwinden und zu einer neuen Unmittelbarkeit hinzufinden. Auch dieses Postulat läßt sich nur erfüllen, wenn genügend Zeit zur Verfügung steht und die Unterrichtsgruppe klein ist.

Viele Bestandteile des Unbewußten lassen sich jedoch nicht in Worten ausdrücken. Hier sind andere Ausdrucksformen notwendig. An dieser Stelle hat musische Erziehung einzusetzen. Sie muß die Fähigkeit des jungen Menschen erschließen, das nicht Sagbare im Unbewußten mittels bildenden, modellierenden, musikalischen, werkenden und spielenden Gestaltens zu äußern. Bei der Bedeutung der unbewußten Schichten für den Menschen dürfte wohl klarsein, welch großer Raum – im Gegensatz zum heutigen Schulalltag – der musischen Erziehung zur Verfügung gestellt werden muß. Die Angst, daß dabei keine Zeit mehr übrigbleibt zum Erwerb von Wissen und zur Bildung rationaler Potenzen, ist unbegründet. Wenn das emotionale Fundament tragfähig ist, erfolgt kognitives Lernen mit der Hälfte des heutigen Zeit- und Kraftaufwandes. Aus Gründen, die ich dargelegt habe, wird der junge Mensch auch außerhalb der Schule zunehmend neurotisiert. Will die Schule zur Selbstwerdung verhelfen, so muß sie diese entfremdenden Einflüsse aufarbeiten. Am ehesten gelingt das beim jungen Menschen in musischer und spielerischer Selbstdarstellung sowie in Hilfe – davon werden wir später reden – zu sozialer Kommunikation.

Reifung beinhalte Integration unbewußter Wirklichkeiten in die Ganzheit der Persönlichkeit, sagten wir. Die Schule muß folglich Integrationshilfe leisten. Wie wichtig diese Hilfe zur Integration des Unbewußten ist, wird deutlich, wenn wir uns daran erinnern, welche Bedeutung das kollektive Unbewußte für die Reifung der Persönlichkeit besitzt. Integration geschieht wieder im Ausdruck, im Ausdruck des Wortes ebenso wie im musischen und spielenden Gestalten. – Ein wesentliches Element emotionaler Erziehung stellt die Entfaltung der in jedem Menschen angelegten Kreativität dar. Der junge Mensch soll fähig werden, nicht nur anzuwenden und dabei in vorgezeichneten Bahnen zu tappen, sondern selbst zu gestalten, Neues zu finden und zu entwerfen. Ohne Erschließung des Zugangs zur Kreativität, also zur Fähigkeit, neu zu gestalten, wird wohl auch permanentes Lernen eine Utopie bleiben. Das ständige Umlernen und Neulernen ist ja, wenn es human sein soll, kein passives Übernehmen von äußeren Inhalten, sondern eine aktive Aneignung, bei der individuelle Assimilation, also Neugestaltung geschieht. Entwicklung der Kreativität ist besonders wichtig als Gegenwirkung zu der Passivität, Rezeptivität und Lethargie bewirkenden Konsumprägung. Überwindung der Konsumgesellschaft heißt unter anderem auch Überwindung der Konsumentenhaltung bei sich selbst durch Aktivierung und Ausbildung der schöpferischen Phantasie.

Stellt musische Erziehung das einzige Mittel zur Bildung des Unbewußten dar? Nein, emotionale Erziehung darf nicht auf Unterrichtsfächer begrenzt sein, sie muß als Erziehungsprinzip verstanden werden, und das bedeutet, sie ist in allen Fächern zu praktizieren. Erziehung des Unbewußten beim Schüler ist möglich, wenn der Lehrer mit seinem Unbewußten in den Bildungsprozeß eintritt. Bislang hält er sich – wie wir sahen – draußen und gebraucht im wesentlichen nur sein Bewußtsein als Unterrichtsmittel. Diese rationale Kommunikation zwischen Lehrer und Schüler muß ergänzt werden

durch emotionale Kommunikation. Besteht eine derartige
Kommunikation von Unbewußtem zum Unbewußten, so
können durchaus Wirkungen aus dem Unbewußten des Lehrers auf das des Schülers übergehen. Die Voraussetzung hierzu ist freilich, daß sich auch der Lehrer in einem Reifungs-
geschehen befindet, das sein Unbewußtes einschließt. Man er-
sieht daraus, daß der Lehrer, wenn er tatsächlich menschengerechte Bildung vermitteln will, den Schutz seiner unpersönlichen, intellektuellen Lehrerrolle aufgeben muß.
Bildung, die zur Selbstverwirklichung beitragen will, muß
Bildung des Leibes sein. Auf diesem Gebiet wird noch einmal
der Idealismus und Rationalismus unserer Bildung und Bil-
dungstradition besonders deutlich. Bildung des Leibes findet
fast überhaupt nicht statt. Offenbar geht das herrschende Bil-
dungskonzept davon aus, daß die leibliche Seite des Menschen
so unbedeutend ist, daß sie nicht der Bildung wert sei, oder
man ist der Meinung, daß sich bei den gesetzmäßig vorgezeichneten Abläufen des Körpers Bildung erübrige. Wahrscheinlich
treffen beide Voraussetzungen zu. Auch vor diesem Hintergrund muß der materialistische Gegenschlag unserer Zeit, dem
sich die seelische und geistige Seite des Menschen nur als
Funktionsgefüge von körperlichen Vorgängen darstellt oder
in dessen Gefolge die Sexvergottung der letzten Jahre statt-
fand, gesehen werden.
Erziehung des Leibes ist aus einer Reihe von Gründen notwendig. Der Mensch stellt ein motorisches Wesen dar. Nur
weil er mit starken motorischen Antrieben ausgestattet war
und sie beim Kampf ums Dasein immer mehr entwickelte,
konnte er die Hunderttausende von Jahren hindurch, über die
seine Geschichte geht, überhaupt am Leben bleiben. Ohne
jene motorischen Energien wäre die Gattung Mensch aus-
gestorben. Bis vor rund hundert Jahren war der Mensch auf
seine motorischen Mittel angewiesen. Erst in unserer mechani-
sierten und automatisierten Welt kann er jener Energien
entbehren. Heute wäre es sogar viel besser, er hätte sie nicht.

Dennoch liegt es auf der Hand, daß sich motorische Antriebe, die über rund eine Million Jahre hinweg von größter Bedeutung waren, nicht innerhalb von hundert Jahren zurückentwickeln können. Ob das mit der technischen Umwelt, in der er lebt, zusammenstimmt oder nicht, der Mensch ist nun einmal ein motorisches Wesen und muß sich demzufolge, wenn sich seine motorischen Kräfte nicht gegen ihn richten wollen, auch hinsichtlich dieser Seite seines Wesens entfalten.

Der Mensch kommt mit Freude an der Bewegung und mit dem Bedürfnis nach Bewegung auf die Welt. Durch eine bewegungsfeindliche Umwelt werden seine Impulse im Laufe der Zeit gehemmt und gebrochen. Dennoch hat das Kind, wenn es eingeschult wird – falls es nicht zu sehr gestört ist –, noch Spaß am Bewegen und den Drang dazu. Die Schule muß dem entgegenkommen. Sie muß die Bewegungslust erhalten und, indem sie die Möglichkeiten des Sich-Bewegens kultiviert, noch vergrößern. Das ist vor allem im Hinblick auf das Leben nach der Schulzeit von größter Bedeutung. Es ist bekannt, daß viele Zivilisationskrankheiten – wie etwa der ungeheuer weit verbreitete Herzinfarkt – im Bewegungsmangel eine wichtige Teilursache haben. Aber auch schon im Schulalter treten infolge Bewegungsarmut und schlechter Haltung körperliche Schäden auf. Es läßt sich gar nicht absehen, wie groß die Zahl der Menschen mit Bandscheibenschäden sein wird, wenn die Schüler, die heute bereits zum großen Teil Haltungsfehler aufweisen, erst einmal zehn, zwanzig Jahre älter sind.

Unausgelebte Motorik führt, wie wir wissen, zu einem motorischen Stau. Er äußert sich in der sattsam bekannten motorisch-nervösen Unruhe in den Klassen, er kann auf dem Wege über das vegetative Nervensystem Funktionsstörungen innerer Organe bewirken – beispielsweise des Kreislaufs (siehe die heute so oft vorkommende Kreislauflabilität bei Jugendlichen) oder des Magens. Er kann in das Psychische zurückdrängen und hier den Affekt- und Aggressionsstau verstärken. Es

wurde ebenfalls schon mehrfach erwähnt, daß sich im jungen
Menschen ein Affekt- und Aggressionsstau befindet. Leibeserziehung eröffnet Möglichkeiten, das Auftreten eines Bewegungsstaus zu verhindern und den Affekt- und Aggressionsstau, zum Teil jedenfalls, abzubauen. Der Körper muß als
Mittel, um Affekte und Aggressionen mittels Bewegungen
auszudrücken und sie abzuleiten, entwickelt werden. Es ist
schwer zu begreifen, warum von dieser einfachen Möglichkeit,
Affekte und Aggressionen mittels Sport, Spiel, Tanz darzustellen und umzusetzen, so wenig Gebrauch gemacht wird.
Leibeserziehung stellt schließlich eine wertvolle Hilfe zur Erziehung des ganzen Menschen dar. Ich möchte das anhand
zweier Beispiele erhellen. Es wurde deutlich, wie wichtig Erziehung zum Aufsichnehmen sinnvoller Unlust ist. Eben diese
Fähigkeit kann im Sport erworben werden. Hier muß man
sehr viel Triebaufschub und Verzicht auf Lustempfindungen
leisten, um einer manchmal kilometerweit entfernten Lustbefriedigung willen. Man mache sich einmal klar, wie viel
Härte sich selbst gegenüber nötig ist, um in glühender Sonne
1000 oder gar 3000 Meter zu laufen, und zwar so schnell, wie
es einem möglich ist. Jedes anspruchsvolle Training mutet – bei
aller Freude an der Bewegung – Unlustgefühle zu. Warum
nimmt man sie in Kauf? Hier hat Leibeserziehung zu einer
für das Leben im allgemeinen wichtigen Einstellung zu verhelfen: Der Sieg ist zwar schön, im letzten Sinne ist es aber
nicht wichtig, andere zu besiegen, sondern an den Rand der
eigenen Möglichkeiten vorzudringen. Sporterziehung dient
also unter anderem auch dazu, daß der junge Mensch lernt,
seine Möglichkeiten voll auszuschöpfen. Wie wichtig diese
innere Einstellung in einer Zeit permanenter Unterforderung
ist, brauche ich nicht weiter auszuführen.
Das nächste Beispiel: Leibeserziehung ist ein Mittel sowohl
der Sozial- als auch der Individualerziehung. Betrachten wir
einmal unter diesem Aspekt die erzieherischen Möglichkeiten
des Fußballspiels. Hier hat es jeder einzelne der elf Spieler

zu lernen, sich in die Mannschaft einzufügen. Wenn die Mannschaft gewinnen soll, kann sie es sich nicht leisten, daß einer Starallüren pflegt. Ein guter Trainer und eine gute Mannschaft werden es einem ichbezogenen Spieler im Laufe der Zeit beibringen, daß er nicht für sich selbst, sondern für das Team zu spielen hat. Eine so anerzogene und erworbene Einstellung wirkt jedoch – genauso wie die Bereitschaft zu sinnvoller Unlust – über die Tätigkeit des Sports hinaus, sie wird zur Charaktereigenschaft. Man könnte nun einwerfen, wenn das so sei, müßten alle Sportler Muster an Charakter sein. Man mache sich bei diesem Einwand zuerst einmal von dem Bild der nicht typischen Repräsentanten des professionellen und des Spitzensportes frei. Hier verderben Geld und Schaueffekt oft den Charakter. Dennoch muß zugegeben werden, daß nicht wenige, die aktiv Sport treiben, von dieser Charakterbildung nicht viel erkennen lassen. Das liegt jedoch nicht an den mangelnden pädagogischen Möglichkeiten des Sports, sondern an dem Mangel an gut ausgebildeten Sportlehrern.

Mannschaftssport eignet sich auch als Feld für Individualerziehung. Nehmen wir noch einmal das Beispiel des Fußballs. Jeder Spieler hat seine spezielle Begabung. Auch heute, wo die Rollen in einer Fußballmannschaft mobil geworden sind, wird sich jeder Erzieher bemühen, die speziellen Fähigkeiten des Einzelnen zu entwickeln, ihn zu seiner Art des Spiels ermuntern und ihn so einsetzen, daß seine Eigenart für die Mannschaft am besten zum Tragen kommt. Der eine ist technisch begabt, der andere hat die Fähigkeit des Regisseurs, der dritte ist ein Renner. Alle dürfen sie und sollen sie ihre Individualität in der Mannschaft voll entfalten. Daraus darf, wie gesagt, kein Individualismus werden, sonst verliert das Ganze und damit jeder einzelne Teil. Der einzelne Teil muß seine Individualität der Ganzheit integrieren. Damit sind wir bei den letzten beiden Hilfen zur Selbstverwirklichung angelangt, die Schulbildung zu geben hat: Sozialerziehung auf der einen Seite und Individualerziehung auf der anderen Seite.

Der Mensch ist ein Sozialwesen. Er wird nur insoweit Mensch, als er Zuwendung durch andere Menschen und durch die Gemeinschaft, in welche der Einzelne eingebettet ist, erfährt. Gleichzeitig realisiert er das ihm aufgegebene Menschsein jedoch auch nur so weit, als er sich selbst anderen Menschen und dem Gemeinwesen zur Verfügung stellt. Bei dieser doppelten Art von Menschwerdung hat die Schule dem jungen Menschen behilflich zu sein. Das ist um so nötiger, als er heute infolge von Einwirkungen, die wir kennengelernt haben, in Vereinsamung gerät. Auch in dieser Hinsicht muß die Schule entfremdenden Einflüssen aus der Gesellschaft entgegenwirken. Verstünde sie sich nur als Funktion, als Spiegelbild der Gesellschaft, so würde sie auch an dieser Stelle die durch die Gesellschaft hervorgerufene Krankheit des jungen Menschen noch verstärken. Die Schule muß folglich, was die Gesellschaft anlangt, laufend gegensteuern. Diese Aufgabe ist ungemein schwer zu bewältigen, da die Schule ja auf der anderen Seite tatsächlich einen Teil der Gesellschaft darstellt. Was den Jugendlichen betrifft, so besitzt sie hinsichtlich seiner durch die Gesellschaft bedingten Schäden den Auftrag, Gestörtes wieder herzustellen. Sie hat also nicht allein eine pädagogische, sondern auch eine heilpädagogische Funktion. Aus Gründen, die wir dargelegt haben, muß die Schule damit rechnen, daß der gestörte Schüler in der Zukunft kein Ausnahmefall, sondern der Regelfall sein wird.

In einer doppelten Weise muß der Schüler Gemeinschaft mit anderen Personen, die seine sozialen Kräfte freisetzt, erfahren: zum einen durch den Lehrer, zum anderen durch die Gemeinschaft der Schüler. Von dem Lehrer muß somit ein persönliches Verhältnis zu dem Schüler erwartet werden. Ein Grundelement in dieser personalen Beziehung ist die annehmende Haltung des Lehrers. Schlechte Leistungen des Schülers, störendes Verhalten muß er ablehnen, zugleich dabei aber die Person des Schülers akzeptieren. Das gleiche gilt von der Schülergruppe. Auch wenn sie bestimmte Eigenschaften der einzelnen Schüler nicht toleriert, muß sie dennoch den Einzelnen als Glied ihrer Gemeinschaft betrachten. Geschieht beides, so wird Vertrauen im Schüler wach. Er wagt sich heraus und beginnt nun seinerseits, sich in der Gruppe zu engagieren. Dazu muß er jedoch auch von dem Lehrer ermutigt und geführt werden. Man sieht, daß es sich auch bei Sozialerziehung um Pädagogik handeln muß, bei der stark auf den Einzelnen einzugehen ist. Sozialerziehung, die nicht bereit oder fähig ist, derart zu individualisieren, muß kollektivieren. Es ist völlig klar, daß diese Art von Bildung nur in kleinen überschaubaren Gruppen geschehen kann, daß also ein günstiger Lehrer-Schüler-Schlüssel vorhanden sein muß. Um das zu erreichen, müssen eben die Prioritäten in unserem Schulsystem anders gesetzt werden. Wichtiger als Quantität ist Qualität.

Die Schülergruppe stellt ein sehr geeignetes Feld für Sozialerziehung dar, denn sie ist ja Gesellschaft im kleinen. Es wurde ausgeführt, daß Erziehung zum Umgang mit Konflikten erforderlich sei. In Schülergruppen kommt es zu Konflikten. Sie können als Modelle dienen, anhand deren untersucht wird, auf welche typische Weise Konflikte entstehen, welche Gesetzmäßigkeiten dabei eine Rolle spielen und welche Lösungsmöglichkeiten gefunden werden können. Ferner sollte man den Schülern, die das wünschen, die Möglichkeit geben, eigene Konflikte mit ihrer Umgebung vorzutragen. Auf der einen Seite kann sich die Gemeinschaft der Schüler daran bewähren, Konflikthilfen zu geben. Auf der anderen Seite können auch diese Berichte als »Fallstudien« verwendet werden. Es mag sein, daß manchem Leser diese Art von Hilfe zu intim erscheint. Es soll noch einmal daran erinnert werden, daß es sich hier ja um ein Angebot der Schule handeln kann, das niemanden verpflichtet. Gleichzeitig ist aber festzustellen, daß Lebenshilfe, wenn sie persönlich sei soll, eben manchmal privat wird.

Seit dem Ende des letzten Krieges bemüht man sich an den Schulen der Bundesrepublik sehr um politische Bildung. Auch sie erfolgt in der Regel nur informativ. Der Erfolg läßt meines Erachtens zu wünschen übrig. Es ist zwar unter der Jugend viel an politischem Bewußtsein entstanden. Ob damit stabiles politisches Verhalten verbunden ist, möchte ich aus einigen Gründen bezweifeln. Politische Bildung sollte ebenfalls mehr politische Erziehung als Vermittlung von soziologischem und politischem Wissen sein. Auch hierzu bieten sich in der Schülergruppe viele Möglichkeiten. Politische Bildung geschieht am besten, indem in der Schule demokratisches Verhalten eingeübt wird. Dabei ist natürlich zu beachten, daß die Schule ihrem Erziehungsauftrag zufolge bestimmte Funktionen auszuüben hat. Das bedeutet, daß die Spielregeln des Verhaltens in der Schule auf diese Funktionen abzustimmen sind.

Soziale Erziehung kann selbstredend die jeweilige aktuelle Verfaßtheit der Gesellschaft, innerhalb deren erzogen werden muß, nicht ausblenden. An der Schule muß demnach untersucht werden, wie die Einwirkung der Gesellschaft auf den Menschen beschaffen ist und wie der Beitrag des Einzelnen zu ihrer Humanisierung aussehen könnte. Im Rahmen dieser Bildung findet die Erziehung des jungen Menschen, die der Überwindung der Konsumgesellschaft gilt, ihren Platz. Hierbei muß dazu verholfen werden, daß jeder einzelne Schüler seinen Beitrag zur Aufrechterhaltung der Konsumgesellschaft erkennt. Die Schule hat ihm eine Hilfe zu geben, sein Konsumverhalten zu überwinden. Ferner hat soziale Erziehung im Auge zu behalten, daß von der modernen Gesellschaft ein starker Druck in Richtung Vermassung, Nivellierung, Gleichschaltung, Kollektivierung, Konformierung auf den Einzelnen ausgeübt wird. Auch hier reicht theoretischer Unterricht alleine nicht aus. Durch Erziehung zur Individualität muß die Schule gegensteuern.

Bildung als Beitrag zur Selbstverwirklichung muß unter anderem Hilfe zur Entfaltung der Individualität des Menschen sein, weil der Mensch, wie wir sahen, Individualität ist. Individuationshilfe durch die Schule ist um so dringlicher, weil gesellschaftliche Trends der Individuation entgegenwirken. Die Schule hat die Aufgabe, das einmalige, eigenständige Sein des Schülers zur Entfaltung zu bringen, indem sie sich bemüht, seine individuellen Fähigkeiten herauszuarbeiten. Die Schule verfügt über einige Möglichkeiten, das zu tun. Die musische Erziehung bietet sich dazu an. Jeder soll sich selbst darstellen. Dabei wird die Einmaligkeit des Schülers ausgeformt. Auch wenn Kunsterziehung ein festes Thema zur Darstellung aufgibt, muß sich der Erzieher darum bemühen, daß die Schüler nicht versuchen, den Stil des Lehrers zu treffen oder bei der Gestaltung einem Klischee zu folgen, sondern daß sie ihren eigenen Ausdruck versuchen. Zu dem Entdecken der eigenen Form gehört auch das Aufspüren eines persönlichen Geschmacks. Auch damit wird dem nivellierenden Druck der Modediktatur innerhalb der Konsumgesellschaft entgegengetreten. Im Aufsatz steht eine weitere Möglichkeit zur Verfügung, seinen eigenen Stil und damit ein Stück seiner Eigenart zu entwickeln. Auch hier muß der Lehrer mit viel Einfühlungsvermögen beim Finden des eigenen Ausdrucks mitwirken. Selbst im Mathematikunterricht ist Individualität möglich. Eine Aufgabe läßt nur ein Ergebnis zu. Bisweilen sind jedoch verschiedene Wege möglich, die zur Lösung führen.
Bei der Ausgestaltung der Verschiedenartigkeit des Schülers kann der junge Mensch lernen, die Andersartigkeit des anderen zu respektieren. Jeder ist verschieden, alle sind gleichwertig. Genauso wie die Schule der Gefahr der Kollektivierung begegnen muß, hat sie sich aber auch mit der Gefahr des Individualismus auseinanderzusetzen, der beim Entdecken der Individualität und der berechtigten Freude daran naheliegt. Ihre letzte und höchste Aufgabe ist es, mitzuhelfen, daß die Vielfalt der Persönlichkeit des Einzelnen in den Dienst des

anderen und der Gemeinschaft gestellt wird. Geschieht all dies, so leistet die Schule ihren Beitrag, daß der Einzelne Mensch werden kann und daß in der Gesellschaft Bedingungen entstehen, die Menschwerdung zu erleichtern.

Ich komme zum Schluß. Auf den hinter uns liegenden Blättern wurde die Krankheit des Einzelnen als Auswirkung der kranken Gesellschaft verstanden. Seine Krankheit wurde also kausal erklärt. Immer wieder wurden in diesem Buche Kausalzusammenhänge aufgezeigt. Wir erkannten jedoch, daß die kausale Betrachtung, die nach Ursache und Wirkung fragt, nur eine mögliche Betrachtungsweise der Wirklichkeit darstellt. Die andere, der es darum geht, zu ergründen, worauf alles hinausläuft, welcher Sinn in allen Vorkommnissen steckt, was das Ziel des Geschehens sei, ist genauso berechtigt und genauso notwendig. Wir fragen somit: Wozu ist die Gesellschaft krank, wozu krankt der Einzelne an ihr, was ist der Sinn der Krankheit? Auf der einen Seite stellt Krankheit Folge dar, auf der anderen Seite ist sie Ausdruck der Entfremdung. Ausdruck der Krankheit im Symptom beinhaltet bereits die auf Heilung abzielende Tendenz. Die Symptome der kranken Gesellschaft und des kranken Einzelnen wollen die verborgene Krankheit anzeigen. Sie üben auf Einzelmensch und Gesellschaft einen Druck aus, um die Überwindung der Krankheit herbeizuführen. Die Krankheitserscheinungen, die wir kennenlernten, wollen somit wachrütteln, daß die hinter ihnen steckende Verfehlung des Humanen angegangen wird.
Soll das nun heißen, die Selbstheilungskräfte dieser auf Heilung abzielenden Erscheinungen seien stark genug, um auf sich selbst gestellt aufgrund irgendeiner immanenten Dynamik der Menschwerdung näherzubringen? Das ist damit nicht gemeint. Auch die Krankheit, die wir beschrieben haben, bedarf der Heilung durch den Arzt. Möglichkeiten, als Arzt die Krankheit bei sich und in der Gesellschaft anzugehen, besitzt jeder von uns. Bei dem einen sind sie groß, bei dem

anderen klein. Sinn der Krankheit ist es, jedem zu zeigen, *daß* etwas krank ist, *was* krank ist, und jeden aufzurufen, seinen Teil zur Überwindung der Krankheit beizutragen. Das aber heißt, im Rahmen der Grenzen jedes Einzelnen daran zu arbeiten, daß er und daß die Gesellschaft menschlicher wird.